中國学術思想 研究輯刊

三十編
林慶彰 主編

第12冊

宋代荀學研究

劉濤 著

花木蘭文化事業有限公司

國家圖書館出版品預行編目資料

宋代荀學研究／劉濤 著 — 初版 — 新北市：花木蘭文化事業
有限公司，2019〔民 108〕
序 16+ 目 4+220 面；19×26 公分
（中國學術思想研究輯刊 三十編：第 12 冊）
ISBN 978-986-485-867-5（精裝）
1.（周）荀況 2. 荀子 3. 研究考訂 4. 學術思想
030.8   108011715

ISBN-978-986-485-867-5

中國學術思想研究輯刊
三十編　第十二冊   ISBN：978-986-485-867-5

宋代荀學研究

作　　者　劉濤
主　　編　林慶彰
總 編 輯　杜潔祥
副總編輯　楊嘉樂
編　　輯　許郁翎、王筑、張雅淋　美術編輯　陳逸婷
出　　版　花木蘭文化事業有限公司
發 行 人　高小娟
聯絡地址　235 新北市中和區中安街七二號十三樓
　　　　　電話：02-2923-1455 ／傳眞：02-2923-1452
網　　址　http://www.huamulan.tw 信箱 hml810518@gmail.com
印　　刷　普羅文化出版廣告事業
封面設計　劉開工作室
初　　版　2019 年 9 月
全書字數　208305 字
定　　價　三十編 18 冊（精裝）新台幣 39,000 元

宋代荀學研究

劉濤 著

作者簡介

劉濤，1982 年 11 月生，安徽霍邱人，先後師從陸建華先生、黎紅雷先生研習中國哲學，2007
年獲哲學碩士學位（安徽大學），2010 年獲哲學博士學位（中山大學）。現任廣州醫科大學馬克
思主義學院副教授。在《現代哲學》、《社會科學戰線》等學術期刊發表論文 30 餘篇，主要研究
中國哲學、生命倫理學。

提　要

　　就荀學的思想史進程而言，宋代之前，荀學與孟學雖時有升降，卻都在伯仲之間。然自宋
代開始，孟子地位大增，荀子地位大降，這之間到底出現了怎樣的思想轉折，有待追尋。本書
認為，宋儒對荀學的評價與解釋，主要通過道統論、人性論、外王論這三個向度展開。這三種
解釋路徑之間相互重疊、互相交錯，反映出宋儒的思想旨趣及宋代荀學的新發展。

序

黎紅雷

中國傳統治道是中國古代思想的原生形態，具有十分豐富的思想內涵。挖掘這一博大精深的思想資源，無論是對於建立中國思想研究的主體性，還是對於建立當代世界合理的社會秩序和心靈秩序，促進人類文明的持續發展，都具有十分重要的意義和作用。

一

「治道」原本就是中國傳統思想特有的範疇，早在先秦時期就已形成，秦漢以後被歷代思想家、政治家所廣泛使用。

按「治道」是一個複合詞，由「治」與「道」兩個單音詞組成。「治」，東漢許慎《說文解字》僅記其一個音義，「直之切」，音「遲」，水名。據《辭源》，「治」的另一個音義為「直吏切」，音「質」，作動詞用，有「疏理」、「打理」、「辦理」、「整理」、「處理」、「管理」的意義。至於為何這些意義要選中「治」這個字來表達，是否與「大禹治水」的傳說有關，待考。孔子在《論語·憲問》中說：「仲叔圉治賓客，祝鮀治宗廟，王孫賈治軍旅」，這裡，就是在上述意義上使用「治」字的。類此，還有「治兵」、「治產」、「治學」等用法。由動詞而轉為名詞和形容詞，「治」與「亂」相對，指的是國家治理得當、政治清明有序的狀態，如《易傳繫辭下》：「黃帝堯舜垂衣裳而天下治。」

「道」，是中國傳統思想的核心概念之一，具有方法、技藝、規律、事理、學說、道德等多種含義，籠而統之，可用「道理」一詞加以概括。把「治」與「道」結合起來，組成「治道」一詞，首見於《墨子·兼愛中》：「今天下之士君子，忠實欲天下之富，而惡其貧，欲天下之治，而惡其亂，當兼相愛、

交相利，此聖王之法，天下之治道也，不可不務爲也。」這裡的「治道」即爲「治理天下之道」，與後世使用者意思相仿。

《管子‧治國》篇曾經提出「治國之道」的概念，主張「凡治國之道，必先富民。」而自覺地把「治國」與「道」結合起來，進而明確使用「治道」概念來表述「治國之道」的，在先秦諸子中，當推荀子。《荀子‧王霸》篇中說：「國者天下之利用也，人主者天下之利勢也，得道以持之，則大安也」。在荀子看來，國家是天下最有力的工具，統治者只有用「道」即正確的治國原則去掌握政權和治理國政，才能實現最大的安定。簡言之，治國必有道，這一「治國之道」，簡稱「治道」。

正是基於這一認識，荀子在《正論》篇中明確使用了作爲「治國之道」的「治道」概念。他批駁「世俗之爲說者曰：太古薄背，棺厚三寸，衣衾三領，葬田不妨田，故不掘也；亂今厚葬飾棺，故抇也」，認爲「是不及知治道，而不察於抇不抇者之所言也。」「抇」指盜墓，當時在社會上流行這樣的說法，認爲古代沒有人盜墓是因爲普遍實行薄葬，而後世盜墓風猖獗是由於人們的厚葬而引起的。荀子認爲這是不懂得「治國之道」的說法。古代聖王撫育人民，百姓安居樂業，風俗淳美，人們羞於去做雞鳴狗盜之事，更不會去盜墓在死人身上發財。所以百姓是否盜墓，其原因歸根結底還是在於統治者的治國之道是否得當。爲此，荀子引用孔子的話加以說明：「天下有道，盜其先變乎？」——這裡的「道」，應該就是「治國之道」，即「治道」。

先秦法家思想的集大成者韓非，在其論著中，多次使用了「治道」的概念。如《八經》篇有：「凡治天下，必因人情。人情者，有好惡，故賞罰可用；賞罰可用，則禁令可立而治道具矣」；《詭使》篇有：「聖人之所以爲治道者三：一曰利，二曰威，三曰名」；如此等等。

秦漢以後，「治道」概念得到廣泛的使用，政治家以之作爲自己治國理念、方針、原則、措施、手段的總稱，思想家則以之作爲自己思考社會、探索人生、認識世界的邏輯起點和思想中心。秦始皇統一中國後，登泰山刻石頌曰：「皇帝臨位，作制明法，自下修飾。……治道運行，諸產得宜，皆有法式。」[註1]漢初曹參在齊國做丞相時「聞膠西有蓋公，善治黃老言，使人厚幣請之。既見蓋公，蓋公爲言治道貴清淨而民自定，推此類具言之。」[註2]唐太宗李

[註1]《史記‧秦始皇本紀》
[註2]《漢書‧曹參傳》

世民宣稱：「朕今志在君臣上下，各盡至公，共相切磋，以成治道。」〔註3〕北宋司馬光編撰的《資治通鑑》，就是因為宋神宗認定其「有鑒於往事，有資於治道」而得名。

「治」與「道」的緊密結合，在宋代「道學」（「理學」）中達到頂點。今人余英時先生批評現代學界「把宋代道學從儒學中抽離，又把治道從道學中抽離」的偏頗，指出：「我們必須在概念上作根本的調整，然後才能確切把握住『推明治道』在宋代所謂『道學』或『理學』的中心意義。」〔註4〕

這裡所引的「推明治道」四字，出自朱熹對宋初「道學三先生」（胡瑗、石介、孫復）的評價，體現了「治道」是道學的中心關懷。北宋儒者王開祖，以「述堯、舜之道，論文、武之治」為宗旨，倡鳴「道學」二字，張載批評「以道學、政事為二事」的現象，程頤則提出「以道學輔人主」的主張，他們都強調「道」與「治」的合一。

「內聖」和「外王」相貫通，「道」與「治道」相交融，這一點在當事人即當時的道學家共同體中固然是不辯自明的共識，而流風所及，後來的統治者對此也是全盤接受的。如程頤提出：「治道亦有從本而言，亦有從事而言。從本而言，惟從格君心之非，正心以正朝廷，正朝廷以正百官。」〔註5〕朱熹也認為：「治道必本於正心，修身，實見得恁地，然後從這裡做出。」〔註6〕對此，歷代統治者非但不反感，反而稱讚有加。如宋理宗就說過：「朕每觀朱熹《論語》、《中庸》、《大學》、《孟子》注解，發揮聖賢之蘊，羽翼斯文，有補治道」。〔註7〕「道」與「治道」的互蘊，學者與統治者的互動，真可謂「心有靈犀一點通」！

由此，「治道」成為歷代帝王將相和文人儒士討論的交集點。宋代大儒呂祖謙上書宋孝宗：「夫治道體統，上下內外不相侵奪而後安。……願陛下虛心以求天下之士，執要以總萬事之機。勿以圖任或誤而謂人多可疑，勿以聰明獨高而謂智足遍察，勿詳於小而忘遠大之計，勿忽於近而忘壅蔽之萌」；而孝宗批旨云：「祖謙所進，採取精詳，有益治道。」〔註8〕元世祖忽必烈在未登

〔註3〕《貞觀政要 · 求諫第四》
〔註4〕余英時：《朱熹的歷史世界》第170頁，臺灣允晨文化，2003。
〔註5〕《河南程氏叢書》卷十五。
〔註6〕《朱子語類》卷108《論治道》。
〔註7〕《宋史 · 理宗本紀》。
〔註8〕《宋史 · 儒林傳四 · 呂祖謙傳》

基之前就「思大有爲於天下，延藩府舊臣及四方文學之士，問以治道」；而儒生姚樞「乃爲書數千言，首陳二帝三王之道，以治國平天下之大經，匯爲八目，曰：修身，力學，尊賢，親親，畏天，愛民，好善，遠佞。次及救時之弊，爲條三十」。〔註9〕明太祖朱元璋一上臺就下詔宣告：「天下甫定，朕願與諸儒講明治道。有能輔朕濟民者，有司禮遣」；而儒生范祖幹「持《大學》以進，太祖問治道何先，對曰：『不出是書。』太祖令剖陳其義，祖幹謂帝王之道，自修身齊家以至治國平天下，必上下四旁，均齊方正，使萬物各得其所，而後可以言治。」〔註10〕如此看來，「治道」確實已經成爲中國古代政治家與思想家共同關注的中心話題。

二

　　「治道」的概念雖然直到東周末年（戰國時代）才正式使用，但在遠古時代的「聖王」治國傳說中，就有大量關於治道的內容。例如，記錄了堯、舜、禹三個「聖王」和夏、商、周三個朝代事蹟的《尚書》，就是一部關於古代治道思想理念和制度措施的文集。而在「治道」概念產生和廣泛使用以後，儘管許多思想家和政治家不一定直接使用「治道」的概念，但他們關於「治道」的論述和措施卻比比皆是。那麼，到底什麼是「治道」，「治道」包含哪些內容？先秦時期的思想家莊子有比較全面的闡述。請看以下文字：

　　　　是故古之明大道者，先明天而道德次之，道德已明而仁義次之，仁義已明而分守次之，分守已明而形名次之，形名已明而因任次之，因任已明而原省次之，原省已明而是非次之，是非已明而賞罰次之，賞罰已明而愚知處宜，貴賤履位，仁賢不肖襲情。必分其能，必由其名。以此事上，以此畜下，以此治物，以此修身，知謀不用，必歸其天。此之謂大平，治之至也。故書曰：「有形有名。」形名者，古人有之，而非所以先也。古之語大道者，五變而形名可舉，九變而賞罰可言也。驟而語形名，不知其本也；驟而語賞罰，不知其始也。倒道而言，迕道而說者，人之所治也，安能治人！驟而語形名賞罰，此有知治之具，非知治之道。可用於天下，不足以用天下。〔註11〕

〔註9〕《元史‧世祖本紀》；《元史‧姚樞傳》。
〔註10〕《明史‧太祖本紀》；《明史‧儒林傳一‧范祖幹傳》。
〔註11〕《莊子‧天道篇》。

在這裡，莊子把人們對於「治道」（「大道」）的理解和把握，區分為九個層次：天——道德——仁義——分守——形名——因任——原省——是非——賞罰。其中，「天」為治道的最高層次，人世間所有為治之道都應該遵循自然之天道，用莊子的話來說，就是「順物自然而無容私焉，而天下治矣」〔註12〕。「形名」和「賞罰」則在較低的層次，雖在「大道」的「五變」或「九變」之內，但如果拋開「天」這一最高層次，驟然推行「形名」和「賞罰」，不知其本，不知其始，那就不是「治之道」，而只能算是「治之具」了。

對莊子這種以自家學說為標準來判斷各家「治道」思想之高低，類似後世佛教宗派「判教」的做法，恐怕除道家之外的其他學派都會不以為然。儒家以「仁」為最高原則，主張「以不忍人之心，行不忍人之政，治天下可運之掌上」〔註13〕；墨家以「兼愛」為最高原則，主張「兼相愛而天下治」〔註14〕；法家以「法」為最高原則，主張「賞罰可用則禁令可立，而治道具矣」〔註15〕；他們大概都不會認同莊子的說法，而把自己的主張排除在「治道」之外的。

然而，如果我們心平氣和地推敲莊子的上述劃分，就不能不承認，莊子是最早觸及中國傳統治道內涵的思想家。究莊子本意，上述的九個層次都屬於「大道」的內容，只要不「驟而語形名，驟而語賞罰」，從而出現「道術將為天下裂」的局面，而是按照「大道」的本來順序思考和運作，道術貫通，有本有末，有始有終，這九個層次統統都可以歸之於「大道」即「治道」的內涵。質言之，在承認並尊重「治之道」的本根、起始意義的前提下，所謂「治之具」也屬於「治道」的範疇。如此看來，廣義的「治道」，既包括「治之道」即治國的思想原則；也包括「治之具」即治國的制度措施。

歷代思想家政治家對於「治之道」的思考與「治之具」的推行，恰恰構成了「治道」的豐富內涵。在「治之道」即治國的思想原則方面，一般的原則有：「天下為公」原則、「民本」原則、「人治」原則、「無為而治」原則；具體的模式有道家的「道治」、「天治」，儒家的「仁政」、「禮治」、「德治」；法家的「勢治」、「法治」、「術治」；儒法兼綜的「禮法兼用」、「德法兼行」、「人

〔註12〕《莊子·應帝王篇》。
〔註13〕《孟子·公孫丑上》。
〔註14〕《墨子·兼愛上》。
〔註15〕《韓非子·八經》。

法兼資」等。

在「治之具」即治國的制度措施方面，中國傳統社會的國家治理體制有權力架構（皇帝、宰相、內閣等）、職能分工（三公九卿、三省六部等）、權力制衡（納諫、臺諫、糾察、舉劾、封駁、檢核）等；吏治方面的制度措施有品階、俸祿、考課、銓選、賞罰、遷轉、迴避、致仕等；經濟方面的制度措施有田制、戶籍、工商、貨幣、理財、稅賦、賑濟等；文化方面的制度措施有學校、貢舉、修史、修典、禮儀、宗教、民族、外交等，軍事方面的制度措施有武官銓選、練兵檢閱、後勤給養、軍籍撫恤等；法律方面的制度措施有律、令、格、式、例、典、敕、詔；工程方面的制度措施有營繕、器材、水利、屯田等。

上述治國的制度措施既是「治之具」，也是「治之道」，於史有據。納諫關乎治道，見《漢書・文帝紀》：「古之治天下，朝有進善之旌，誹謗之木，所以通治道而來諫者也」；吏治關乎治道，見《漢書・宣帝紀》：「吏不廉平則治道衰」，又見《漢書・翼奉傳》：「治道要務，在知下之邪正」；經濟關乎治道，見《史記・貨殖列傳》司馬貞《索隱》云：「農末俱利，平糶齊物，關市不乏，治國之道也」；禮樂關乎治道，見《漢書・禮樂志》：「河間獻王有雅材，亦以為治道非禮樂不成，因獻所集雅樂」；兵旅關乎治道，見《孫子兵法・計篇》：「兵者，國之大事，死生之地，存亡之道，不可不察也」；刑法關乎治道，見《漢書・刑法志》：「議者或曰，法難數變，此庸人不達，疑塞治道，聖智之所常患者也」；水利關乎治道，見《漢書・東方朔傳》：「水潤不浸，稼穡不成，多雷夏霜，百姓不寧，故治道傾」。

如此等等。由此看來，上述程頤所提出的「治道亦有從本而言，亦有從事而言」，當是中國古代政治和知識共同體中人們的共識。

三

中國傳統治道的歷史演進大體上可以劃分為三個階段，即先秦時期（公元前 221 年以前）的「原型」階段、秦漢隋唐時期（公元前 221〜公元 960 年）的「成型」階段、宋元明清時期（公元 960〜1911 年）的「轉型」階段。

先秦時期是中國傳統治道的「原型」階段。在這一階段，中國傳統治道奠定了自己的思想根基，具備了自己的基本要素。從伏羲、黃帝到堯、舜、禹，再到夏、商、周，留下了許多治國的傳說和思想資源，而真正具有傳統

治道奠基意義的，卻是周朝初年周公的「制禮作樂」以及周朝末年「禮崩樂壞」所引起的百家爭鳴。

公元前十一世紀，周朝建立以後，爲了鞏固統治，採取了「分封建國」的做法，形成了一個以宗法血緣關係爲紐帶的治理體制。適應這一體制，周公提出「敬天愛民，明德愼刑」的治道思想，並建立了一整套的國家管理制度，統稱爲「周禮」。

公元前 770 年，周朝的國都東遷，史稱「東周」。從這一年開始直到公元前 221 年秦始皇統一中國，被稱爲「春秋戰國」時期。這一時期，是中國古代思想發生的「軸心時代」。面對「周文凋敝」、「禮崩樂壞」的局面，爲了重新建立合理的社會秩序，諸子蜂起，百家爭鳴。在諸子百家中，具有較系統的治道思想而又對後代產生較大影響的，有以「仁政」與「禮治」爲核心的儒家，以「尚同」與「尚賢」爲核心的墨家，以「法、術、勢」爲核心的法家，以「道法自然」和「無爲而治」爲核心的道家等。

春秋戰國的混亂局面，以秦始皇統一中國而告終。由此，中國古代社會進入了一個輝煌的發展時期，史稱「漢唐盛世」。它是中國傳統治道的「成型」階段。在這一階段，中國傳統治道在實踐中積累了極其豐富的經驗，從而逐步走向成熟。

秦始皇以法家思想爲依據，建立起中國歷史上第一個君主專制中央集權的政治管理體制，奠定了統一國家的發展基礎。繼之而起的漢代吸取秦朝的經驗教訓，在治國的指導思想上，經過比較與實驗，從秦朝的「法治」中經漢初的「黃老之治」，而最終由漢武帝確立「罷黜百家，獨尊儒術」的統治思想，並在實踐中形成「霸王道以雜之」的治道格局。

此後，經過社會大動盪的魏晉南北朝時期，統治思想多元化，儒、佛、道三家各擅勝場，直到公元 581 年隋朝的建立，結束了分裂局面，中國再度歸於統一。繼隋而起的唐朝，是中國歷史上最興盛的一個皇朝。唐太宗統治期間，史稱「貞觀之治」，堪稱中國傳統治道的實踐典範。

公元 960 年，宋朝建立，是中國古代社會由鼎盛步入衰退的轉折點。宋元明清時期是中國傳統治道的「轉型」階段。在這一階段，中國傳統治道在實踐中不斷探索和變革，並最終完成了自己的歷史使命。

宋代初年的統治者吸取唐朝末年皇權衰微、天下分崩離析的教訓，採取一系列措施強化中央集權，形成皇帝高度專權，中央嚴密控制地方的政治管

理體制。這種強化中央集權的做法，雖取得一時的效果，但負面影響更大。為了克服這些弊端，建立合理的社會治理結構，范仲淹和王安石先後主持了政治改革；司馬光立足於從歷代帝王的治國之道中汲取智慧的啓迪，主持編寫了一部關於治國安邦的歷史教科書——《資治通鑒》；而程顥程頤乃至南宋的朱熹等人則從「推明治道」而走向建立「道學」（理學），企圖以建構合理的心靈秩序而恢復合理的社會秩序。

公元 1271 年，北方的蒙古族入主中原，統一中國，建立了元朝。元末農民起義中上臺的明太祖朱元璋，是中國歷史上把君主專制統治發展到極端的帝王。他廢除丞相制度、強化中央集權、實行思想鉗制，建立起一整套君主專制的統治制度。明朝末年，社會矛盾空前激化，朝廷內部黨爭不已，下層民眾鋌而走險，勃興於東北地區的滿洲貴族趁虛入關，建立清皇朝。面對著這一「天崩地解」的局面，黃宗羲、顧炎武、王夫之等一批知識分子進行了深刻的反思，他們從反省明皇朝乃至整個傳統社會的治道思想和制度措施入手，批判君主專制，高揚民本精神，形成了一股「破塊啓蒙」的思潮。

清代是中國歷史上最後一個封建皇朝。1644 年入主中原以後，滿清貴族努力學習漢族文化，接受中國傳統的治道思想和制度措施，並使之發展到極致。1840 年，英國人發動「鴉片戰爭」，用炮艦轟開了古老中國的大門。面對當時中國積貧積弱的局面，不少有識之士「睜開眼睛看世界」，主張「師夷長技以制夷」。學習西方的內容，從堅船利炮到發展工商，直至民主政治制度。改造中國的手段，從興辦「洋務」，到實行「維新」，直至進行革命。

1911 年，孫中山領導的「辛亥革命」推翻了滿清皇朝，結束了幾千年封建專制制度在中國的統治。從此，中國逐步地融入了現代世界發展的潮流，走上了一條政治民主化、經濟現代化、管理科學化的不歸路。中國傳統治道也完成了自己的歷史使命，不再作為社會的統治思想和制度規範，而僅僅作為一份供後人研究的思想資源，在現代中國與現代世界的思想演變和社會發展中，發揮著某種智慧啓迪的作用。

四

談到對「中國傳統治道」的研究，就不能不提及現代學者牟宗三先生。牟先生寫了一本有名的書，題目就叫《政道與治道》。該書開宗明義，提出「政道」與「治道」相併立的觀點：

> 政道是相應政權而言，治道是相應治權而言。中國在以前於治
> 道，已進至最高的自覺境界，而政道則始終無辦法。因此，遂有人
> 說，中國在以往只有治道而無政道，亦如只有吏治，而無政治。吏
> 治相應治道而言，政治相應政道而言。〔註16〕

在這裡，牟先生用現代政治學的理念，對「政權」與「治權」、「政道」
與「治道」、「政治」與「吏治」等進行了劃分。這在他的體系裏，或者說在
現代的語境中，言之似成理，卻與中國古代政治共同體和知識共同體中人們
的共識相悖。如上所述，在古人的用語中，「治道」是一個整全的概念，既包
括「治之道」，又包括「治之具」；既包括「治之本」，又包括「治之事」；既
包括思想原則，又包括制度措施；或者用現代政治學的語言來說，既包括政
權成立之道理，又包括治權運用之道理。就此而言，牟先生本人所使用的與
「政道」二分之「治道」概念與中國傳統思想中的「治道」概念本不相涉，
但他在該書中卻硬要談所謂「中國的治道」，並指其為「無政道之治道」，這
既不符合歷史事實也會帶來概念的混亂。

以「天下為公」原則為例，《禮記·禮運》有：

> 大道之行也，天下為公，選賢與能，講信修睦。故人不獨親其
> 親，不獨子其子，使老有所終，壯有所用，幼有所長，矜寡孤獨廢
> 疾者，皆有所養。男有分，女有歸。貨，惡其棄於地也，不必藏於
> 己；力，惡其不出於身也，不必為己。是故謀閉而不興，盜竊亂賊
> 而不作，故外戶而不閉，是謂大同。

這段話歷來為人們所重視，牟先生在其大作中也詳加分析。但他的意見
是：「窺孔子之言，以及其盛讚堯舜之禪讓與盛德，則其所謂『天下為公，選
賢與能』，似不當只限於治權方面，亦必擴及政權方面。惟當時未有此等概念，
亦未能詳細分疏耳。」〔註 17〕這裡的問題是：如果「天下為公」原則既包含
「治權」又擴及「政權」，那麼即不可稱之為「無政道之治道」；而古人對此
未能詳細分疏，恰恰正是因為有一整全的「治道」概念即可概括，而不必另
析出與「治道」相分離之「政道」概念。

實際上，「天下為公」原則作為中國古代治道的「母命題」，在歷代思
想家政治家的詮釋中，既涉及到政權之合法成立的道理，也涉及到治權之

〔註16〕 牟宗三：《政道與治道》，臺灣學生書局版，第 1 頁。
〔註17〕 《政道與治道》，第 11 頁。

合理運用的道理，並且二者是密不可分，相互呼應的。例如孟子，正是因為堅持「天下為公」的原則，從而在政權的來源上有清醒的認識，指出天下並非個人的私有財產，因此所謂堯舜禪讓、夏禹傳子都不是以個人意志為轉移的：「天與賢，則與賢，天與子，則與子」；但在孟子看來，「天意」又取決於「民意」：「《太誓》曰：『天視自我民視，天聽自我民聽』，此之謂也。」〔註18〕。這就導出孟子著名的「民本」思想。他說：「民為貴，社稷次之，君為輕。是故得乎丘民而為天子，得乎天子為諸侯，得乎諸侯為大夫。」〔註19〕得民心者得天下，正是秉持這一理念，孟子進而在治權的運用上提出具體的主張，包括「行仁政」、「制民之產」、輕繇薄賦、保護工商、「格君心之非」等等。後來者如黃宗羲，也是從「天下為公」的原則出發，一方面提出「天下為主君為客」〔註20〕的政權來源的道理，另一方面又提出「公其是非於學校」、「重定天下之賦」、「工商皆本」等有關治權運用的具體制度措施。

　　無論是孟子還是黃宗羲，他們都受「天下為公」思想的影響，並且所涉及的範圍都沒有離開中國傳統意義上的「治道」的界限；但是他們所討論的具體內容卻涉及到現代所謂「政權」與「治權」的道理。這就提示我們，古人所使用的「治道」概念實際上囊括了牟先生所謂「政道」與「治道」的全部內容。

　　徐復觀先生在《中國的治道》一文中提出：

　　　　中國聖賢，一追溯到政治的根本問題，便首先不能不把「權原」的人君加以合理的安頓；而中國過去所談的治道，歸根到底便是君道。這等於今天的民主政治，「權原」在民，所以今日一談到治道，歸根到底，即是民意。〔註21〕

　　徐先生在這裡把中國傳統治道歸結為「君道」，其理解是否過於狹窄，暫且不論；但他把「權原」作為「治道」的內容，卻值得我們注意。依牟先生，「權原」屬於「政權的道理」，應是「政道」；而依徐先生，「權原」卻屬於「治道」，並且古代的君主政治屬於「治道」調整的內容，現代的民主政治也同樣

〔註18〕　《孟子・萬章上》。
〔註19〕　《孟子・盡心下》。
〔註20〕　《明夷待訪錄・原君》。
〔註21〕　《徐復觀文集》第二卷，272 頁，湖北人民出版社。

屬於「治道」涵蓋的內容。看來，徐先生是在中國傳統的整全意義上使用「治道」範疇的，這比牟先生使用的「政道」與「治道」的二分法要合理得多，也更加具有本土化的色彩，是對原生形態意義上的「中國傳統治道」範疇的自覺回歸。

五

近百年來，受現代西方分門別類的社會科學研究方式的影響，學界對中國傳統思想進行了「各取所需」的研究，並在此基礎上，建立起諸如「中國哲學（思想）史」、「中國社會思想史」、「中國政治思想史」、「中國法律思想史」、「中國經濟思想史」等等學科，這對於「中國學術現代化」也許發揮了相應的作用。但是，就像老黑格爾所言，從人的身體上剝離出來的手就再也不是「真實的人手」一樣，從中國傳統思想中剝離出來的這樣那樣的「××思想」與真實的中國傳統思想本身存在著許許多多的隔膜。如果我們回到「中國傳統治道」這一中國古代思想的原生形態，以之作為研究中國傳統思想的出發點，這對於建立中國思想研究的主體性，完整地準確地把握中國傳統思想的真諦，將具有重要的意義。

以「中國哲學史」學科為例。近百年的中國哲學史研究，基本上是用西方（歐洲近代）哲學史的觀點剪裁中國古代思想的相關材料。由此拼湊而成的所謂的「中國哲學史」，淪為西方哲學的附庸，基本上是「中國人的面孔，西方人的思想」，喪失了「中國哲學」應有的主體性。結果到頭來，「中國哲學史」能否成立，是否具有「合法性」的疑問，卻成了關乎這一學科本身生死存亡的大問題。

中國有沒有哲學？讓我們回到中國哲學自身的出發點──中國傳統治道本身。

首先，中國人之「哲」的概念在「論治」中產生。查諸古籍，「哲」這一概念最早出自《尚書‧皋陶謨》：

> 皋陶曰：「都！在知人，在安民。」 禹曰：「吁！咸若時，惟帝
> 其難之。知人則哲，能官人；安民則惠，黎民懷之。」

這裡記載的是帝舜與大臣們討論治國方略的情形：皋陶提出「知人」與「安民」的治國主張。大禹進一步發揮道：「知人」就明哲，明哲就能任用賢人；「安民」則有恩惠，有恩惠就會得到百姓的感懷和擁護。從上述「哲」之

概念的產生過程來看，有這麼幾點值得我們注意：第一，「哲」概念產生的背景在於帝舜君臣們對古代治國經驗的總結；第二，「哲」概念的對象在於「知人」：就是強調對於人的認識；第三，「哲」概念的目的在於「安民」，就是要建立合理的社會治理秩序。總之，中國思想中的「哲」的概念是在「論治」中產生的，由此而確定了中國哲學的思維基因：「知人」與「治人」。

其次，中國哲學思想的原型在「務為治」中形成。眾所周知，希臘哲學緣起於驚訝（wonder），強調對自然萬物及其背後奧秘的追尋；而中國哲學緣起於憂患（worry），著眼於對人間世的關懷及人類社會規律的探求。中國哲學思想的形成時期在東周末年（春秋戰國時期），其動因在於「周文凋敝」、「禮崩樂壞」而激起的哲人們的憂患意識。太史公司馬談說得好：

> 「天下一致而百慮，同歸而殊塗」，夫陰陽、儒、墨、名、法、
> 道德，此務為治者也，直所從言之異路，有省不省耳。〔註22〕

這一時期，恰值中國古代社會形態經歷著重大的轉變。舊的生產關係已經衰落，新的生產關係正在形成；舊的社會治理秩序已經崩潰，新的社會治理秩序急待建立。躬逢其時，由於官學衰微，私人講學興起而形成的諸子百家學派，面對現實的需要，無一不提出自己治理天下、重建合理的社會秩序的一套路線、方針、戰略和策略，並為此進行了詳盡的哲學論證和激烈的學術爭鳴，形成「百家爭鳴，諸子蜂起」的局面，這就是所謂「務為治也」。

最後，「中國哲學」的思想體系以「治論」為出發點和歸結點。一般來說，西方哲學的邏輯結構是從理念論到實踐論，首先是形上學（包含宇宙論和本體論）、認識論；然後才是各類實踐哲學，包含道德哲學（倫理學）、政治哲學（社會哲學）、藝術哲學（美學）等等。而中國哲學的邏輯結構則可以從「治論「（類似西方的政治哲學、社會哲學）開始；由於「知人則哲」，進而發展到「人論」（包括人性論、人生論、道德哲學）；而「思知人，不可不知天」，進而發展到「天論」（形上學、本體論）；最後，由「知治」、「知人」、「知天」之「知」而形成了「知論」（認識論、方法論）。

顯然，以「治」為出發點和歸結點的中國哲學具有自己不可替代的獨立性，由此建構起來的中國哲學史學科，完全具有自己的「主體性」；那麼，所謂「中國哲學的合法性」問題也就迎刃而解了。

〔註22〕《史記·太史公自序》。

六

建立合理的社會秩序和心靈秩序，形成有序的社會治理結構，保證社會的穩定發展，促進人類文明的世代延續，這正是中國傳統治道的內在追求。北宋哲學家張載的名言，抒發了這一宏偉的抱負：

> 爲天地立心，爲生民立命，爲往聖繼絕學，爲萬世開太平。〔註23〕

爲了實現「爲萬世開太平」的宏偉目標，中國傳統治道提供了許多富有前瞻性的思想資源。這些資源，對於當代世界和人類社會的健康發展，依然具有重要的啟迪。

例如，關於「和諧」的治國理念，早在中國古代第一部關於「治道」的文集《尚書》中，「和」就被廣泛地應用到家庭、國家、天下等領域中去，用以描述這些組織內部治理良好、上下協調的狀態。由此，儒家提出「和爲貴」的命題，用以描述古代聖王美好的治國之道：「禮之用，和爲貴，先王之道，斯爲美。」〔註24〕

這裡的「貴」，指值得珍重的意思，含有價值判斷的意義。所謂「和爲貴」，就是認爲和諧是天底下最珍貴的價值，是人世間最美好的狀態，是最理想的社會秩序和心靈秩序。

爲什麼和諧具有這麼高的價值呢？孔子從國家治理的角度肯定了和諧的作用：「均無貧，和無寡，安無傾」〔註25〕。他認爲，一個國家的穩定，不取決於財富的多少，而取決於分配是否公平；不取決於人口的多少，而取決於人心是否安定。分配公平人們就不會覺得貧窮，和睦相處組織就不會覺得人少，安定和平國家就沒有危險。荀子則從更積極的意義上提出「和則一，一則多力」〔註26〕的主張，他認爲，在一個組織內部，人們和諧相處就能取得一致，取得一致力量就會增多，力量增多組織就會強大，組織強大就能戰勝萬物。孟子明確提出「天時不如地利，地利不如人和」〔註27〕的主張，認爲戰爭的勝負取決於人心的向背，只要組織內部和諧，上下齊心合力，就能無往而不勝。

〔註23〕《張子語錄中》。
〔註24〕《論語・學而》。
〔註25〕《論語・季氏》。
〔註26〕《荀子・王制》。
〔註27〕《孟子・公孫丑下》。

　　孔子進一步提出「和而不同」的命題，對合理的社會秩序和心靈秩序做出了更全面和準確的描述。孔子說：「君子和而不同，小人同而不和。」〔註28〕這裡所謂的「和」，指的是由諸多性質不同或對立的因素構成的統一體，這些相互對立的因素同時又相互補充相互協調，從而形成新的狀態，產生新的事物。所謂「同」，則是沒有不同的因素、不同的聲音、不同的意見，完全相同的事物簡單相加，不產生新的狀態、新的東西。由此看來，孔子心目中的「和諧」，是一種有差異的統一，而不是簡單的同一。

　　對於現實社會中必然存在的差異、矛盾、鬥爭，北宋哲學家張載提出「仇必和而解」〔註29〕的命題。清代哲學家王夫之對此解釋道：從運動變化的角度看，陰陽雙方相互對立、相互鬥爭；但是歸根到底，它們是相輔相成的，沒有始終對抗的道理。因此，二者的對立與鬥爭，最終必然以「和諧」的方式來解決。這種思維方式，被後人稱之為「和諧的辯證法」。

　　當今的世界，依然很不「太平」：從人類的角度看，人的身心失調、人際關係疏離、人與社會隔膜、人與自然對立；從世界的角度看，恐怖主義猖獗，單邊主義一意孤行、窮國與富國對立、不同文明相互衝突；此外，無論是一個國家內部、一個組織內部，乃至一個人自身，都存在著許許多多大大小小的矛盾、鬥爭、衝突。在這種情況下，如何建立合理的社會秩序和心靈秩序，實現身心和諧、人際和諧、群己和諧、天人和諧，以保證人類社會（包含世界、國家、組織、個人）的健康而持續的發展？中國傳統治道所提倡的「和諧」理念，可以提供有益的啟示。

　　從宏觀的角度看，「和諧」的理念可以運用於各類社會組織的治理，包括企業管理、經濟管理、政治管理、社會管理，並用於處理人類各大文明的關係以及人與自然的關係。其中，企業管理中的內外關係，經濟管理中的市場調節與政府引導，政治管理中的制度優勢互補和國家利益協調，社會管理中的物質文明與精神文明的協調發展，人類不同文明之間的相互尊重與寬容、人與自然之間的共生共存——如此等等，都可以從「和為貴」、「和而不同」、「和則多力」、「天時地利人和」、「仇必和而解」等中國傳統治道的智慧精華中去尋求解決之道。

　　從微觀的角度看，「和諧」的理念主要用於處理個人和組織的關係。其中

〔註28〕《論語‧子路》
〔註29〕《張子正蒙‧太和篇》。

包括：由內而外、推己及人的「自我管理」，各得其所，各得其宜的「人才管理」，上下互動、相互配合的「行為管理」；理解合作、達成目標的「溝通管理」，化解矛盾、消除牴觸的「衝突管理」，乃至調適溝通、融為一體的「跨文化管理」——如此等等，也都可以從「和為貴」、「和而不同」、「和則多力」、「天時地利人和」、「仇必和而解」等中國傳統治道的智慧精華中去尋求解決之道。

「太平盛世」是人類社會美好的追求，而建立合理的社會秩序和心靈秩序，實現身心和諧、人際和諧、群己和諧、天人和諧，又是實現「太平盛世」的必要基礎。如上所述，中國傳統治道為此提供了豐富的思想資源。當然，「太平盛世」不是一蹴而就的，理想的和諧狀態也不是輕易就能夠達到的。在當代人類社會「為萬世開太平」的努力中，中國人應該而且能夠做出自己的貢獻——我想，這就是我們今天研究中國傳統治道的現實意義。

目

次

緒　論

第一節　研究緣起

　　在中國哲學的研究視野中，儒學無疑是一塊重要的領地。作爲儒家創始人的孔子，其思想受到歷代學者的重視。孔子之後，儒學經過七十子的百年傳承而至孟子，孟子開發了儒學的內在向度，提煉出基於惻隱之心的心善性善論，其思想亦廣爲後世學者稱道，乃至被官方尊爲「亞聖」。在孟子之後，先秦儒學出現了最後一位大思想家──荀子，與孟子不同，荀子明言性惡，批判思孟學派的性善論，但其又尊孔尊禮，在外在制度的建構方面發展了儒學。荀子這種尊孔與非孟並存的思想態度，使得後世學者對其的態度也產生了相應的分化。肯定荀子者看重其尊孔尊禮的一面，否定荀子者多批評其非孟性惡的一面。

　　就孟學與荀學的思想史進程而言，兩者都有被肯定與被批評的遭遇，兩者的學說也都深刻地影響了後世的儒生。秦以後，兩漢至唐這一歷史時期內，孟學與荀學均獲得了各自的發展，雖時有升降，卻都在伯仲之間。然而自韓退之《原道》一文著成，其排定儒家之道統僅止於孟，荀子於傳道無緣，這就將孟荀關係劃開了實質性的差異。其後至宋，孟學不斷升格，而荀學卻逐漸黯淡。尤其在宋代，孟子地位大增，荀子地位大降，這之間到底出現了怎樣的思想轉折，有待追尋。

　　在荀學發展史上，宋代可謂是一個關鍵的時期。只有釐清宋代荀學的發展脈絡，才能知曉宋人面對漢唐荀學做出的新取捨，以及這些取捨對之後的明清荀學產生了哪些影響。先秦、兩漢之後，宋代湧現出了眾多的思想大家，

其間人物眾多、流派紛呈，譜寫出了一曲曲思想之歌。就宋代孟學而言，宋儒對待孟子有著不同態度，其褒貶之緣由亦不盡相同，但無論王安石還是理學家，皆以尊孟爲主，無論是學術地位還是官方地位，孟學都獲得了極大進展。與此同時，荀子卻飽受非議，荀學的發展亦變得舉步維艱。荀學在宋代的發展到底遭遇到了怎樣的阻力？其中有無正面的動力？宋儒對荀學的批評來自哪些方面？有無道理？其批評背後隱含著怎樣的思想脈絡與時代背景？宋儒對荀學的態度反映了何種思想的變化？時至今日，我們又應如何面對宋代荀學的理論資源及處理其中存在的相關問題？這些有待深入揭明的問題，都凝結爲筆者研究宋代荀學的原因與動力。

此外，就荀學史的研究進展而言，學界多著力於兩漢荀學與清代荀學、二十世紀荀學的研究。相對而言，學界對宋代荀學的研究較少，目前鮮有專門研究宋代荀學的著作面世，這不能不說是荀學研究史上的一大缺失。而這，也正賦予了筆者以研究的機遇。

第二節　研究方法

哲學離不開方法，自覺地選取、使用一定的方法來研究哲學、哲學史或思想史，是十分必要的。正如陳少明先生所強調的那樣：「方法論是哲學的命脈所寄」，「哲學系統同方法的關係，就如大廈同設計施工的關係，沒有設計施工自然就沒有建築物的出現。」〔註 1〕由此，方法在哲學研究中具有非常重要的意義。本書的寫作同樣是在自覺運用一定方法的基礎上展開的。本書在研究過程中主要採用的方法是勞思光先生提出的「系統研究法」和「基源問題研究法」。

所謂「基源問題研究法」，就是「以邏輯意義的理論還原爲始點，而以史學考證工作爲助力，以統攝個別哲學活動於一定設準之下爲歸宿」。〔註 2〕勞先生認爲，任何哲學派別或思想家的理論都是圍繞某個或若干基源問題展開的，要分析某一哲學問題，一定要首先找出其包含的基源問題。那麼，宋代荀學的基源問題是什麼呢？這一問題是我們研究宋代荀學的基礎與核心。筆者認爲，宋儒對荀子和荀學的討論，主要是圍繞人性論和外王論這兩個基源

〔註 1〕陳少明：《講求方法：來自西方哲學的啓示》，《學術研究》2008 年第 5 期。
〔註 2〕勞思光：《新編中國哲學史・第一卷》，桂林：廣西師範大學出版社，2005 年，第 10 頁。

問題展開的。並且，如勞思光先生所說的：「一個基源問題引出許多次級的問題；每一問題皆有一解答，即形成理論的一部分。最後一層層的理論組成一整體」〔註 3〕，人性論和外王論這兩個基源問題又可以引出許多層級的問題。在人性論這一基源問題中，人性的價值取向即人性善惡問題是其核心，在人性善惡問題之外，又旁生出荀子與李斯、韓非之間師徒關係的定位問題。而在外王論這一基源問題中，對禮論的關注是其核心，在此基礎上，又旁及並展開爲周公論、《春秋》論、刑論、兵論、術論等問題。

　　所謂「系統研究法」，是指「將所敘述的思想作系統的陳述的方法」〔註 4〕。思想必須形成系統，才具有理論的嚴密性和完整性。沒有系統的思想只能是思想的片段，甚至只是思想的碎片，而只有將零散的思想片段組織成爲一個完整的理論系統，我們才能通過它來瞭解有關某一問題的思想全貌。就宋代荀學研究而言，其研究範圍較爲宏闊，既涉及到對宋代相關思想流派和思想家的討論，又涉及到對荀子及荀學的討論，如何對這些豐富的史料進行梳理，將其整理爲一個有機的理論系統，是研究的基礎性工作。而要想使得這一基礎性工作得以順利地展開，我們必然要借用系統研究的方法。

　　值得注意的是，勞思光先生在提出系統研究法所具優點的同時，也充分考慮到了使用該方法可能造成的負面影響。他認爲這種負面的影響可能表現在以下兩方面：其一，研究者往往「只去掌握某哲學家思想中的系統部分，而不注意那些歧出旁生的觀念」，從而導致其研究「不可免地不能包含這個哲學家的思想的全部，而必有所缺遺」。其二，研究者「每每在敘述這種思想時，嫌它本身不夠完整，就給它許多補充，甚至在不知不覺間改造了前人的思想」。〔註 5〕這兩方面的問題，前者涉及完整性，後者涉及客觀性。就宋代荀學研究而言，研究者在使用系統研究法的時候也應關注這兩方面的問題並儘量避免、克服之。首先，在研究的完整性方面，我們要盡可能全面地搜集宋代各思想家、宋代官方有關荀子和荀學的相關評論與詮釋，並關注各思想家在思想發展的不同階段對荀學的不同評價，綜合考察之，力求全面地反映出宋代荀學的思想狀況。其次，在研究的客觀性方面，我們應儘量避免從前定的、偏狹的立場出發來分析史料。當然，研究的過程和結果要通過「論述」來表達，所謂「論述」，

〔註 3〕勞思光：《新編中國哲學史・第一卷》，第 11 頁。
〔註 4〕勞思光：《新編中國哲學史・第一卷》，第 5 頁。
〔註 5〕勞思光：《新編中國哲學史・第一卷》，第 5 頁。

既有對前人思想的客觀之「述」，又有基於自我思想而對前人思想做出的「論」。因此，研究總是包含著主觀與客觀兩面，不可能是完全沒有溫度的零度研究。對宋代荀學的研究，也不可能只是全然客觀地敘述史料，更應有對史料的分析及對思想背後所潛藏的解釋路徑的挖掘；不僅要嚴密地敘述、分析宋儒視域中的荀學思想，也要站在現代視角對其得失進行評判。這些涉及「論」的部分，只要不是隨意地、無理據地以自己的思想剪裁前人，而是堅持從客觀公平的態度出發，基於客觀嚴肅的理論分析，就會得出較為客觀的結論。

第三節　文獻綜述

　　目前學界對宋代荀學的研究，雖然取得了一定的成果，但其研究力度仍顯得非常不夠。茲將學界對宋代荀學的研究成果綜述於下：

一、荀學在宋代之地位

　　荀子是先秦儒學的重要代表人物之一，經過漢唐時期的發展，其在宋代居於何種地位？荀學的整體境況如何？宋儒對荀學持何種態度？對這些問題，多數現當代學者都認為宋代是荀學的衰微期或消沉期，宋儒基本對荀子和荀學採取批評貶斥態度。梁啟雄先生云：「益以宋明之間揚孟抑荀之風倍甚於前，故其書終以蒙世詬厲，湮抑沈薶，無法復其光焉」〔註6〕；郭志坤先生認為荀學在「宋明時期被打入冷宮」〔註7〕；惠吉星先生指出「宋明理學是在思孟之學基礎上發展起來的」，與此同時，荀子及荀學則「基本上被宋學否定了」〔註8〕；孔繁先生闡析了宋代理學家對荀子的貶斥態度，並指出這是造成荀學衰微的直接原因〔註9〕；馬積高先生認為宋代學術思想界對荀子的主流態度是貶抑，荀學在「自宋至明的近七百年間長期處於衰微的階段，而宋時尤甚」〔註10〕。在持荀學於宋代呈現衰微態勢、荀子於宋代遭受猛烈貶斥這一基本觀點的同時，也有學者認為宋代亦有肯定荀子及荀學的一面。如惠吉星先生認為南宋唐仲友所作的《荀卿論》「對荀子採取了一分為二的態度」，雖然唐仲友「認為孟子優於荀子」，但仍「從主要方面對荀子做了肯定性評

〔註6〕梁啟雄：《荀子簡釋》之《自敘》，北京：中華書局，1983年，第9頁。
〔註7〕郭志坤：《荀學論稿》，上海：三聯書店，1991年，第301頁。
〔註8〕惠吉星：《荀子與中國文化》，貴陽：貴州人民出版社，1996年，第267頁。
〔註9〕孔繁：《荀子評傳》，南京：南京大學出版社，1997年，第295頁。
〔註10〕馬積高：《荀學源流》，上海：上海古籍出版社，2000年，第248、276頁。

價」。〔註11〕馬積高先生認為宋代思想界除了存在對荀子進行貶抑的態度外，還存在著另一種態度即「稍微和緩地維持韓愈『大醇小疵』的評價」，並且指出持後一種態度的人物包括程顥、陸九淵、唐仲友、楊傑。〔註12〕

　　學術界在分析荀學在宋代地位走向的同時，也分析了荀學在宋代遭受貶抑的原因。郭志坤先生指出荀學在宋代遭受排斥的原因在於：「理學認定『天人合一』，而荀學認為『天人相分』」。郭氏並指出理學家排斥荀子時所用的罪名集中表現為：荀子主張性惡；荀子非議孟子；荀子弟子李斯、韓非是法家人物。〔註13〕惠吉星先生亦分析了荀學在宋明時期遭受攻擊的原因，他認為這是由荀子的人性論造成的：「性善論是理學大廈的根基，荀子力主性惡，並對孟子的性善論進行攻擊，這當然是理學家所不能容忍的。」〔註14〕可見，他們主要是以理學為討論域來分析荀學在宋代遭受貶斥的原因，至於理學之外的情形則較少論及。王永平先生在其《荀子學術地位的變化與唐宋文化新走向》一文中闡述了二程、朱熹、歐陽修、王安石、蘇軾、葉適等宋儒對荀子所持的貶抑態度，並分析了唐宋時期荀子學術地位漸趨衰微的原因在於：「荀子所主張的『天人相分』學說與漢以來所流行的『天人合一』思想相悖」；「荀子所主張的人性本惡理論與傳統的性善論不合」；「儒學逐漸由側重『外王』到側重『內聖』的方向發展」，而以禮學為核心的荀學與這一思維模式的轉換不合。〔註15〕

　　由上述可知，學界認為荀學在宋代處於衰微態勢，荀學在宋代的地位亦甚為低下。其間即使有一些肯定荀學的聲音，但與貶斥的浪潮相比，不免顯得十分微弱。就理學之貶荀而言，宋代理學家貶斥荀學的主要原因在於兩者對人性論、天人關係等問題的理解存在差異。以上成果固然為我們理解宋代荀學的總體走向提供了一定幫助，但卻仍然顯得不夠具體、深入。學界大多以宋代理學對荀子的評價為依據來判斷荀子在宋代的地位變化，但卻不夠注意挖掘理學之外的儒者對荀子的評價，並且也沒有注意對理學內部有關荀子地位的爭議進行梳理。另外，除了當時的學術思想界之外，宋代官方的態度和政策亦對荀子地位的變化走向有著很大影響，而這一方面的研究也沒有得到充分展開。

〔註11〕惠吉星：《荀子與中國文化》，第272頁。

〔註12〕馬積高：《荀學源流》，第276頁。

〔註13〕郭志坤：《荀學論稿》，第301～302頁。

〔註14〕惠吉星：《荀子與中國文化》，第266頁。

〔註15〕王永平：《荀子學術地位的變化與唐宋文化新走向》，《學術月刊》2008年第6期。

二、宋代理學與荀學

　　韓德民先生在其著作《荀子與儒家的社會理想》一書中的《荀學與宋明理學》部分，從儒家對社會理想的追求與建構方式這一視角出發，分析了程頤、朱熹等理學家與荀子思想的不同。就二程與荀學而言，韓氏認爲程頤與荀子之間分歧的關鍵「在於對性之善惡的不同認識，由於這種不同認識，而進一步引申出成人過程之向內覺悟與向外索取兩種不同的方向」〔註 16〕。就朱熹與荀學而言，韓氏認爲朱子學的心概念與荀學一樣，都是「從認知心出發」，但朱熹「以荀子式的認知之心，卻試圖轉而構築孟子式立足於德性之心的學說體系」，這就使得他難以處理同時將格物作爲經驗性方法與將理作爲先驗性本體所造成的斷裂。〔註 17〕總體而言，韓文的立論旨在指出：宋儒重在建構儒家的心性理論，這種建構是通過將道德心性形上化、本體化展開的，而這恰與荀子重在經驗式地建構儒家禮學的致思路向形成強烈比照。韓氏亦試圖以客觀的視角對宋明理學和荀學之間存在的不同的理想追求與建構方式給予評價，並肯定荀學在推動現實政治的發展中所具有的內在價值。惠吉星先生分析了荀學與朱熹之學的關係，他認爲朱熹對荀子的批評「顯然抱有偏見，有以偏概全之嫌」，朱熹雖然批評荀子，但卻「吸收、改造了荀子的人性論，繼承和發展了荀子的認識論和修養論，尤其是重經驗、重知性的學術品格二人極爲相近」，因而他得出的結論是：朱熹「與荀子似異而實同」。〔註 18〕惠氏的分析特點側重於揭示朱熹與荀學兩者之間的聯繫，認爲兩者之學在本質上是相同的。孔繁先生闡述了程頤、朱熹對荀子所持的批評態度，並分析了二程對荀子養心說的批評，他指出：「宋明理學以『誠』爲體，誠相當於理，誠亦爲心之體，荀子以心爲體，以誠爲用，而主張養心莫善於誠，自與宋代理學主張不同」〔註 19〕，認爲對心、誠關係的不同理解是造成二程批評荀子「不知誠」的主要原因。在看到朱熹批評荀子的同時，孔氏也看到朱熹亦有褒揚荀子的一面，但「這種褒很微小」，只是「就個別事例上褒荀子」，〔註 20〕其主旨仍然是批評。馬積高先生闡述了二程、徐積、朱熹、陸九淵等理學家的荀學觀，指出宋代理學家在批評荀子人性論時「只作一般性的批評，避免接觸荀子的具

〔註 16〕韓德民：《荀子與儒家的社會理想》，濟南：齊魯書社，2001 年，第 523 頁。

〔註 17〕韓德民：《荀子與儒家的社會理想》，第 569〜570 頁。

〔註 18〕惠吉星：《荀子與中國文化》，第 269〜272 頁。

〔註 19〕孔繁：《荀子評傳》，第 289 頁。

〔註 20〕孔繁：《荀子評傳》，第 291〜292 頁。

體論據」〔註21〕，因而馬氏認爲這種批評是偏頗的。馬氏分析，理學家「把人的情慾看成可以產生罪惡的淵藪，力圖用『正心』、『誠意』、『居敬』等把它控制到最低限度，與荀子主張按照人的不同才能、地位分別給予適當滿足是針鋒相對的」〔註22〕，馬氏此論指明了理學與荀學對待情慾、欲望的不同態度，這一論見堪稱精闢。此外，馬氏還指出包括徐積、二程在內的宋代理學家誤解乃至曲解了荀子之「僞」，將「僞」的人爲之義解釋爲誠僞之義，「先以恍惚之辭將『僞』的兩種不同的含義加以混淆，然後暗暗拋開人爲之義，對誠僞之義加以責難」〔註23〕。馬氏看到理學對荀子之「僞」的解釋趨向，這顯得十分難能可貴；但其認爲理學對荀子之「僞」的理解是刻意誤解或歪曲，這卻有待於進一步分析辨別。張涅先生主要從宋代理學家提倡「道問學」和提出「氣質之性」的視角對宋明理學與荀學之間的關係進行分析，指出宋明理學的「修養論、人性論與荀學密切相關」。〔註24〕強中華先生所撰《徐積〈荀子辯〉之辯》一文，從徐積對荀子的批評入手對其展開分析，認爲徐積對荀子的批評「大多以孟子性善說爲評價之標準」，因而具有「先入爲主」的弊端；〔註25〕並且指出徐積對荀子的批評既有符合邏輯的一面，亦有不合邏輯之處。

　　除上述研究成果外，對宋代理學視域中的荀學及宋代理學與荀學之間的關係，做過較爲深入系統探討的港臺地區的學者有唐君毅先生、戴君仁先生、蔡仁厚先生等。唐君毅先生在論及荀子之心性論時將其與程朱之學加以比較，他指出：「程朱之以理爲性，即心之理善，以言心之性之善之說，而爲荀子之所未能及」，認爲荀子雖然知曉理的重要，但卻將理與心相對立，從而未能領悟「心之理」、「心之性」的眞實存在，亦未能領悟「此理此性，固必當爲善者也」的性善理善說。〔註26〕因此，唐君毅先生認爲荀學與程朱理學之間有著根本的差異：「程朱之論，蓋亦正每爲人之由荀子之論，再轉進一步，以重引入孟子性善之論，所宜經之一論也。學者若因此而疑程朱之爲荀學，則大悖矣」〔註27〕，

〔註21〕馬積高：《荀學源流》，第 263 頁。
〔註22〕馬積高：《荀學源流》，第 264 頁。
〔註23〕馬積高：《荀學源流》，第 265 頁。
〔註24〕張涅：《荀學與思孟後學的關係及其對理學的影響》，《東嶽論壇》2003 年第 1 期。
〔註25〕強中華：《徐積〈荀子辯〉之辯——兼就人生之不同階段論性善說、性惡說之得失》，《廣西大學學報（哲學社會科學版）》2009 年第 2 期。
〔註26〕唐君毅：《中國哲學原論·原性篇》，北京：中國社會科學出版社，2005 年，第 38 頁。
〔註27〕唐君毅：《中國哲學原論·原性篇》，第 38 頁。

他認爲程朱理學的本質在於主張性善論，因而程朱理學比荀學要更高一層。戴君仁先生論述了周敦頤、張載、程頤、朱熹的思想與荀子之學的關係。就周敦頤與荀子，戴氏指出周敦頤重視師道的精神與荀子相合。就張載與荀子，戴氏分析了張載的禮學思想，認爲張載的性、禮關係與荀子相異，但其重禮情懷則與荀子相合。就程頤與荀子，戴氏由分析程頤的涵養論與致知論入手，認爲程頤這兩點都與荀子相近。就朱熹與荀子，戴氏指出了兩者有四處共同點：其一，朱熹致知與涵養互相發明的思想，與荀學暗合；其二，朱熹與荀子皆重後天習慣的養成；其三，朱熹與荀子皆有涵養重於察識之意；其四，兩者的宇宙觀同受道家影響。〔註28〕蔡仁厚先生所著《荀子與朱子心性論之比較》一書，詳細闡釋了荀子與朱熹的心論、性論及兩者之間的異同，指出兩者之心論大致相同，而性論則完全相反：「荀子以氣言性，而且判性爲惡，性是負面的觀念。朱子則以理言性，性即是理，性理是正面觀念。這是二家最大的差異。」〔註29〕進一步，蔡氏以牟宗三先生對宋代理學的分析爲評價標準，認爲荀子的禮義和朱熹的性理，都是只存有而不活動的概念，因而兩家「皆爲他律道德」，「不能作爲道德實踐的動源」。〔註30〕與此同時，也是受牟宗三先生的影響，蔡氏又在「從中國文化心靈中透顯知性主體」的意義上寄希望於荀、朱二家，期待能經由荀子而開出「認知心」，以便與現代科學精神相接榫。〔註31〕

從以上所述可見，學術界對宋代理學與荀學這一研究論題主要集中於二程和朱熹的荀學觀，但對此外的其他理學家如徐積、范浚、胡寅、陸九淵、黃震等人的荀學觀則少有涉獵，這說明學界對這一論題的研究廣度還有擴展的空間。此外，學術界在闡述和分析宋代理學與荀學的關係時，其論說角度往往容易限於一偏，比如現代新儒家在討論人性論時往往以一些先入的態度來解讀宋代荀學，並以此品評宋代理學的荀學觀或論斷理學與荀學的關係，這樣得出的結論就顯得不夠客觀。因此，如何在研究中儘量去除先入之見，從文本自身出發來揭示其中的理論脈絡，並在此基礎上立足於現代視角重新

〔註28〕戴君仁：《梅園論學續集》，臺北：藝文印書館，1974年，第273～297頁。

〔註29〕蔡仁厚：《荀子與朱子心性論之比較》，新加坡：東亞哲學研究所，1987年，第49～50頁。

〔註30〕蔡仁厚：《荀子與朱子心性論之比較》，第52頁。

〔註31〕蔡仁厚：《荀子與朱子心性論之比較》，第55～58頁。與牟、蔡的這種期待不同，徐復觀先生則明確對此表示批評，其云：「從荀子的思想本身，並不能如許多人所期待的，可以開出科學知識的系統。」見李維武編，徐復觀著：《中國人性論史・先秦篇》，武漢：湖北人民出版社，2002年，第235頁。

審視宋代理學家的荀學觀，是我們今天從事宋代荀學這一領域的研究時所必須思考的問題。

三、其他宋代儒者與荀學

　　宋代荀學研究除了包括上述理學與荀學的論題之外，還包括那些宋代理學之外的儒者們的荀學觀及他們與荀學的關係，這些儒者包括李覯、歐陽修、司馬光、王安石、蘇軾、葉適等人。就李覯與荀學的關係而言，夏長樸先生發表的《李覯的重禮思想及其與荀子的關係》一文，分析了李覯的禮學思想及其與荀子禮學的關係，認爲「李覯重禮思想的源頭活水」是「荀子的隆禮理論」，在禮的產生、禮的作用等方面，李覯都進一步發展了荀子的隆禮思想。〔註32〕如果說夏長樸先生看重的是李覯與荀子兩者之間的相同之處，那麼馬積高先生則側重於論證兩者之間的差別。馬氏指出，李覯雖在禮論方面與荀學有看似相通的言論，但其與荀學實則不同，因此他認爲「李覯雖嘗批孟，卻不能說他承荀」，「李覯的禮論，只能說有荀學的某種遺響」而已，〔註33〕不認爲兩者之間存在太多聯繫。就歐陽修的荀學觀而言，向世陵先生指出歐陽修對荀子人性論所持態度的變化，認爲歐陽修由於受到「佛教對民風的引領作用在於佛之勸善」的刺激，「從最初所持之荀子的性惡說，轉而走向性善」〔註34〕。就司馬光與荀學的關係而言，黃俊傑先生指出：「司馬光的思想受荀子相當深刻的影響，他認爲『自然』（即所謂『天』）與『人爲』（即所謂『人』）分屬不同範疇」〔註35〕，黃氏從天人關係這一角度點出了荀學對司馬光的影響。就王安石的荀學觀而言，馬積高先生從人性論、禮論等角度闡述了王安石對荀子的批評，馬氏指出，王安石認爲「禮是本於或順著人的天命之性而加以人爲的，而荀子完全從人爲著眼」，〔註36〕因而王氏斥責荀子禮論。韓德民先生也以禮論爲視角討論了王安石與荀子之間的關係，他認爲王安石和荀子在對性、禮關係的認識上存在差異，他指出：「王安石要求從內在先驗心性善的立場，對『禮』作主觀化的解釋，而

〔註32〕夏長樸：《李覯的重禮思想及其與荀子的關係》，（臺灣）《臺大中文學報》1988年第2期。

〔註33〕馬積高：《荀學源流》，第278頁。

〔註34〕向世陵：《理氣性心之間——宋明理學的分系與四系》，長沙：湖南大學出版社，2006年，第2頁。

〔註35〕黃俊傑：《中國孟學詮釋史論》，北京：社會科學文獻出版社，2004年，第159頁。

〔註36〕馬積高：《荀學源流》，第257頁。

荀子則是將『禮義』擺在對於內在之性的克服性關係中，加以客觀化的解釋」〔註37〕，王安石的禮是由性順推出來的，而荀子之禮則是逆性而生。就蘇軾的荀學觀而言，學界多關注其批評荀子好爲異說和以李斯之過歸罪荀子的觀點。馬積高先生認爲蘇軾的荀學觀正反映了「蘇軾思想保守的一面」〔註38〕；韓德民先生則認爲蘇軾、王安石對荀子的批評都反映了當時的知識分子企圖重建儒家心性理論的普遍性的時代心理〔註39〕。就葉適的荀學觀而言，張涅先生指出葉適在思想本質上繼承了荀子「禮治主義的精神」，並分析了二者的相通之處在於：均著重於政治建設的領域；都兼具現實理性和道德信仰；都建立在對同時代諸家思想批判融通的基礎上。〔註40〕張氏注重分析荀、葉二人思想的相通之處，但卻忽視了對兩者思想相異之處的探討和對葉適非荀動機的考察。馬積高先生分別從天人觀、禮論、人性論等角度闡述了葉適對荀子的批評態度，他認爲葉適對荀子的批評「從全體來看，大多是深文周納，甚至是撇開荀子所論的是非，節外生枝，橫加責難」〔註41〕。馬氏還分析了葉適非荀的原因在於其「借批荀子論學之隙，爲當世『陋儒』針砭」〔註42〕，也即是說，葉適是借助批評荀學來批評理學。

綜上所述，學術界對宋代荀學的研究雖然取得了一定成果，但總體上仍顯得很薄弱。從廣度而言，尚有擴展的空間，這主要體現在以下兩個方面：其一，一些目前不爲人熟知的宋代學者對荀子的態度及其對荀學的解釋，有待梳理與闡發；其二，一些宋代學者雖爲今人所熟知，但他們對荀子的評價及對荀學的解釋，在有些方面容易被人忽視，因此這些學者有關荀學的觀點，也有待進一步梳理與闡發。從深度而言，學術界對宋代荀學的研究亦留有較大的討論空間，這主要表現在：其一，宋儒對荀子人性論的評價及其背後潛藏的思想理路，有待進一步挖掘；其二，宋儒對荀子外王學的評價及其做出的重新詮釋，有待進一步深入分析。概言之，就宋代荀學的研究而言，還有許多領域有待開拓和深化。不足之處就是新的起點，學術界對宋代荀學研究所存在的不足之處，正是包括筆者在內的後來者對其進行研究的新起點。

〔註37〕韓德民：《荀子與儒家的社會理想》，第517～518頁。
〔註38〕馬積高：《荀學源流》，第260頁。
〔註39〕韓德民：《荀子與儒家的社會理想》，第521～522頁。
〔註40〕張涅：《葉適與荀子的思想關係》，《浙江海洋學院學報（人文科學版）》2001年第1期。
〔註41〕馬積高：《荀學源流》，第274頁。
〔註42〕馬積高：《荀學源流》，第275頁。

第一章　宋以前荀學的演進及其特點

　　荀子是先秦時期最後一位儒學大師，其學尊孔子而黜思孟，在天人觀、
人性論、禮論等方面都提出了自己獨特的見解。荀子在世時曾三爲祭酒，並
周遊多國，在學術上、政治上有著很高的地位。時人或以爲荀子不若孔子，
其弟子申之，以爲荀子與孔子齊賢。〔註 1〕可見，荀子生前或逝世不久，就發
生了一場關於荀子地位的爭辯，只是這一爭辯是將荀子與孔子比較而已。秦
漢以降，學者則多將荀子與孟子比較，或兩者同尊，或尊此貶彼，又或兩者
皆貶，概言之，都站在各自的學術立場乃至政治立場上對其品評。本章擬對
兩漢至宋代之前的荀學發展作一概括，以揭明宋之前荀學演進的特點，這對
探討宋代荀學的新發展無疑是十分必要的。

第一節　兩漢荀學的發展與特點

　　秦漢肇興，孔孟荀之學俱得以傳。西漢司馬遷作《孟子荀卿列傳》，表彰
孟荀之功，後世稱之爲「孟荀齊號」〔註 2〕，以說明司馬遷孟荀同尊之意。雖
然司馬遷在《孟子荀卿列傳》中「太史公曰」部分只提及孟子絕惠王言利之
端，於荀子則無所言辭，這似乎說明司馬遷在孟荀之間更鍾情於孟子之學，
此傳似乎亦以孟子一人爲核心；然而在《史記‧太史公自序》中，司馬遷概
括其作是傳之緣由云：「獵儒墨之遺文，明禮義之統紀，絕惠王利端，列往世

〔註 1〕參見《荀子‧堯問》。
〔註 2〕清儒梁玉繩在評述《史記》時云：「孔墨同稱，始於戰國；孟荀齊號，起自漢
　　　　儒。」見（清）梁玉繩：《史記志疑》卷三十六《太史公自序傳第七十》，清
　　　　廣雅書局叢書本。

興衰，作《孟子荀卿列傳》」〔註3〕，「絕惠王利端，列往世興衰」兩句指稱孟子，「獵儒墨之遺文，明禮義之統紀」則指稱荀子，且這裡司馬遷將荀子之功列於孟子之前，這亦可見出其對荀子之學更爲關注。因此，司馬遷作是傳，並不能說明其更鍾情於孟子，綜合來看，乃是荀孟並重。除太史公外，董仲舒、陸賈、賈誼、劉向、班固、王充、徐幹等漢儒皆重荀子。劉向作《孫卿書錄》，稱董仲舒「作書美孫卿」〔註4〕，可知董仲舒亦尊荀〔註5〕。劉向還讚揚荀子曰「惟孟軻、孫卿爲能尊仲尼」，「孟子、孫卿、董先生皆小五伯」，「如人君能用孫卿，庶幾於王」〔註6〕，可見董仲舒、劉向皆荀孟同尊。陸賈、賈誼、班固、王充、徐幹等人亦重荀子，其學亦與荀子甚有關聯。〔註7〕

漢儒除有孟荀齊號、荀孟並重的代表人物，還有尊孟貶荀的儒者，其以揚雄爲代表。揚雄《法言》記載有下面兩段話：「或曰：子小諸子，孟子非諸

〔註3〕 （漢）司馬遷：《史記》，北京：中華書局，1982 年，第 3314 頁。

〔註4〕 （清）嚴可均輯：《全上古三代秦漢三國六朝文》全漢文卷三十七《孫卿書錄》，民國十九年景清光緒二十年黃岡王氏刻本。

〔註5〕 關於董仲舒之尊荀，清儒康有爲亦云：「讀《深察名號篇》，知董子傳荀子之學，不傳孟子之學」，「董子只傳荀子之學，不傳孟子，可見荀子之後盛，孟子後微」（《萬木草堂口說·春秋繁露》）。見康有爲撰；姜義華，吳根梁編校：《康有爲全集·第二集》，上海：上海古籍出版社，1990 年，第 387、429 頁。

〔註6〕 （清）嚴可均輯：《全上古三代秦漢三國六朝文》全漢文卷三十七《孫卿書錄》。

〔註7〕 關於此點，學界多有論述，此處不贅。關於陸賈之學與荀子之關係，相關研究及論述可參見王利器：《新語校注》之《前言》，北京：中華書局，1986 年，第 7～11 頁。關於賈誼與荀子之關係，可參見徐復觀《賈誼思想的再發現》之《賈誼的思想領域》，載氏著：《兩漢思想史（第二卷）》，上海：華東師範大學出版社，2001 年，第 74～77 頁；丁毅華：《荀子、賈誼禮治思想的傳承——兼論中國傳統政治文化的思想基礎》，《天津師大學報》1991 年第 6 期；馬曉樂、莊大鈞：《賈誼、荀學與黃老——簡論賈誼的學術淵源》，《山東大學學報（哲學社會科學版）》2003 年第 1 期。關於班固對荀子之相關評介，可參見楊海文：《司馬遷對「孟荀齊號」語法的確立》，載中國哲學史學會、中山大學哲學系、中山大學中國哲學研究所主辦《「漢唐盛世與漢唐哲學精神」國際學術研討會論文集》，2008 年 11 月。關於王充之學與荀子的關係，有學者認爲在孟荀之間，王充重孟而輕荀，「於孟、荀的評價亦有軒輊」（見馬積高：《荀學源流》，上海：上海古籍出版社，2000 年，第 213 頁），對此，周熾成先生給予回應，認爲王充實乃孟荀並重，且「在價值上更注重荀子」（見周熾成：《漢唐孟荀影響之比較新論》，載中國哲學史學會、中山大學哲學系、中山大學中國哲學研究所主辦《「漢唐盛世與漢唐哲學精神」國際學術研討會論文集》，2008 年 11 月）；筆者認同周先生的說法，此處採周說。關於徐幹之學與荀子之關係，周熾成先生認爲「徐乾和爲他的《中論》作序的人，明顯偏向於荀子」（同上）。

子乎？曰：諸子者，以其知異於孔子者也。孟子異乎？不異」；「或曰：孫卿非數家之書，侻也。至於子思、孟軻詭哉。曰：吾於孫卿與？見同門而異戶也，惟聖人爲不異。牛玄、騂、白，睟而角，其升諸廟乎？是以君子全其德。」〔註8〕揚雄將孟子從「諸子」之範疇中超拔出來，後來的韓愈與部分宋儒獨許孟子以道統地位，似乎與此有著某種思想關聯。並且揚雄認爲荀子與思孟是「同門而異戶」，雖然還是認可荀子在儒門之中，但已與孟子這一正宗的儒學主流相異而處了。

雖然有揚雄之尊孟貶荀，但在漢儒的思想世界中，荀孟同尊無疑被更多儒者所接受，甚至從某種意義上說，荀子的影響比孟子要更大。

漢代荀學的特點，集中而言有兩點：其一，重視荀子禮論等外王學；其二，對荀子人性論多採取包容態度。關於前一點，司馬遷作《禮書》、《樂書》，皆有採於《荀子》之《禮論》、《樂論》〔註9〕，上引司馬遷讚揚荀子之語也有「明禮義之統紀」的說法；賈誼亦主要繼承並發展了荀子之禮學〔註10〕；徐幹《中論》在《法象》、《貴言》、《審大臣》、《亡國》等篇中引述的荀子之言，亦多集中於其禮論與君臣論等外王學方面；這些都可以看出，漢儒多是從禮論等外王學的角度推尊荀子的。〔註11〕關於人性論，漢儒有著諸多分歧，單以王充在《論衡‧本性篇》中所述及的就有陸賈、董仲舒、劉向等幾種人性學說，再加上揚雄的性善惡混論，可謂各有說辭、莫衷一是。雖然王充評價荀子人性論是「未爲得實」，並記載了劉向對荀子人性論的非議，但王充本人也直言「性惡之言，有緣也」，認爲荀子人性論中亦包含有合理的因素。其他漢儒諸如董仲舒、劉向、揚雄等，雖論性各執一詞，但有個明顯的特徵，就是他們都不是完全的性善論者，而這，恰恰爲他們對荀子人性論的包容提供了依據。綜合這兩方面，漢儒在外王學上推尊荀子，且在人性論上兼採孟荀，這些都使得荀子在漢代之地位得以與孟子齊同，甚至在某些方面有高於孟子的傾向。

〔註8〕 （漢）揚雄著；李守奎等譯注：《揚子法言譯注》，哈爾濱：黑龍江人民出版社，2003年，第185、186頁。

〔註9〕 參見陳桐生：《〈史記〉與〈荀子〉》，《蘇州鐵道師範學院學報（社會科學版）》2001年第2期。

〔註10〕 參見唐雄山：《賈誼禮治思想研究》，廣州：中山大學出版社，2005年。

〔註11〕 漢儒推崇荀子之禮學，這一點康有爲看得清楚，他說：「禮學重師法，自荀子出，漢儒家法本此」（《萬木草堂口說‧荀子》，見康有爲撰；姜義華，吳根梁編校：《康有爲全集‧第二集》，第378頁）。

第二節　魏晉至隋荀學的發展與特點

　　魏晉時期，荀學仍然沿著內外兩個向度發展。內在人性論方面，仲長敖作
《覈性賦》，此處之「覈」乃查對、審查之意，見題知義，仲長敖此賦意在審
查、檢視人性。就人性而發議論，先秦漢魏皆有其說，並不算新鮮，但仲長敖
這篇賦的特別之處就在於專門挑出荀子人性論作為檢視對象。在《覈性賦》中，
仲長敖對荀子人性論做了許多歪曲（或是無意的誤解），這主要表現在：其一，
他將荀子提倡的「人最為天下貴」〔註12〕的人貴論歪曲為「裸蟲三百，人最為
劣」〔註13〕的人劣論；其二，他將荀子性惡禮偽相互配合的完整理論系統割裂
為只有性惡而無禮偽的片面理論，這樣，荀子的人性就變成了一個無禮義助其
提升的光禿禿的惡，這顯然不是荀子的本意；其三，他將荀子的性惡論與李斯、
韓非相聯繫，認為李斯、韓非皆因受到荀子性惡論的影響而走向法家，這為後
來的一些宋儒將弟子之過歸罪於荀子性惡論提供了理論源頭。賦中李斯、韓非
對荀子言：「夫子之言性惡當矣」〔註14〕，其實，這亦說明仲長敖並未深及法
家人性論之精髓，法家並非視人性為惡，至於韓非對荀子人性論的評價，單從
相關文本中亦未見其有任何褒貶態度，因此，仲長敖在此賦中虛構的對話故
事，無論從歷史事實上還是從思想脈絡的關聯上，都是經不起推敲的。但正是
他的這篇賦對荀子人性論的歪曲，使得後人多以假為真，通過這篇賦來作為瞭
解、評價荀子的依據，從這點來說，仲長敖的《覈性賦》在荀學史上有著非常
重要的意義，只是這種意義是負面的罷了。

　　魏晉時期荀學的另一個向度是有關外王學方面的探討，主要集中在對荀
子提出的肉刑論的討論。漢文帝時期廢除肉刑，後班固著書認為應當恢復。
至曹操時亦欲恢復，孔融作《肉刑議》，以為不可。傅幹亦作《肉刑議》，提
出「肉刑之法，不當除也」，「荀卿論之備矣」，主張重置肉刑。曹羲則作《肉
刑論》反對恢復，其言：「夫言肉刑之濟治者，荀卿所唱，班固所述」，「固未
達夫用刑之本矣！……在上者洗濯其心，靜而民足，各得其性，何懼乎奸之
不勝，乃欲斷截防轉而入死乎？」〔註15〕曹羲不同意荀子提倡的治世刑重、

〔註12〕《荀子・王制》。
〔註13〕（唐）歐陽詢撰；汪紹楹校：《藝文類聚》卷二十一，上海：上海古籍出版社，
　　　　1982年，第385頁。
〔註14〕（唐）歐陽詢撰；汪紹楹校：《藝文類聚》卷二十一，第385頁。
〔註15〕孔融、傅幹、曹羲諸文，見（唐）歐陽詢撰；汪紹楹校：《藝文類聚》卷五十
　　　　四，第972、981頁。

不該以象刑代替肉刑的觀點，認爲荀子的用刑論乃未達本旨之言，他開出的治世藥方是統治者保持心靈清淨，只要這樣，根本就用不著肉刑了。東晉張華作《博物志》，申述荀子之志云：「肉刑，明王之制，荀卿每論之」〔註16〕，將肉刑視爲明王之制，無疑肯定了荀子的用刑論。這一時期對荀子用刑論的討論，亦成爲宋儒探討荀子外王學的部分理論資源，宋初張方平否定荀子的治世有重刑之說，這與魏晉時孔融、曹羲等反對荀子肉刑論的思想是一致的。

南北朝時期的梁孝元帝蕭繹云：「楚人畏荀卿之出境，漢氏追匡衡之入界，是知儒道實有可尊，故皇甫嵩手握百萬之眾而不反，豈非儒者之貴乎！」〔註17〕梁孝元帝由荀子而思及儒道之尊貴，由此可見其對荀子亦甚爲尊敬與推崇。北齊思想家劉晝也尊崇荀子，其云：「儒者，晏嬰、子思、孟軻、荀卿之類也。順陰陽之性，明教化之本，遊心於六藝，留情於五常，厚葬久服，重樂有命，祖述堯、舜，憲章文、武，宗師仲尼，以尊敬其道」，這裡是將荀子與思孟並列爲大儒。劉晝之尊荀的原因，在於其提倡儒家之禮教：「儒以六藝濟俗」，「六藝以禮教爲訓」，「今治世之賢，宜以禮教爲先」；〔註18〕其尊禮教這一點正好與荀子之重禮思想相合。

隋朝大儒王通在與時人的議論中亦有關涉荀子之語，《中說》記載：「或問：『志意修，驕富貴，道義重，輕王侯，如何？』子曰：『彼有以自守也。』」〔註19〕荀子云：「志意修則驕富貴，道義重則輕王公；內省而外物輕矣。」〔註20〕王通對荀子此言頗爲稱許，認爲能做到這一點就可以有所自守了。除了稱許荀子此語之外，《中說》中雖未明提荀子，但其思想與荀子有契合之處亦甚多，諸如：「子曰：『居近識遠，處今知古，惟學矣乎！』」〔註21〕此與荀子之重學思想相合。再如：「子曰：『禮，其皇極之門乎！聖人所以嚮明而節天下也。其得中道乎！故能辯上下、定民志。』」〔註22〕此與荀子之重禮思想相合，

〔註16〕《典禮考》，《博物志》卷六。見（晉）張華撰；范甯校證：《博物志校證》，北京：中華書局，1980年，第19頁。

〔註17〕《金樓子》卷四。（南北朝）孝元皇帝：《金樓子》，清知不足齋叢書本。

〔註18〕以上劉晝文皆引自《劉子》卷十《九流章》。見（北齊）劉晝著；傅亞庶校釋：《劉子校釋》，北京：中華書局，1998年，第520～522頁。

〔註19〕《文中子中說》卷五《問易》。見（隋）王通撰；鄭春穎譯注：《文中子中說譯注》，哈爾濱：黑龍江人民出版社，2003年，第105頁。

〔註20〕《荀子·修身》。

〔註21〕《文中子中說》卷六《禮樂》，第110頁。

〔註22〕《文中子中說》卷六《禮樂》，第116頁。

且王通將禮與中道聯繫起來，這與荀子亦是一致的，荀子云：「先王之道，仁之隆也，比中而行之。曷謂中？曰：禮義是也」〔註23〕。由此可見，荀子與王通二者思想有著密切關聯。實際上，王通心目中有的仍是「周孔之道」而非「孔孟之道」，其云：「卓哉！周孔之道，其神之所爲乎！順之則吉，逆之則凶」〔註24〕，揚孟抑荀的做法在王通那裡並不存在。若說王通與荀子有不合之處，則主要體現在人性論上。王通云：「以性制情者鮮矣，我未見處歧路而不遲迴者」〔註25〕，王通雖未明確表示性之善惡的立場，但從此處的性情二分、以性制情思想來看，其與荀子以情論性之理路相異。綜合而言，王通思想與荀子有同有異，但總體上王通還是對荀子有所尊崇的，至少未發生揚孟抑荀的情況。

魏晉至隋朝這一階段的荀學的特點是：其一，荀子地位總體上仍受重視與肯定；其二，在外王學方面，不斷繼承荀子的重禮思想，但對荀子的用刑論有所爭議；其三，在人性論方面，對荀子有所貶損，無論是仲長敖對荀子人性論有意無意的曲解，還是王通與荀子人性論的不合，都大大削弱了荀子人性論的正面影響，甚至將其導向了負面，這爲後來宋儒借人性論貶荀開了端倪。

第三節　唐代荀學的發展與特點

隋末戰亂頻仍，李氏父子定鼎中原，唐朝乃立。唐初，荀子之言廣爲君臣引用，無論是魏徵的《群書治要》及其與令狐德棻編撰的《隋書》、吳兢的《貞觀政要》、岑文本的《論攝養表》，還是唐太宗的《帝範》、長孫無忌的《唐律疏議》等，皆頻繁引介荀子之語，以作爲實踐治道之借鑒。〔註26〕唐代中後期，柳宗元、劉禹錫、呂溫、牛僧孺等繼承並闡揚了荀子的天人之分說，〔註27〕從天人觀上發展了荀學。除上述之外，唐代荀學中值得注意的尚有以下幾點：

〔註23〕《荀子·儒效》。

〔註24〕《文中子中說》卷一《王道》，第8頁。

〔註25〕《文中子中說》卷九《立命》，第171頁。

〔註26〕關於唐初君臣引用荀子之言，參見王永平：《荀子學術地位的變化與唐宋文化新走向》，載《學術月刊》2008年第6期；周熾成：《漢唐孟荀影響之比較新論》。唯獨長孫無忌在《唐律疏議》中引用《荀子·禮論》之言，尚無學者提及，詳見《唐律疏議》卷一「譬權衡之知輕重若規矩之得方圓」條。

〔註27〕此點學界多有論述，參見馬積高：《荀學源流》，第233～243頁；茲不贅述。

　　一、由韓愈肇端的對孟荀地位的爭議。一般認爲韓愈尊孟而抑荀，這其實只是大略之說，其間仍有曲折須待辨明。貞元十四年（798）韓愈作《讀荀》，該文指出：「及得荀氏書，於是又知有荀氏者也。考其辭，時若不粹；要其歸，與孔子異者鮮矣。抑其猶在軻、雄之間乎？……孟氏，醇乎醇者也。荀與揚，大醇而小疵」〔註28〕，將孟子與荀子、揚雄分爲兩個等級，但仍對荀子甚爲稱許。貞元十七年（801）韓愈作《送孟東野序》，文章云：「臧孫辰、孟軻、荀卿，以道鳴者也」〔註29〕，則將孟荀並稱，並認爲孟荀皆體現「道」，可見這時韓愈尚沒有將荀子劃除於儒家傳道譜系之外。作於貞元十九年（803）至貞元二十一年（805）之間的《原道》，首次提出了嚴格的道統論，認爲儒家道統自孟子死後便「不得其傳焉」，又言：「荀與揚也，擇焉而不精，語焉而不詳」〔註30〕。這就明確地將荀子從儒家道統中清除，標誌著孟子與荀子的地位拉開了實質性的距離，也爲宋代理學家借「軻死不傳」的道統說來貶低荀子之地位開發了源頭。但細察此後的韓愈作品，並沒有一直貫徹這種貶低荀子的做法，這一點可在韓愈作於元和七年（812）的《進學解》中得到很好的說明，是文云：「昔者孟軻好辯，孔道以明，轍環天下，卒老於行。荀卿守正，大論是弘，逃讒於楚，廢死蘭陵。是二儒者，吐辭爲經，舉足爲法，絕類離倫，優入聖域，其遇於世何如也？」〔註31〕在這裡，韓愈又孟荀並重，乃至稱二人爲「優入聖域」，皆臻聖人之境地，與《原道》中表現出的那種荀子不入道統的嚴苛有著極大的殊異。至韓愈晚年於元和十五年（820）作《與孟尚書書》〔註32〕，又直言孟子之後無人接續其事業，並自期以接續孟子而傳遞儒家之道，這就又重申了《原道》中的道統思想。由上分析可見，韓愈對荀子的評價，有著荀不及孟與荀孟同尊這兩種態度，且兩種態度交織在一起，此消彼長，糾結纏繞。通常，韓愈在論及自身與時人的現實境遇時，往

〔註28〕　（唐）韓愈著：《韓昌黎全集》（據 1935 年世界書局本影印），北京：中國書店，1991 年，第 183 頁。《讀荀》所作時間，依清儒方成珪之說。見（清）方成珪箋正：《韓集箋正》卷三，民國瑞安陳氏湫漻齋本。

〔註29〕　《韓昌黎全集》，第 277 頁。《送孟東野序》所作時間，依宋儒方崧卿之說。見（宋）方崧卿撰：《韓集舉正》卷六，清文淵閣四庫全書本。

〔註30〕　《韓昌黎全集》，第 174 頁。《原道》所作時間，依周熾成先生之說。見周熾成：《漢唐孟荀影響之比較新論》。

〔註31〕　《韓昌黎全集》，第 188 頁。《進學解》所作時間，依方崧卿之說，見《韓集舉正》卷四。

〔註32〕　《與孟尚書書》所作時間，依方崧卿之說，見《韓集舉正》卷六。

往採取荀孟同尊的態度，這體現在其《送孟東野序》及《進學解》中；而在論及儒家應對佛老的挑戰時，往往採取荀不及孟的態度，這體現在《原道》及《與孟尚書書》等文中。因而我們可以認為，韓愈在爭取儒家文化正統的意義上更加推崇孟子，但在肯定其立身行事作為後世表率的意義上卻荀孟同尊。後儒往往只看到韓愈對荀子的前一種態度，而有意無意地忽視了其後一種態度，這至少是不全面的。

在韓愈作《原道》以表荀不及孟之意的同時，時人楊倞在荀學史上第一個為《荀子》作注，其於序言中云：「孟軻闡其前，荀卿振其後。觀其立言指事，根極理要，敷陳往古，掎挈當世，撥亂興理，易於反掌，真名世之士，王者之師。又其書亦所以羽翼《六經》，增光孔氏，非徒諸子之言也。蓋周公制作之，仲尼祖述之，荀、孟贊成之，所以膠固王道，至深至備，雖春秋之四夷交侵，戰國之三綱弛絕，斯道竟不墜矣。」〔註33〕楊倞將孟荀並稱，皆許以「名世之士」、「王者之師」，且先荀後孟而言「荀、孟贊成之」，這甚至有將荀子超拔於孟子之上的意圖。依周熾成先生的高見，楊倞在寫此序時「很可能看過韓愈的《原道》」，其文亦「很可能是針對韓愈的」。〔註34〕若此說為真，那麼楊倞這裡所言的「斯道竟不墜」恰是說明由於有了荀子與孟子，才使儒家之道得以維繫不散，這分明是論證荀子與孟子一樣地傳續儒家之道，也分明是對韓愈在《原道》中將荀子清除於儒家道統之外的行為給予回應。

二、對荀子人性論的評介，及對荀子與李斯、韓非之間關係的看法。唐代集中對孟子、荀子及揚雄之人性論進行比較評介的代表人物有韓愈和其弟子皇甫湜，以及杜牧。韓愈作《原性》，提出性三品說，認為孟、荀、揚三子言性都是不全面之論。其弟子皇甫湜作《孟荀言性論》，先以其師韓愈的性三品說評價孟荀之人性論皆為「一偏之說」，接著又說：「雖然，孟子之心，以人之性皆如堯舜，未至者斯勉矣；荀卿之言，以人之性皆如桀跖，則不及者斯怠矣」，「則軻之言，合經為多，益故為尤乎！」〔註35〕最終判定孟子言

〔註33〕（清）王先謙撰；沈嘯寰，王星賢點校：《荀子集解》，北京：中華書局，1988年，第51頁。

〔註34〕周熾成先生指出，韓愈《原道》的寫作時間在貞元十九年（803）至貞元二十一年（805）之間，而楊倞的《荀子注》完成於元和十三年（818），因此他推測：「楊倞在作《荀子注》時很可能看過韓愈的《原道》」，並指出：「如果這種推斷是合理的話，那麼，楊倞在該書序中所說的話，很可能是針對韓愈的。」見周熾成：《漢唐孟荀影響之比較新論》。

〔註35〕《孟荀言性論》，《皇甫持正集》卷二。見（唐）皇甫湜：《皇甫持正集》，四

性優於荀子。杜牧作《三子言性辨》，在經過一番論述比較之後，他的結論是：「荀言人之性惡，比於二子，荀得多矣」〔註36〕，則是判定荀子言性優於孟、揚。

自從晉代仲長敖將李斯、韓非與荀子之人性學說串聯起來論述之後，唐代有了將李斯所犯焚書坑儒等過錯歸罪於荀子的說法，陸龜蒙即云：「斯聞孔子之道於荀卿，位至丞相，是行其道、得其志者也，反焚滅詩書、坑殺儒士，為不仁也甚矣！不知不仁，孰謂況賢知而傳之以道？是昧觀聽也。雖斯具五刑，而荀卿得稱大儒乎？吾以為不如孟軻。」〔註37〕陸龜蒙認為荀子看不出李斯是不仁之人，還把儒道傳給他，最後反而害了儒家之道，這實在是荀子的不明智，憑這一點就可以斷定荀子不是什麼大儒，無法與孟子比肩。不過也有試圖為荀子雪冤的，與陸龜蒙同時的林慎思就為荀子說話，其云：「顏容喉舌，天然也；妍醜清濁，豈有同乎？蓋以齊莊運動，不得無師矣。仲尼昔師於老氏也，後設其教則大於老氏焉，是師其齊莊也，妍醜豈由於老氏乎？韓非、李斯，昔師於荀卿也，後行其道則反於荀卿焉，是師其運動也，清濁豈由於荀卿乎？若使人有能否可褒責其師也，則妍醜清濁亦可移於人，不由天矣！」〔註38〕林慎思否定弟子之得失與其師有必然聯繫，他以孔子學於老子而後又超越老子為例來說明弟子之得與其師無必然關聯，又以韓非、李斯學於荀子而後卻悖於荀子為例來說明弟子之失亦與其師沒有關涉，這就是說，無論弟子或得或失，皆應歸由於弟子自身，與其師沒有必然關係。

三、對荀子兵論、非相論的褒揚與繼承。道教思想家李筌對荀子兵論甚為欣賞，他說：「兵非道德仁義者，雖伯有天下，君子不取。周德既衰，諸侯自作禮樂，專征伐，始於魯隱公。齊以技擊強，魏以武卒奮，秦以銳士勝。說者以孫、吳為宗。唯荀卿明於王道而非之，謂齊之技擊是亡國之兵，魏之武卒是危國之兵，秦之銳士是干賞蹈利之兵。」〔註39〕李筌讚揚《荀子·議兵》中提倡的「仁人之兵」思想，認為用兵應以仁義道德為其依歸，在用兵

部叢刊景宋本。
〔註36〕《三子言性辨》，《樊川文集》卷六。見（唐）杜牧撰；何錫光校注：《樊川文集校注》，成都：巴蜀書社，2007年，第573頁。
〔註37〕《大儒評》，《甫里集》卷十八。見（唐）陸龜蒙：《甫里集》，四部叢刊景黃丕烈校明鈔本。
〔註38〕《由天》，《伸蒙子》卷下。見（唐）林慎思：《伸蒙子》，清知不足齋叢書本。
〔註39〕《善師篇》，《太白陰經》卷二。見（唐）李筌：《太白陰經》，清初虞山毛氏汲古閣鈔本。

論上繼承了荀子。此外，杜牧則接受了荀子對相術的批評，他專作《論相》一文，論證相術之虛妄，其云：「余讀荀卿《非相》」，「知卿爲大儒矣」，〔註40〕這在非相論方面繼承了荀子。

由上可見，唐代荀學中仍然存在著尊荀與貶荀兩種路向，尊荀派對荀子推崇，貶荀派則更尊奉孟子。唐初君臣、柳宗元、劉禹錫、呂溫、牛僧孺、李筌、杜牧、林愼思等人是尊荀一派的代表人物；韓愈則尊荀與貶荀交織並進，最終傾向於貶荀，其貶荀態度影響到皇甫湜、陸龜蒙等人。從這些可以知曉，尊荀派勢力在唐代仍然十分巨大，他們在荀學的一些重要領域都與貶荀派有著交鋒，雙方各執其說，很難說有絕對優劣之分。但唐代卻是荀學的重要轉型期，因爲這一階段中，韓愈建立的道統論將荀子清除於其外，這就將孟子與荀子之間的地位拉開了實質的距離，韓愈此舉成爲隨後而起的宋代理學家們以道統爲依據而掀起猛烈貶荀浪潮的濫觴。這樣，經過宋代大多數理學家及一些非理學諸儒的貶斥，在經歷了漢唐時期的總體上被尊崇之後，荀子的地位遂日漸滑落。

〔註40〕《論相》，《樊川文集》卷五，第 541 頁。

第二章 出入道統：宋代荀子地位之走向

　　唐代韓愈在《原道》中曾構建出一個從堯至孟子的儒家傳道譜系，將荀子排除在儒家道統之外〔註1〕。韓愈道統論的提出，對孟、荀關係是一次重大的調整，深刻影響了兩宋儒學對荀子地位的評價。韓愈之後至宋代開創之前，爲進一步提高孟子地位而呼籲請命的代表人物是唐末的皮日休，他曾上書請求將《孟子》列爲科舉考試用書〔註2〕。相對而言，與韓愈同時的楊倞則對韓愈所提出的道統論提出異議，試圖將荀子重新劃入道統之內，爲使荀子能位列儒家正統而爭取地位。

　　迄至宋代，面對韓愈提出的道統論，以及皮日休的尊孟和楊倞的尊荀，宋儒對儒家道統將如何取捨以做出新的調整？宋代官方又對荀子持何種態度？本章即試圖以道統論爲主要研究視域，通過梳理、分析宋儒及宋代官方對荀子和道統關係的解讀，來窺見荀子地位在宋代的走向。

〔註1〕關於「道統」一詞的含義，學界多有論述。本文取羅義俊和潘志鋒之說，認爲儒家的「道統」指由一系列傳道人物按一定次序構成的傳道譜系。參見羅義俊：《儒家道統觀發微》，載上海文廟第二屆儒學研討會論文集《與孔子對話——新世紀全球文明中的儒學》，2004年；潘志鋒：《試析儒家「道統」的文化論證功能》，載《江西社會科學》2006年第10期。

〔註2〕參見《皮日休文集》卷九《請孟子爲學科書》。（唐）皮日休著；蕭滌非，鄭慶篤整理：《皮子文藪》上海：上海古籍出版社，1981年，第89頁。

第一節　道統之內的荀子

一、賢人君子

宋初儒者孫復、石介及稍後的蘇洵、陳襄等人，在繼承韓愈提出的從堯至孟子的道統傳承譜系的同時，也著力對其有所發展，最顯著的特點就是在孟子之後將荀子、揚雄、王通、韓愈一併列入儒家道統之內。因眾人對道統之內的人物取捨微有差別，故茲分爲「五賢人」與「四君子」而論述之。

（一）五賢人

孫復言述道統較爲完整的一段話爲：

> 聖賢之跡，無進也、無退也、無毀也、無譽也，唯道所在而已。……
> 吾之所爲道者，堯、舜、禹、湯、文、武、周公、孔子之道也，孟
> 軻、荀卿、揚雄、王通、韓愈之道也。〔註 3〕

孫復申說其心中認可的從堯至韓愈的傳道譜系，在這裡，荀子位列其中。孫復認爲這一系列的道統人物所彰顯的傳承軌跡構成了聖賢之跡，此跡充滿「道」的光輝。儒者應當努力學習此「道」並傚仿傳承此「道」的聖賢，這樣就能進、退、毀、譽不留於心。值得注意的是，孫復此處將從堯至孔子看作道之傳承的一個階段，又將孟子至韓愈看作接續孔子的道之傳承的另一個階段。在孔子之後從孟子至韓愈的這一段傳道歷程中，孫復極爲尊崇孟子，他認爲孟子拒楊墨、除邪說，輔助聖人之道，「諸儒之有大功於聖門者，無先於孟子」〔註 4〕；這就將孟子的地位置於其他四位賢人之上。但總括而言，雖然孫復尊孟，卻亦肯定荀子的傳道貢獻，因此也將荀子列入道統之內。

石介是孫復的弟子，在荀子與道統的關係這一問題上，他與孫復持有相似的看法。石介云：

> 噫！伏羲氏、神農氏、黃帝氏、少昊氏、顓頊氏、高辛氏、唐
> 堯氏、虞舜氏、禹、湯氏、文、武、周公、孔子者十有四聖人，孔
> 子爲聖人之至。噫！孟軻氏、荀況氏、揚雄氏、王通氏、韓愈氏五
> 賢人，吏部爲賢人而卓。〔註 5〕

〔註 3〕　《信道堂記》。見（宋）孫復：《孫明復小集》，清文淵閣四庫全書本。

〔註 4〕　《兗州鄒縣建孟廟記》，見《孫明復小集》。

〔註 5〕　《尊韓》，《徂徠石先生文集》卷七。見（宋）石介著；陳植鍔點校：《徂徠石
　　　　先生文集》，中華書局，1984 年，第 79 頁。

較之孫復，石介亦將荀子列入儒家道統，並且石介注意到孫復將孔子前後的道統劃分為兩個傳道階段的傾向，更進一步將孔子前後的傳道人物做了聖賢之分。石介排定的道統譜系，從伏羲至孔子的十四位傳道人物為「聖人」，在孔子之後接續儒家道統的傳道人物則有孟子、荀子、揚雄、王通、韓愈「五賢人」。在這五賢人之中，石介最為尊奉韓愈，並將其地位置於孟子之上，稱其為「賢人而卓」，這與孫復的最尊孟子稍有不同。

　　石介的「五賢人」提法，在《救說》中亦能見出：

　　　　道大壞，由一人存之；天下國家大亂，由一人扶之。周室衰，
　　諸侯畔，道大壞也，孔子存之。孔子歿，楊、墨作，道大壞也，孟
　　子存之。戰國盛，儀、秦起，道大壞也，荀況存之。漢祚微，王莽
　　篡，道大壞也，揚雄存之。七國弊，王綱圮，道大壞也，文中子存
　　之。齊、梁來，佛、老熾，道大壞也，吏部存之。……〔註6〕

在此文中，石介似有意區分出「道大壞」與「天下國家大亂」兩種秩序失穩之情況，並據此敘述拯救「道大壞」之人的系譜和拯救「天下國家大亂」之人的系譜。如果將拯救「道大壞」之人的系譜看作「道統」的話，那麼拯救「天下國家大亂」之人的系譜則可看作「治統」；前者側重論述人文綱紀方面之拯救，而後者側重論述實際事功方面之拯救。上述引文主要是就道統而言的，石介認為，周室衰微之後，道不行於世，分別由孔子和後之而起的五賢人救亡續存。

　　在五賢人之中，石介最尊崇韓愈。就孟子與荀子的地位而言，石介甚至有將荀子置於孟子之上的思想潛質，他說：「今視鍾、王、虞、柳輩，其道、其德孰與荀、孟諸儒、皋夔眾臣勝哉！」〔註7〕石介此處言「荀、孟諸儒」，將荀子置於孟子之先，這是否具有某種思想意涵呢？先看另一處，石介讚揚其師孫復「上宗周、孔，下擬韓、孟」〔註8〕，這裡出現的「下擬韓、孟」，文法上將韓愈置於孟子之前，而思想上石介又是尊韓愈甚於孟子，可見，他的這種文法有意無意地反映出其對道統人物推尊的先後程度。如此可見，石介所言「荀、孟諸儒」反映出他有將荀子之地位置於孟子之上的傾向。

　　石介有時描述道統人物的衍生譜系，五賢人之中卻不言荀子，比如：「不

〔註6〕　《救說》，《徂徠石先生文集》卷八，第84～85頁。
〔註7〕　《答歐陽永叔書》，《徂徠石先生文集》卷十五，第176頁。
〔註8〕　《泰山書院記》，《徂徠石先生文集》卷十九，第222頁。

見有周公、孔子、孟軻、揚雄、文中子、韓吏部之道」〔註9〕，「自周以下觀之，賢人之窮者，孟子、楊子、文中子、吏部是也」〔註10〕。石介在這兩處所述道統中，「五賢人」部分都獨缺荀子。這其中的原因，可能是石介受到了在其之前的柳開的影響。柳開尊孟子，在其「開列的『道統』名單」中，「在孟子後又加上了揚雄和韓愈（以後又加了王通）」〔註11〕，可他始終沒有將荀子列入道統之內。柳開的這一做法很可能對石介造成了一定的影響，讓石介不經意間出現遺忘「五賢人」之中的荀子的痕跡。但總體而言，石介無疑承認荀子在道統傳承中的地位，並將包括荀子在內的五位孔子之後的道統人物明確概括為「五賢人」，甚至有將荀子地位置於孟子之上的思想傾向。

除了石介，對「五賢人」這一道統概括持認可態度的還有孔道輔與韓琦。孔道輔〔註12〕知兗州時，於宋仁宗景祐五年（1038）在孔廟建立「五賢堂」，祀孟子、荀子、揚雄、王通、韓愈五子。他為此專門撰文讚頌之，其云：

> 五星所以緯天，五嶽所以鎮地，五賢所以輔聖。萬象雖列，非五星之運，不能成歲功；眾山雖廣，非五嶽之大，不能成厚德；諸子雖博，非五賢之文，不能正道。……若天地否，則聖人建大中之道開泰之；苟聖人之道壅，則五賢迭起而輔導之。先聖沒，當戰伐世，法令機祥巫祝之弊亨，楊、墨之迂誕，莊、列之恑詭窮聖汩常，三騶、孫、田術勝於時，則我聖人大道為異端破之，不容於世也。而孟、荀繼作，乃述唐虞之業，序仁義道德之原，俾諸子變怪不軌之勢息，聖人之教復振，顧其功甚大矣！後至漢室圮缺，楊子惡諸子以知奸詆訾聖人，獨能懷二帝三王之跡以譏時，著書以尊大聖，使古道昭昭不泯者，楊之力也。兩漢之後，皇綱弛紊，六代喪辭，文章散靡，妖狂之風，蕩然無革。文中子澄其源，兆〔註13〕興王之運；韓文公制其末，廣遵道之旨。
>
> 致聖教、益光顯，夷夏歸正道，雖諸子謏噪惑情，欲攘其法、戕其教、榛其途、蕪其說，弗可得已。然賢者違世矯俗，能去難者，蓋寡矣。孟不免齊梁之困，臧倉之毀；荀不免齊人之讒，楚國之

〔註9〕《怪說中》，《徂徠石先生文集》卷五，第62頁。
〔註10〕《泰山書院記》，《徂徠石先生文集》卷十九，第222頁。
〔註11〕徐洪興：《唐宋間的孟子升格運動》，《中國社會科學》1993年第5期。
〔註12〕孔道輔（985～1039），孔子第四十五代孫，其事蹟見《宋史》卷297。
〔註13〕《闕里文獻考》作「肇」。「兆」、「肇」皆通。

廢；……天地雖否，無傷於體；日月雖食，無傷於明；聖賢雖困，無損於道。得其時則唐、舜、禹、湯之爲君，皋、夔、伊、呂之爲臣，功濟當世也；非其時，則孔聖之無位，五賢之不遇。道行於後世矣，亦猶歲旱則澤之益甘、夕暗則燭之益明，亂則賢者益固，歷代以斯爲難也。

孔聖之道否，而五賢振起之。今五賢埋蔽，振之者無聞焉。道輔道不及前哲，而以中正於帝皇，幸不見黜而與進冀，以賢者心輔於時、躋於古，以茲爲勝矣。方事親守故國爲儒者榮，嘗謂伏生之徒，徒以傳訓功像設於祖堂東西序，而五賢立言排邪說、翊大道，非諸子能跂及，反不及配闕，孰甚焉！因建堂事，收五賢所著書，圖其儀，敘先儒之時薦，庶幾識者登是堂、觀是像、覽是書，肅然革容，知聖賢之道盡在此矣。〔註14〕

孔道輔亦區分聖與賢：稱孔子爲聖人，孟、荀、揚、王、韓爲五賢人。道輔認爲五賢之地位在聖人之下，在諸子之上；其功能在於輔導、振興聖人之道。其中，他將孟、荀二人並列論述，認爲二人能繼承堯舜之業，闡發仁義之道，刈除諸子之邪說怪論，將聖人之教發揚光大，許之以「其功甚大」。道輔還認爲，五賢由於以矯正世俗之過爲己任，因而時或開罪於世俗之人，不得大行其道於天下，甚至不免於世俗之傷、閒言之污。他因而對包括荀子在內的五賢表示充分的理解，同時亦堅信五賢弘道之功所具有的永恆價值。爲此，他不滿意伏生之徒僅以傳經之功而祀於孔廟，特修建五賢堂，祀孟、荀、揚、王、韓五位賢人，以表彰他們的傳道之功，並期望以此感召後人能領悟聖賢之道的精義。

北宋賢相韓琦亦認可「五賢」之說，其云：「孔子沒，能傳其道者，孟、荀、揚、王、韓五賢而已矣，其著書立言，與六經相左右，執卷者皆知之矣。」〔註15〕他認可荀子是孔孟之後能「傳其道者」，這實際是許可將荀子列於儒家道統之內。韓琦還在至和元年（1054）知并州時〔註16〕，專爲并州新修葺的

〔註14〕 《五賢堂記》。見（金）孔元措：《孔氏祖庭廣記》卷十一，清光緒琳琅秘室叢書本。

〔註15〕 《策問》，《安陽集》卷二十三。見（宋）韓琦：《安陽集》，明正德九年張士隆刻本。

〔註16〕 此處編年依李之亮、徐正英之說。見（宋）韓琦著；李之亮、徐正英箋注：《安陽集編年箋注》，四川：巴蜀書社，2000年，第761頁。

孔廟作《五賢贊》，其中評價荀子的有關部分茲列於下：

> 醇而醇者，孟氏而止。欲觀聖人，必自孟始。較其大功，蓋禹之比。嗚呼賢哉！道孰可擬。孔子之後，一人而已。〔註17〕

> 諸子之興，實自周季。各持其言，求售於世。六國好權，遂甘其說。或魁而師，或瑣而位。吾道日昏，斯文將墜。時則荀卿，力攘眾偽。述數萬言，以見其志。區判儒、墨，統維仁義。時或用焉，至王則易。文公之篇，論亦云至。始考其辭，若不醇粹。及其要歸，鮮與孔異。雖小疵焉，道則奚累？軻、雄之間，在我無愧。〔註18〕

> 故嗣孔、孟，曰荀曰揚。〔註19〕

> 荀之非孟，恣其毀媟。終孟之道，與孔並列。文公不言，是非孰別？學者之疑，茲焉可決。〔註20〕

> 熾哉佛老，亂我中土。驅彼世人，日陷邪蠱。作蠹千祀，其孰敢侮？獨吾文公，既攻且拒。以身捍之，帝亦云忤。流離炎荒，道行躬苦。否則諸夏，化為夷虜。惟荀與揚，功實未伍。肩孟其誰？不曰吾祖！〔註21〕

由上引史料觀之，韓琦認為孟子是「孔子之後，一人而已」，這就將孟子置於五賢之首，地位亦居於荀子之上。除了孟子，韓琦最欣賞的是韓愈。他認為荀子和揚雄之功不能與孟子相媲美，所謂「惟荀與揚，功實未伍」，是說荀、揚之功未能與孟子為伍；能與孟子之功比肩的乃是韓愈，此即「肩孟其誰？不曰吾祖」之意，韓琦因與韓愈同姓，故尊稱韓愈為「吾祖」。在肯定孟子與韓愈優於荀子、揚雄的同時，韓琦亦稱讚荀子與揚雄的傳道地位，認為道統亦經由荀、揚而傳。如果說韓琦對荀子尚有所不滿的話，則是不滿於荀子之非孟。他認為荀子非議孟子是「恣其毀媟」，即放縱地輕慢、詆毀孟子；但孟子傳續的是孔子之道，是不可輕慢與詆毀的。簡言之，韓琦承認五賢皆傳道統，但因荀子非孟，故對荀子略有不滿。

〔註17〕《五賢贊·孟子》，《安陽集》卷二十三。李之亮箋注本「醇而醇者」作「存而醇者」。
〔註18〕《五賢贊·荀子》，《安陽集》卷二十三。
〔註19〕《五賢贊·揚子》，《安陽集》卷二十三。
〔註20〕《五賢贊·文中子》，《安陽集》卷二十三。
〔註21〕《五賢贊·文公》，《安陽集》卷二十三。

（二）四君子

相對於以上諸人提出的「五賢人」之說，曾鞏、蘇洵、陳襄所列定的相關道統人物則更多地指孟、荀、揚、韓「四君子」。曾鞏云：

> 仲尼既沒，析辨詭詞，驪駕塞路，觀聖人之道者，宜莫如於孟、荀、揚、韓四君子之書也，捨是醨矣。〔註22〕

曾鞏認為在孔子之後能繼承聖人之道的，莫過於孟子、荀子、揚雄和韓愈四位君子。後學當以此四子所傳之書為標準而涵泳研習之，若捨棄這四君子之書，則會變得淺薄、不醇厚。此處，曾鞏顯然將包含荀子在內的四君子作為傳承儒家道統的代表人物。

除曾鞏外，蘇洵亦有「四子」之說。蘇洵針對歐陽修將其比作荀子的說法〔註23〕，提出謙讓之辭，他說：

> 自孔子沒，百有餘年而孟子生；孟子之後，數十年而至荀卿子；荀卿子後乃稍闊遠，二百餘年而揚雄稱於世；揚雄之死，不得其繼千有餘年，而後屬之韓愈氏；韓愈氏沒三百年矣，不知天下之將誰與也？……執事憐其平生之心，苟以為可教，亦足以慰其衰老，唯無曰荀卿云者，幸甚。〔註24〕

蘇洵指出，孔子之後能傳其道且以善文而揚名於後世者，千餘年僅有孟子、荀子、揚雄、韓愈四人。他肯定荀子之文，並將荀子與孟子並列為傳道譜系中的一員，且自謙無法與四子之文章相比擬，因此婉拒歐陽修將其比作荀卿的說法。可見，在蘇洵心目中，荀子之地位是非常高的，他將荀子列入傳道譜系，又自謙不如荀子，這些都表明了此點。

除了將荀子視為「四子」之一，蘇洵有時還直接將荀子與孔子並稱：

> 仲尼為群婢，一走十四年。荀卿老不出，五十干諸田。顧彼二夫子，豈其陷狂顛？出處固無定，不失稱聖賢。彼亦誠自信，誰能恤多言。〔註25〕

〔註22〕《上歐陽學士第一書》，《曾鞏集》卷十五。見（宋）曾鞏撰；陳杏珍，晁繼周點校：《曾鞏集》，北京：中華書局，1984年，第231頁。

〔註23〕後來的林之奇（1112～1176）受歐陽修此說影響，亦有「老蘇似荀子，東坡似孟子」之言。見（宋）林之奇：《拙齋文集》卷二記聞下，清文淵閣四庫全書本。

〔註24〕《上歐陽內翰第二書》。見曾棗莊，舒大剛主編：《三蘇全書》第六冊，北京：語文出版社，2001年，第81頁。

〔註25〕《又答陳公美三首》，《三蘇全書》第六冊，第29頁。

蘇洵在這首詩中將荀子與孔子並稱為「二夫子」、「聖賢」，讚揚孔、荀二人為儒家理想的實現而付出的努力，詩中充滿了他對孔、荀二人的仰服思慕之情。

陳襄與蘇洵、曾鞏同時，在處理荀子與道統這一問題上，他的思想亦與蘇洵、曾鞏相似，其云：

> 古之人，惟堯為然，不以有天下，而見舜於畎畝，迭為賓主是也，道之所同，雖捨其子以禪天下，我無憾焉。古之人惟舜為然，不以有商均而授禹以天下是也。事莫大於捨其子、以天下與人，然而堯、舜為人如是，何也？蓋聖人者不世出，同人之道難遇也，或死於吾前，或生於吾後，或並世而不相知，或異地而不相接，故禹之去湯也五百有餘歲，禹以不得湯為憂；湯之去武王也五百有餘歲，湯以不得武王為憂；周公之去孔子也五百有餘歲，周公以不得孔子為憂。孔子嘗曰：吾不復夢見周公；又曰：聖人，吾不得而見之。至於孟軻，又不得見孔子矣。荀卿不得見孟軻矣。揚雄不得見荀卿矣。韓愈不得見揚雄矣。古之人不見其同，往往有誦其詩、讀其書、思其人而想望焉者，非為天位也，非為天祿也，思不得與其所同，以濟吾道焉耳。〔註26〕

由此可見，陳襄除了認可堯至孔子之間的傳道人物之外，在孔子之後，被陳襄所認可的傳道人物還包括孟、荀、揚、韓。陳襄與蘇洵、曾鞏一樣，將四子並稱，這一點屢見於其文：

> 孔子沒，聖人之道失其傳，百氏之說紛然，肆邪說以梟亂天下，孟軻、荀卿氏作，相與提仁義之言以辟之。陵遲至於漢唐，道益大壞，揚雄、韓愈氏又從而扶持辨正，然後孔子之道熄而復明，國家承平百年。〔註27〕

> 幸而千五百歲而有出者，亦無所以道之未喪、有所傳焉耳。若孟軻、荀卿、揚雄、韓愈氏之作，天也。〔註28〕

> 孟、荀、揚、韓，合乎經。……質諸經、輔以四子，何疑而不

〔註26〕《與孫運使書》，《古靈集》卷十四。見（宋）陳襄：《古靈集》，清文淵閣四庫全書本。

〔註27〕《策題六道》，《古靈集》卷十三。

〔註28〕《謝兩浙運使張學士差試官啟》，《古靈集》卷十七。

信哉？〔註29〕

　　　惟孟軻、荀卿、揚雄、韓愈氏，服儒服焉，中樹講堂，圖古之
儒服禮樂之器於其兩壁。〔註30〕

在陳襄看來，四子承擔著傳續道統的使命，陳襄甚至將他們的誕生歸結為天
的旨意。他還認為四子所傳之書皆合乎於經，這與後來的只將《孟子》升為
「經」〔註31〕而《荀子》等三子無緣於「經」的失衡境況形成了鮮明的對比。

　　陳襄不僅將四子並稱，有時亦孟、荀合論：「故孟軻明四端之由，荀子辨
五音之正。知之者善，成之者聖，稽諸高厚而不悖，質之幽明而孰病。況於
人乎！況事倫乎！莫不盡其性。」〔註32〕這篇《至誠盡人物之性賦》闡述、
讚揚孟子與荀子的至誠盡性說。陳襄認為，孟子對四端的闡發揭示了人性的
深層意蘊，而荀子對音樂的辨正也同樣具有深遠的意義。兩者的學問都是能
使人盡善成聖之學，都能經得起質疑與檢驗，因而具有同樣偉大的價值。

　　另外，陳襄在嘉祐六年（1061）出知常州，常州為南蘭陵郡，在此期間，
他誤將常州作為《史記》所記荀子任職的「蘭陵」〔註33〕，並寫下詩歌一首：

　　　荀令當年此謫居，空文惟有七篇餘。我今亦作蘭陵守，不忍援
毫便著書。〔註34〕

因荀子曾為蘭陵令，故陳襄稱其為「荀令」。據《史記·孟子荀卿列傳》記載，
荀子本在齊為祭酒，後因見讒而至楚，轉為任蘭陵令，故陳襄認為荀子從齊之
祭酒轉而至楚任蘭陵令為「謫居」。「空文惟有七篇餘」一句，頗為費解，陳襄
應該不至於將《孟子》之七篇與《荀子》相混淆，可《荀子》今本共有三十二
篇，何以陳襄言七篇？考之廖名春先生之作，荀子在居蘭陵之後所創作的作品
約有《非相》等九篇〔註35〕，由此推測，陳襄所言的「七篇餘」可能是指荀子
居於蘭陵後的著書篇數〔註36〕。陳襄自比荀子，言其亦禁不住而執筆著書。

〔註29〕《送章衡秀才序》，《古靈集》卷十八。
〔註30〕《天台縣孔子廟記》，《古靈集》卷十八。
〔註31〕《孟子》在南宋正式被列為經，此點參見徐洪興：《唐宋間的孟子升格運動》。
〔註32〕《至誠盡人物之性賦》，《古靈集》卷二十一。
〔註33〕王應麟《困學紀聞》卷十，對此有詳細辨明。
〔註34〕《常州郡齋六首》，《古靈集》卷二十五。並見（宋）史能之撰：《（咸淳）重
　　　　修毗陵志》卷二十三詞翰《常州郡齋六首》，明初刻本。
〔註35〕參見廖名春：《荀子新探》，臺北：文津出版社，1994年，第87頁。
〔註36〕若此推測屬實，則陳襄已經有將《荀子》按創作年代細分的概念，可惜其未
　　　　留下具體的闡述，今天已無從推知他所認為的「七篇餘」是指《荀子》中的

二、孟荀齊同

以上所述宋儒「五賢人」與「四君子」之提出，皆明確將荀子列入儒家道統之內，與孟子並列。除上述諸人之外，還有些儒者，他們未必明確界定儒家道統之譜系，但他們亦常將荀子與孟子合論，從他們的思想整體判斷，他們都主張齊同孟、荀，認同荀子作為儒家傳道譜系中的一員。

歐陽修即是孟荀齊同論的代表人物之一。首先，他認同從堯至武王的傳道譜系。〔註37〕在武王之後，他又提及周公、孔子與孟子，認可周公、孔子、孟子的傳道之功。〔註38〕對於出身孟子之後的荀子，歐陽修亦首肯其傳續聖道之功，他說：

> 三代之衰，學廢而道不明，然後諸子出。自老子厭周之亂，用其小見，以為聖人之術止於此，始非仁義而詆聖智。諸子因之，益得肆其異說，至於戰國，蕩而不反。然後山淵、齊秦、堅白異同之論興，聖人之學幾乎其息。最後荀卿子獨用《詩》、《書》之言，貶異扶正，著書以非諸子，尤以勸學為急。荀卿，楚人。嘗以學干諸侯，不用，退老蘭陵，楚人尊之。及戰國平，三代《詩》、《書》未盡出，漢諸大儒賈生、司馬遷之徒，莫不盡用荀卿子，蓋其為說最近於聖人而然也。……夫荀卿者，未嘗親見聖人，徒讀其書而得之。然自子思、孟子已下，意皆輕之。使其與游、夏並進於孔子之門，吾不知其先後也。世之學者，苟如荀卿，可謂學矣，而又進焉，則孰能御哉！〔註39〕

這裡，歐陽修指出荀子對傳承儒家道統與學問的貢獻，以及賈誼、司馬遷等漢代大儒與荀子的密切關係，實際是認可了荀子的傳道地位。雖然在文章之末，歐陽修略有指出荀子尚存不足之處，尚有上進的空間，但這無損其對荀子的欣賞與稱讚，觀其許荀子「為說最近於聖人」之語可見。

哪些篇目。

〔註37〕歐陽修云：「堯、舜、禹、湯、文、武，此六君子者可謂顯人矣」，「堯、舜、禹、湯、文、武之道，百王之取法也」。見《帝王世次圖序》，《歐陽修全集》卷四十一。（宋）歐陽修著；李逸安點校：《歐陽修全集》，北京：中華書局，2001年，第591～592頁。

〔註38〕歐陽修云：「其道，周公、孔子、孟軻之徒常履而行之者是也。」見《與張秀才棐第二書》，《歐陽修全集》卷六十七，第978頁。

〔註39〕《鄭荀改名序》，《歐陽修全集》卷四十四，第620～621頁。

總之，在孟、荀關係上，歐陽修傾向於將荀子與孟子齊同合論，其云：

> 昔孔子老而歸魯，六經之作，數年之頃爾。然讀《易》者如無《春秋》，讀《書》者如無《詩》，何其用功少而至於至也！聖人之文雖不可及，然大抵道勝者，文不難而自至也。故孟子皇皇不暇著書，荀卿蓋亦晚而有作。若子雲、仲淹，方勉焉以模言語，此道未足而強言者也。後之惑者，徒見前世之文傳，以爲學者文而已，故愈力愈勤而愈不至。……若道之充焉，雖行乎天地，入於淵泉，無不之也。先輩之文浩乎霈然，可謂善矣。而又志於爲道，猶自以爲未廣，若不止焉，孟、荀可至而不難也。修學道而不至者，然幸不甘於所悅而溺於所止，因吾子之能不自止，又以勵修之少進焉。〔註40〕

歐陽修將孟子、荀子並列而論，認爲兩者皆達到了「道勝文至」的境界。與此相對，他認爲揚雄、范仲淹則於道未足，因而不免失之雕琢。他並且以此與後進之輩〔註41〕相互勉勵，以期至於孟、荀。

在對待學問之道方面，除歐陽修將孟、荀合論外，鄭獬〔註42〕亦如此，他作詩《勉學者》云：

> 繞座群書如累玉，夜燈忘睡晝忘饑。文章須用聖賢斷，議論要通今古疑。孟子豈無仁義國，荀卿猶作帝王師。太平岐路安於掌，好跨大宛萬里馳。〔註43〕

鄭獬此處將孟、荀合稱，許之以「聖賢」，並勉勵學者應不辭求學問道之辛勞，當以孟、荀二子爲榜樣，以聖賢之學爲準則，著書議論務求通達古今之道。

〔註40〕《答吳充秀才書》，《歐陽修全集》卷四十七，第 664 頁。清代孫琮《山曉閣選宋大家歐陽廬陵全集》卷一：「《答吳充秀才書》，通篇只是一句：道足而文自生。……下引孔、孟以證足於道而不溺於文者，引子雲、仲淹以證道不足而溺於文者。」（見歐陽修著；李之亮箋注：《歐陽修集編年箋注》第三冊，成都：巴蜀書社，2007 年，第 268 頁。）孫琮將歐陽修所言之「孟、荀」並稱置換爲「孔、孟」並稱，這說明他或者未細讀歐陽修之原文，或者刻意忽略荀子，又或認爲荀子不配與孟子並列爲文。

〔註41〕此據李之亮先生之言：「吳充：《宋史》卷三一二、《東都事略》卷六三均有《吳充傳》，然康定元年時，吳充已入仕，年三十，顯非此人。蓋此吳充亦歐公在館閣時所交後進之輩也」（歐陽修著；李之亮箋注：《歐陽修集編年箋注》第三冊，第 267 頁），因而筆者將此處的吳充視爲歐陽修之晚輩。

〔註42〕鄭獬（1022～1072），字毅夫，仁宗皇祐五年（1053）進士第一（《續資治通鑒長編》卷 174）。《宋史》卷 321 有傳。

〔註43〕《勉學者》，《郧溪集》卷二十七。見（宋）鄭獬：《郧溪集》，清文淵閣四庫全書本。

　　南宋的陳造亦強調孟、荀齊同，他說：

　　　理以文爲顯晦，而其渾厚之氣、嚴密之法，至西漢始衰。西漢
　　似未衰也，校之先秦，書有間矣。雖謂之衰，可也。書出乎秦之前，
　　六經之外，惟孟、荀理之寓乎文，渾厚嚴密，與經表裏。其他書言
　　非不工，然不自儒出，故舛駁雜亂，過目之具爾，習之則疵吾學。《荀
　　子》之書，違道百一，孟氏之流歟！楊雄固多愧，況王通氏乎！予
　　窮經攻文也，久知玩是書，而此本字大少差，甚快老境，姑齊其句
　　讀，藏示子孫，有未善未能以意斷者甚多，此則有待焉。〔註44〕

陳造認爲除六經之外，只有孟子與荀子之文「渾厚嚴密」，最值得倡讀。並且
他指出，《荀子》之書，基本上沒有與道相牴牾之處，完全可以與孟子相媲美。
陳造之所以如此說，可能是爲了回應當時的程頤等理學家對荀子過分嚴苛的
批評，他重新回到韓愈對荀子與揚雄「大醇而小疵」的評價上來，並做了兩
點修正：其一，他認爲揚雄不及荀子，將兩者拉開爲不同的層級；其二，他
將韓愈的「大醇而小疵」詮釋爲「違道百一」，也就是說，荀子之疵只有百分
之一，而其醇則有百分之九十九。以上兩點修正，說明陳造越過理學家對荀
子的苛責，接續韓愈對荀子的評價，並試圖在韓愈評價的參照下將荀子之「醇」
最大化。這一改變，不妨將其稱之爲對荀子的「去疵化」〔註45〕。正是通過
這種「去疵化」，陳造得以將荀子與孟子歸爲一類。他十分喜愛《荀子》，並
特別爲《荀子》「齊其句讀」，惜未留傳於後世。

　　南宋時期，對荀子的苛責之聲日益強烈，將荀子逐出儒家道統的思想亦
廣爲流行。面對此種境況，陳傅良、黃震等人從齊同孟荀的立場出發，皆在
某種程度上做出了或明或暗的回應。陳傅良云：

　　　問治亂廢興之故。數千載間，其既有聖賢之效者所不論矣。自
　　餘豈無渺然長思，放言而太息者，要皆謂成康後無善治，周孔遠無
　　正學，其志往往磅薄宇內而求一世之盡從吾說而不可得也。然至今
　　獨以孟氏爲是，其果然乎？彼荀卿於制作之原，富強之效，視帝王
　　六經，所論無一不周。楊雄雖不如荀之詳也，如梡革斷鞠，所以諄

────────────

〔註44〕　《題荀子》，《江湖長翁集》卷三十一。見（宋）陳造：《江湖長翁集》，明萬
　　　　　曆刻本。
〔註45〕　「去疵化」之「去」與「化」，在這裡指一種傾向，並非指全部去除之意。也
　　　　　即是說，「去疵化」意味著試圖將荀子之「疵」壓縮至最小點。這是在對韓愈
　　　　　之說做出認可與折衷的前提下，所展開的尊荀策略。

諄於唐虞成周云者，意亦獨至。自餘有師說家法者，陳經制長策者，俱非魏晉以下所可及。王通謂可以再造彝倫，而悲末世之苟道。韓愈推孟氏之功不在禹下，《原道》所言，亦非他儒者能及之。雖然，愈則曰「孟氏之死，不得其傳焉」，自是，舉世同聲和之，顧豈無人哉？抑孟氏之名已尊，而人不敢異議也？〔註46〕

陳傅良不滿於當時「獨以孟氏為是」的思想風氣，歷數孟子之後的荀子、楊雄、王通、韓愈，認為他們皆非尋常小儒所能望其項背。在論說荀子時，陳傅良指出，荀子倡明制度、力致富強、對代表儒家道統的帝王及六經皆有詳細闡揚，這些，足以揭示荀子在儒家傳道譜系中所具的重要地位。陳傅良追究世人極推孟子的原因並對此提出質疑，「顧豈無人哉」指示世人應在孟子之外看到包括荀子在內的其他傳道人物。陳傅良重新將孟、荀、揚、王、韓合稱並論，這也是希望越過理學家對荀子評價的藩籬，企圖接續宋初石介諸儒提出的「五賢人」之說，以便能齊同孟、荀。

陳傅良之後，黃震亦從自己的立場對荀子加以褒揚。他批評蘇轍所作《古史》中對孟子與荀子的評價有失公允：

> 太史公略敘孟子游說不遇，退而著書。即開說當時餘子之紛紛，然後結以荀卿之尊孔氏，明王道。及其名傳，獨以孟、荀，而餘子不及焉。其布置之高，旨意之深，文辭之潔，卓乎不可尚矣！蘇子取而焚之，已不知其用心之所在。至其論贊，獨以仁義為可化強暴，又於孟子之言仁義獨取「不嗜殺人」一語，殆所謂窺豹一班者耶？若其謂孟子學於子思，得其說而漸失之，反稱譽田駢、慎到之徒，而又謂其為佛家所謂鈍根聲聞者，且謂曰駢之徒既死，而後荀卿得為祭酒。何哉？蘇子之立言也！〔註47〕

黃震認為司馬遷對《孟子荀卿列傳》的布局安排可謂富有深意。他贊同司馬遷將荀子與孟子並列且以二子名傳的做法，稱司馬遷此一舉措是「布置之高，旨意之深，文辭之潔，卓乎不可尚矣」。黃震批評蘇轍所撰《古史》未能領悟司馬遷此篇傳記的精神實質，他主要從兩個方面展開批評：其一，批評蘇轍對孟子的理解以偏概全、「窺豹一班」；其二，批評蘇轍之輕訾荀

〔註46〕 《策問十四首》，《止齋文集》卷四十三。見（宋）陳傅良：《止齋文集》，四部叢刊景明弘治本，並見清同治光緒間永嘉叢書本。

〔註47〕 《蘇子古史・孟子荀卿傳》，《黃氏日鈔》卷五十一。見（宋）黃震：《黃氏日鈔》，清文淵閣四庫全書本。

－33－

子。〔註48〕黃震對蘇轍的批評表達了他自己的態度：他認同司馬遷將孟荀齊同並稱的做法〔註49〕，反對對荀子的無由非議。在關係到儒家道統的傳續問題上，黃震同樣許以荀子重要地位：

> 自戰國縱橫之說興，而處士橫議之風熾，極而至於莊周，並收一世之怪，大肆滑稽之口，以戲薄堯、舜、禹、湯、文、武、周公、孔子之道，而天下之正理，世無復知。於斯時也，知尊王而賤霸，知尊孔氏而黜異端，孟子之後，僅有荀子一人。而世不稱荀子，何哉？蓋嘗考其故，由漢及唐，皆尊老莊，其間溢出而爲禪學者，亦莊老之餘派，而荀子嘗斥老聃爲「知詘而不知伸」，斥莊周爲「蔽於天而不知人」，其說正由由漢及唐之學者相背馳，宜其不之稱也。獨一昌黎公，奮自千載無傳之後，破除千載謬迷之說，尊孟子以續孔氏，而表荀子以次孟子，卓哉，正大之見！孔孟以來，一人而已，其關係正邪之辨爲何如哉！〔註50〕

黃震極力稱讚韓愈表彰孟、荀之功，他讚美韓愈「孔孟以來，一人而已」，並不是指孔孟之後只有韓愈傳續儒家道統，而是指孔孟之後唯有韓愈能表彰孟荀、辨明邪正。實際上，黃震開列的道統譜系不僅包括堯、舜、禹、湯、文、武、周公、孔子，還包括孔子之後的孟子與荀子、韓愈。他認爲孔子之後，能尊王賤霸、尊孔子而黜異端的，除卻孟子，就只有荀子一人而已。他還分析了荀子不爲世人稱頌的原因在於：漢唐之間崇尚老、莊、禪學，而荀子對老、莊多有批評，故世人不喜荀子，亦不重其言。

黃震還針對歐陽修以荀子稱蘇洵的言論，提出自己的異議：「迨至我朝，理學大明，三尺孺子亦知向方矣。老蘇以傑然不世出之才，反獨遠追戰國縱橫之學，此與荀子正相南北，識者已疑之。歐陽子一見，乃驚歎以爲荀子。夫荀子，明儒術於戰國縱橫之時，而老蘇祖縱橫於本朝崇儒之日，同耶？異耶？而謂蘇爲荀耶？或者特於其文而言之耶。」〔註51〕黃震認爲蘇洵與荀子

〔註48〕值得注意的是，黃震在批評蘇轍時所說的「蘇子取而焚之」及「且謂曰駢之徒既死，而後荀卿得爲祭酒」這兩件事，並不見於蘇轍《古史》（蘇轍《古史》卷三十四《孟子孫卿列傳》之原文，可見《三蘇全書》第四冊，第233～238頁），不知黃震是另有所據，還是其對蘇轍有所誤解。

〔註49〕關於司馬遷將孟、荀合稱及其所蘊涵的思想意義，可參見楊海文：《司馬遷對「孟荀齊號」語法的確立》。

〔註50〕《讀諸子·荀子》，《黃氏日鈔》卷五十五。

〔註51〕《讀諸子·荀子》，《黃氏日鈔》卷五十五。

不同，荀子在縱橫家當道的戰國獨能倡明儒術，而蘇洵則相反，在倡明儒術的宋代卻本於縱橫。黃震猜測，歐陽修之言兩者同，可能基於文章風骨而言，並非涉及思想宗旨。

與黃震同時的王應麟亦言孔、孟、荀三者之同，他說：

> 《論語》終於《堯曰篇》，《孟子》終於堯、舜、湯、文、孔子，
> 而《荀子》亦終於《堯問》，其意一也。〔註52〕

他從著作的編排體例上挖掘孔、孟、荀具有的一致的精神實質，認爲《論語》、《孟子》、《荀子》三書的結尾皆與堯相關，可見三書傳續儒家道統的精神實質是同一的。《論語》、《孟子》、《荀子》這三部儒家代表作品，前兩者在唐宋被抬得很高〔註53〕，相比而言，《荀子》則大爲遜色，王應麟能將這三書合論，且指出三書旨歸一致，無疑在南宋理學家們極爲尊孟貶荀的時代，爲抬高荀子及《荀子》之地位做出了貢獻。

三、褒中之貶

上述歐陽修、黃震等人皆主張齊同孟荀，將荀子列入儒家道統。可還有些儒生，他們雖然也承認荀子在儒家道統譜系中佔有一席之地，但另一面卻又有揚孟抑荀、荀不及孟的思想傾向。這些儒生，以晁補之、唐仲友等人爲代表。

晁補之乃「太子少傅迴五世孫」〔註54〕，即晁迴的後代，與黃庭堅、秦觀、張耒並列爲「蘇門四學士」。他論述儒家道統的傳續情況云：

> 孔子沒，孟軻氏作。孟軻氏沒，荀況、揚雄氏作。荀況、揚雄
> 氏沒，聖人之道殆不傳。魏晉而下，士無山陵川泉之才，學不知其
> 所宗，營營馳騁於末流，道以益晦。而數百年間，河汾之陋，乃有
> 王通出焉。通尊孔子，其才自視三子，比考其書，殆庶幾於知孔子、
> 校孟軻，不皆醇；而於荀況、揚雄未悖也。其書所述世家次敘，與
> 諸父族子具存。其弟子門人，若公卿大臣，事業班班有見於唐。然

〔註52〕《困學紀聞》卷八，見（宋）王應麟：《困學紀聞》，四部叢刊三編景元本。

〔註53〕《論語》在唐代已被奉爲經典，唐代「開成二年（837）刻成石經於長安，除《九經》外，《孝經》、《論語》、《爾雅》亦並刻石，合爲十二經」（見張岱年主編：《孔子大辭典》，上海：上海辭書出版社，1993年，第396頁）。《孟子》也在宋代宣和年間（1119～1125）「首次被刻石，成爲實際的『十三經』之一」（見徐洪興：《唐宋間的孟子升格運動》）。

〔註54〕《宋史》卷444。見（元）脫脫等撰：《宋史》，北京：中華書局，1977年，第13111頁。

而不因通書知之，則與通並時，或學於通而達，曾莫有一人道之者。蓋篤信好學如韓愈，於軻、於況、於雄皆發明之，而不及通，然則通之世果何族？其學亦誰授哉？去通之世，若此其未遠也。近通之居，若此其甚也。而顧且疑焉，有不能辯，則後此者奈何？邯鄲鬻曲者託之李奇，人知其非李奇也而皆棄。今通書固在，考之聖人為有合，參之二子為未悖，不可以棄也。〔註55〕

首先，晁補之主張在孔子、孟子、荀子、揚雄之後，將王通亦列入儒家道統。在這裡，他無疑承認荀子的傳道地位。接著，他認為王通與孔、孟比較起來是「不皆醇」，即有所不足；但與荀子和揚雄比較則「未悖」，即無所欠缺。由王通作為中介，可以看出，晁補之將孔、孟合稱，又將荀、揚合稱，並暗含荀、揚不及孔、孟之意。他最後所言的「考之聖人為有合，參之二子為未悖」，更是明顯地將孔、孟稱為「聖人」，而將荀、揚則稱為「二子」，其間所含的差距，顯然是存在的。

南宋的唐仲友與朱熹同時，並且二人曾就雕刻《荀子》一事有所爭執，朱熹為此還先後六次上奏彈劾唐仲友〔註56〕。唐仲友接受楊倞《荀子注》中對荀子的評價，首先給予荀子以讚揚，他說：

> 戰國之際，七雄以詐力相傾，處士橫議，申子、商君、蘇秦、張儀、虞卿、犀首、吳起、孫臏之流，既以富強約闔之術，徼時好以取富貴；淳于髡、鄒衍、列禦寇、莊周、田駢、慎到、楊朱、墨翟之徒，又相與造為異端，充塞天下，聖人之道不絕如線。所幸者，孟軻闡其前，荀卿振其後，雖周遊天下，窮老無所致用，而垂世教。孟子之書七篇，荀卿之書二十二篇，〔註57〕觀其立言指事、根極理要，專以明王道、黜霸功、辟異端、息邪説。皇皇乎！仁義禮樂性命道德之旨，二書蓋相表裏矣。〔註58〕

〔註55〕《策問一十九首》，《濟北晁先生雞肋集》卷三十七。見（宋）晁補之撰：《濟北晁先生雞肋集》，上海商務印書館縮印明刊本，第264～265頁。

〔註56〕朱熹：《按唐仲友第六狀》，見（宋）朱熹撰，朱傑人、嚴佐之、劉永翔主編：《朱子全書》第20冊，上海：上海古籍出版社，合肥：安徽教育出版社，2002年，第859～867頁。其事件始末參見李致忠：《唐仲友刻〈荀子〉遭劾真相》，載《文獻》2007年第3期。

〔註57〕今本《荀子》三十二篇，疑此處「二十二」當作「三十二」。

〔註58〕《荀卿論》，《悦齋文鈔》卷八。見（宋）唐仲友：《悦齋文鈔》，民國刻續金華叢書金華唐氏遺書本。

唐仲友此處立說兼用楊倞之語，他將孟、荀並提，許之以明王黜霸、辟異息邪等偉大功績，且認爲孟、荀二人所述仁義禮樂之說乃相爲表裏。與其同時代的朱熹對荀子之嚴屬批評相比，唐仲友更多地認可了荀子在道統傳續中的貢獻及其在儒門中的地位。但是，在認可荀子道統地位的前提下，唐仲友著力區分孟、荀，指出兩者又有著許多不同：

> 後世學者推尊之，曰：「孟、荀莫敢少貶」，或皆稱其優入聖域，或皆許以王者之師，以爲誠然。以吾觀之，孟子而用必爲王者之佐，荀卿而用不過霸者之佐，二子不可同日而語也。王霸之道，起於用心誠與不誠之間，至其所就，乃有霄壤之異。
>
> ……吾觀荀卿之書，若尊王而賤霸矣，至於論王霸之說，則不一而足。既曰「粹爲王，而駁爲霸」，又曰「義立而王，信立而霸」，又曰「隆禮尊賢而王，重法愛民而霸」，又曰「善日者王，善時者霸」，是何說之多端耶？以卿之不知本故也。卿之言性，曰「人性惡，其善者僞也。」夫善之可以僞爲，則仁義禮信何適而非僞！四者既出於僞，何適而非霸者之心！其去王者，不亦遠乎！吾以是知卿之用，必爲霸者之佐也。
>
> ……「然則孟子之必爲王佐，何也？」曰：「孟子之言，王霸蓋亦多矣，而不外誠僞之說，故曰『以力假仁者霸，霸必有大國；以德行仁者王，王不待大』，又曰『湯武身之也，五霸假之也』，其言深知王霸之本，則其爲王佐，斷可識也。吾觀告子先孟子不動心，又其言辨幾與孟子角，呈於言義則以爲列，言性則以爲猶杞柳，故孟子力訐之，卒挫其說。荀卿之書，其辨誠過人，至其化性起僞，有似乎戕賊杞柳之說，然則荀卿者，告子之儔，非孟子比也。」〔註59〕

以上所引三段相關論述，首段總論孟荀之別，從王霸之分的視角指出二者的不同；次段論述荀子只止於爲霸者之佐；末段論述孟子必爲王者之佐，並兼及批評告子與荀子。唐仲友批評荀子只可爲霸者之佐的立論根據在於：荀子言霸較爲紛紜（他認爲荀子論霸頭緒過多，反而說明其「不知本」、抓不住重點）；荀子以善和仁義禮信爲僞，而霸者的本質就是「僞」，因而荀子重僞，只能與霸相對應，故其只能做得霸者之佐而已。客觀來說，上述唐仲友的這些論據是表面

〔註59〕《荀卿論》，《悅齋文鈔》卷八。

而不可靠的。我們當然不能因爲一位思想家從多個方面、層次對某個觀念、範疇進行闡釋，就說他是頭緒多、不知本。另外，荀子之「僞」的含義及其思想意涵較爲複雜豐富，如果只將其理解爲與「誠」相對立的「僞」，則未免失之草率與偏狹。因此，我們不能因爲荀子言霸時進行了多角度、多層次的闡釋就認爲他「不知本」，也不能因爲荀子重「僞」就將其劃入與「誠」相對立的一方去。綜合此兩點，唐仲友對荀子只能爲「霸者之佐」的評價顯然是過於膚淺的。

關於以荀子爲王者之佐的說法，荀子後學中即明確展露出意向〔註60〕，前章也指出漢代劉向亦有相似表述。唐仲友則對此提出異議，他認爲孟、荀之間，唯孟子夠資格稱爲「王者之師」、「王者之佐」，荀子則「不過霸者之佐」而已。他批評那些持「孟荀莫敢少貶」、孟荀皆「優入聖域」觀點的學者，其實是欲表達這樣的思想：孟子無須批評，而荀子則應該批評。

唐仲友對荀子這種既肯定又否定、肯定中傾向於否定的看法，綜合體現在下面一段論述中：

> 自戰國爭富強，儒道絀，孟子學孔子，言王可反掌致，卒不見用。卿後孟子，亦尊孔氏。子思作《中庸》，孟子述之，道性善。至卿，以爲人性惡，故非子思、孟軻。揚雄以爲同門異戶。孟子與告子言性，卒絀告子。惜卿不見孟子，不免異說。方說士徇時好，卿獨守儒議，兵以仁義，富以儒術，強以道德之盛，旨意與孟子同。見應侯，病秦無儒。昭王謂儒無益人之國，極明儒效。秦併天下以力，意儒果無用，至於坑焚，滅不旋踵；漢奮布衣，終假儒以定，卿言不用而後驗。自董仲舒、韓愈皆美《卿書》，言王道雖不及孟子，抑其流亞，廢於衰世，亦命矣夫！……使卿登孔門，去異意，書當與七篇比，此君子所爲太息！〔註61〕

唐仲友在此讚美荀子之用兵論、富國論、崇德論、尊儒論，認爲這些方面荀子是與孟子齊同的，但他又批評荀子之人性論，並將其貶爲「異說」。總之，他認爲荀子沒能親受教於孔門，故思想言論不免「同門異戶」，因而其書也終不能與《孟子》之七篇相媲美。

唐仲友對荀子的這種態度，亦見於南宋陳預〔註62〕的言論中。陳預作《孟

〔註60〕荀子後學不僅認爲荀子是王者之佐，更直言荀子「宜爲帝王」（《荀子·堯問》）。
〔註61〕《唐楊倞注荀子後序》，《荀子集解·考證上》，第6～7頁。
〔註62〕陳預，字與幾，福州羅源人。善治書，年三十九登寶祐四年（1256）四甲第

荀名世之士》論，闡發楊倞在《荀子序》中所言的「孟軻闡其前，荀卿振其
後，觀其立言指事，根極理要，撥亂興理，眞名世之士、王者之師」一語包
含的思想義理。他說：

> 夫舉世之所尚者，名，而君子則無所尚乎此，豈其獨求以異於
> 人哉！蓋君子之所自任者，知有道而已，孟荀以道自任。道術分裂之際，
> 出而身當斯責，說孟荀衛道意。凡所以闡微續絕，開闡吾道之微，接續吾道之
> 絕。扶持其正而排斥其偏，正是吾道，偏是異端。在當世且不計其功，而
> 於名乎何計！謂孟荀且不求功於當時，豈肯求名於後世。然君子之爲斯道也，
> 雖能辭其名於當世，而或不能辭其名於後世，何則？是非莫公乎人
> 心，而名之所由生也。異端之與吾道，暗引孟荀衛道意。既久而論定，後
> 世自有公論。則卓然衛道之功，皆孟荀之功。固萬世之所必推崇，有不謀
> 而同辭者，不能辭其名於後世。又烏得以遁是名哉！〔註63〕

陳預認爲，名是世人皆崇尚之物，然而君子卻無所用心於其間，因爲君子關
心的是道而不是名。他認爲孟、荀身處當時異端紛起的混亂時代，只知以闡
微續絕、保衛道統爲己任，無求名之心。孟、荀之得名，乃是後人根據是非
公道裁定的結果。這裡，陳預肯定楊倞將荀子與孟子並提的做法，亦肯定荀
子傳續儒家道統的功績。他更詳細申論曰：

> 且當杏壇跡熄，木鐸聲沉，干時惑眾之徒紛紛藉藉於當時者，
> 名號何可勝數。此是異端之徒。在軻之世，楊、墨不論也，管、晏以其
> 君伯而公孫丑許之，公孫衍、張儀以口舌自肆而景春慕之，是世知
> 有管、晏，知有儀、衍，又知有楊、墨，而不知有軻也。說當世之人只
> 知異端之徒，不知孟子之名。在卿之世，孫武、吳起不道也，縱情性、安恣
> 睢，囂、牟持之而有故；上功用、大儉約，翟、鈃言之而成理；是
> 世知有囂、牟，知有翟、鈃，又知有孫、吳，而不知有卿也。說當世
> 之人只知異端之徒，不知荀子之名。使孟、荀而果有名世之心也，方且區區然
> 求與世競，必欲其名之我歸，如此是有心求名。則此亦一是非，彼亦一是
> 非，名固未知其所歸也，而孟荀之心則不然也。然孟、荀固未嘗有

一百六十七名進士。見昌彼得，王德毅，程元敏，侯俊德編：《宋人傳記資料
　　　索引》第三冊，北京：中華書局，1988 年，第 2494 頁。

〔註63〕　《孟荀名世之士》，《論學繩尺》卷二。見（宋）魏天應編，林子長注：《論學
　　　繩尺》，清文淵閣四庫全書本。引文中大字部分爲陳預原文，小字部分爲林子
　　　長的注，因林注有助於說明原文，故亦將其有選擇地隨文列出；下引同。

心乎徇名，千載之下，名非孟、荀則不歸，是何也？道者，公天下之物，而萬世之所共由也。孟、荀翼衛之功，以身當其難，孟荀出來衛道。而使萬世得以享共由之福，日用飲食而不知焉，是則合世變以觀其時，本人心以公其予，諸子百家之視之也，此是異端之徒。譬之日月出矣而爝火不熄，以日月比孟荀，以爝火比異端。時雨降矣而猶浸灌，以時雨比孟荀，以浸灌比異端。不亦微乎淺哉！故自今觀之，以異端闢楊、墨而後世信其爲異端，以權術斥孫、吳而後世信其爲權術，以功烈之卑陋管、晏，以妾婦之道鄙儀、衍，以喬宇蒐瑣橐亂天下之說非囂、牟、翟、釬輩，而後世又莫不以其所排攘而鄙狹者爲可傳可信，亦惟非之不能以勝是，異端之非，不能勝吾道之是。邪之不能以干正，異端之邪，不能勝吾道之正。一時之淫詖不能以奪萬世之正大而已。異端之詖淫，不能奪吾道之正大。茲固孟、荀名世之稱，不必在當世，而在後世也歟！〔註64〕

此段詳細申述孟、荀二子衛道之功，並指出二子一心斥異端、正道統，全然無求名之心。天下後世之人「合世變」、「本人心」，以道爲標準，表彰孟、荀的功績，給予他們以大名，而孟、荀本身則無所謂成名。行文至此，陳預皆將孟、荀並稱並贊，以闡發孟、荀「眞名世之士」的意旨。但文章行將結束時，陳預筆鋒一轉：

雖然，孟荀固均爲名世者，而猶不可以無辯也。末意欲揚孟子而抑荀子。當今之世，捨我其誰，軻之自任者如此。其間名世之言，猶退然示不敢自居之意。卿之非十二子，舉一世以爲盡出己下，至並與孟子而詆之，好名之心於是非軻比矣。荀子好名，孟子無容心於名。名世之論，序卿書者，合孟子而並稱，其將借孟以重荀歟？抑將託孟以形荀歟？且兩疑說，隱然見孟子爲優、荀子爲劣意出。識者其必能辯。〔註65〕

陳預指出，與孟子相比，荀子不免有好名之心。他認爲荀子的好名之心表現爲荀子對孟子的詆責〔註66〕，因而他質疑楊倞在《荀子序》中將荀子「合孟子而並稱」的動機，以此最終見出「孟子爲優、荀子爲劣」之意。

〔註64〕《孟荀名世之士》，《論學繩尺》卷二。
〔註65〕《孟荀名世之士》，《論學繩尺》卷二。
〔註66〕陳預認爲荀子對孟子的批評是「詆」，頗含荀子乃有意誣陷之意。其實，就思想實質而言，荀子與孟子各有自己的理論體系，荀子站在自己的立場上對孟子提出批評是很正常的事，並非刻意求名而爲之。陳預以先在的尊孟態度略貶荀子，未免有失公允。

　　上述晁補之、唐仲友、陳預諸人，在認可荀子傳道之功的前提下，又認爲荀子終不如孟子。如此，既肯定荀子而又對其有所否定：肯定的是荀子可列入儒家道統，否定的是荀子終不能比肩孟子。從他們這種對荀子肯定中又有否定的交變態度中，我們亦可以窺見在宋代特別是南宋時期，傳統的尊荀基因與彼時的尊孟風潮交互激蕩的思想痕跡。

第二節　道統之外的荀子

一、尊孟貶荀

（一）孔孟而後，荀揚不知

　　張載作爲北宋著名哲學家，他將道統譜系的傳承分爲「作」與「述」兩階段：「作」即創作；「述」即繼承與宣揚。張載認爲，道統之「作」的階段有伏羲、神農、黃帝、堯、舜、禹、湯七位代表人物，道統之「述」的階段有武王、周公、孔子。〔註67〕「作」與「述」這兩方面的道統發展歷程中所包含的代表人物，形成了張載思想中認可的道統傳承譜系。

　　他排定道統的重要動機是因應佛老的思想衝擊，因而他以周孔之道批評佛老：

> 釋氏之學，言以心役物，使物不役心；周孔之道，豈是物能役
> 心？虛室生白。〔註68〕

「周孔之道」的說法流行於宋代之前，宋以後逐漸以「孔孟之道」取而代之〔註69〕。張載這裡沿用「周孔之道」的說法，表明此時尊孟風潮尚未強勁到壓過傳統說法的程度。但張載亦十分尊孟子，並暗許孟子以「聖人」〔註70〕，這與石介將孟子只列爲「賢」的做法比較，是一種質的突破。在張載這裡，孟子擺脫了「賢」的小帽，而被冠之以「聖」的光環，與孔子處在了同一層級上。張載認爲孔子之後能位居道統之內的，唯有孟子一人：

〔註67〕 參見《張子語錄‧語錄中》；（宋）張載：《張載集》，北京：中華書局，1978年，第 319 頁。

〔註68〕 《經學理窟‧義理》，《張載集》，第 273 頁。

〔註69〕 徐洪興先生指出：「『孔孟之道』作爲儒家思想的代名詞，僅限於兩宋以後，如果把它推至兩宋以前，就是不確切的。」見徐洪興：《唐宋間的孟子升格運動》。

〔註70〕 雖然張載有時也說：「孟子於聖人，猶是粗者」（《張子語錄‧語錄上》，《張載集》，第 311 頁），但畢竟其已許可孟子爲聖人。

古之學者便立天理，孔孟而後，其心不傳，如荀、揚皆不能知。〔註71〕

張子曰：……自孔孟而下，荀況、揚雄、王仲淹、韓愈，學亦未能及聖人。〔註72〕

張載認爲，孔孟之後，荀子以及漢唐諸儒皆未能通達聖學、領悟聖心，儒家道統在孟子之後陷入了中斷。這與宋初孫復、石介將「五賢人」（孟、荀、揚、王、韓）並列入道統的思想有著極大的差異：首先，張載將孟子從「五賢」之中抽離出來，使其與孔子並列爲「聖」；然後，再將餘下的其他四賢悉數摒除於道統之外。〔註73〕

關於孔孟之後不傳的聖學與聖心，張載云：「聖心難用淺心求，聖學須專禮法修。千五百年無孔子，盡因通變老優游」〔註74〕。龔傑先生曾對此有過分析，他看到了張載將儒學分爲「聖心」與「聖學」兩部分，但卻認爲張載對「聖心」「沒有再作具體說明」。〔註75〕其實，對於「聖心」，張載是有所指示的，他說：

只欲學者心於天道，若語道則不須如是言。〔註76〕

氣之蒼蒼，目之所止也；日月星辰，象之著也；當以心求天之虛。〔註77〕

由此可見，張載所言的「聖心」，是此心對「天道」、「天之虛」正確理解的基礎上所形成的融貫感悟。張載有時又將這種對天道性命的感悟稱之爲「心解」：

「誦《詩》三百亦奚以爲」，誦《詩》雖多，若不心解而行之，雖授之以政則不達，使於四方，言語亦不能，如此則雖誦之多奚以爲？〔註78〕

〔註71〕《經學理窟‧義理》，《張載集》，第 273 頁。
〔註72〕《拾遺‧性理拾遺》，《張載集》，第 373 頁。
〔註73〕 蔡方鹿先生也已看到了這一點，他評論張載的道統論「是對宋初孫復、石介肯定漢唐諸儒傳聖人之道的作用思想的否定，而開程朱道統排斥漢唐諸儒的先河」（見蔡方鹿：《中華道統思想發展史》，成都：四川人民出版社，2003年，第 297 頁）。只是，蔡先生在指明張載道統論排斥漢唐諸儒的同時，未注意到張載對荀子道統地位的重新評定及其帶來的影響。
〔註74〕《文集佚存‧雜詩》，《張載集》，第 368 頁。
〔註75〕 龔傑：《張載評傳》，南京：南京大學出版社，1996 年，第 123～124 頁。
〔註76〕《張子語錄‧語錄上》，《張載集》，第 313 頁。
〔註77〕《張子語錄‧語錄中》，《張載集》，第 326 頁。
〔註78〕《張子語錄‧語錄上》，《張載集》，第 309 頁。

當自立説以明性，不可以遺言附會解之。若孟子言「不成章不
達」及「所性」「四體不言而喻」，此非孔子曾言而孟子言之，此是
心解也。〔註79〕

他認爲，孟子尚能「心解」孔子，但孟子之後，荀子等人皆未能對天道性命
有具體而微的融貫感悟，未能領悟「聖心」。

對於「聖學」，張載認爲須貼合「禮法」而學。「禮法」之間，張載又更
注重於「禮」。關於這個與「聖學」息息相關的「禮」，張載云：

禮所以持性，蓋本出於性，持性，反本也。凡未成性，須禮以持
之，能守禮已不畔道矣。……禮不必皆出於人，至如無人，天地之禮
自然而有，何假於人？天之生物便有尊卑大小之象，人順之而已，此
所以爲禮也。學者有專以禮出於人，而不知禮本天之自然，告子專以
義爲外，而不知所以行義由内也，皆非也，當合内外之道。〔註80〕

張載所言之禮，與荀子論禮至少有兩處不合：其一，張載認爲禮「本出於性」，
禮是順應性而產生的；而荀子則強調性僞之分，認爲禮生於後天之僞而非先
天之性。其二，張載認爲「禮不必皆出於人」，「天地之禮自然而有」、不假於
人，而荀子只承認天地是聖人制禮的傚仿對象，但禮則「生於聖人之僞」，荀
子並不承認有獨立存在的、脱離人事的「天地之禮」本身〔註81〕。

由上觀之，在張載看來，無論是「聖學」還是「聖心」，荀子都不能與孔
孟相契合，不能領悟聖心、不能繼承聖學，由此張載將荀子從道統之內排除
於道統之外。

（二）一句性惡，大本已失

程顥、程頤兩兄弟歷來被認爲是宋代理學的代表人物，他們對荀子的看
法直接影響到了其後的朱熹等理學家及後來的明清學人，他們對道統的看法

〔註79〕《張子語錄·語錄中》，《張載集》，第 323 頁。

〔註80〕《經學理窟·禮樂》，《張載集》，第 264 頁。

〔註81〕陸建華先生針對有些學者將《荀子·禮論》中所云「禮有三本：天地者，生
之本也；先祖者，類之本也；君師者，治之本也」誤解爲「禮之本源爲天地」
的情況，指出此處之「本」並非「本源」之意，而是「根本」之意，他說：「『禮
有三本』應指作禮有三個依據對象」，「荀子力陳天人相分，所駁斥的恰是禮
源於天地之類陳舊的關於禮的來源的神學讖言」，「荀子天本自然、天人相分、
禮非自天等思想，徹底割斷天人、天禮聯繫」（見陸建華：《荀子禮學研究》，
合肥：安徽大學出版社，2004 年，第 46、61 頁）。從以上論述，都能看出荀
子不承認有脱離現實人間的天地之禮本身。

亦促成了南宋朱熹對道統傳續譜系的最終確定與完成。

對於儒家的傳道譜系，程頤云：

> 聖人無優劣。堯、舜之讓，禹之功，湯、武之征伐，伯夷之清，
> 柳下惠之和，伊尹之任，周公在上而道行，孔子在下而道不行，其
> 道一也。〔註82〕

> 孔子沒，曾子之道日益光大。孔子沒，傳孔子之道者，曾子而
> 已。曾子傳之子思，子思傳之孟子，孟子死，不得其傳，至孟子而
> 聖人之道益尊。〔註83〕

程頤設定道統譜系中的傳道人物包括：堯、舜、禹、湯、武、伯夷、柳下惠、伊尹、周公、孔子、曾子、子思、孟子。孟子之後，其道不傳。這裡，程頤也和張載一樣，推翻孫復、石介的「五賢人」皆傳道的說法，而回歸到韓愈「軻死不傳」的觀點。雖然二程認為與孔子相比，孟子尚有陞進的空間，如說：

> 孔、孟之分，只是要別個聖人賢人。〔註84〕

二程將孟子與孔子比較，仍沿用石介將孔、孟作「聖」、「賢」二分的觀點。但不管孟子是否為聖，二程總歸是承認其傳道地位的，亦許之以入道統。〔註85〕而對於荀子等人，二程則提出嚴厲批評。程頤云：

> 荀卿才高，其過多。揚雄才短，其過少。〔註86〕

> 荀卿才高學陋，以禮為偽，以性為惡，不見聖賢，雖曰尊子弓，
> 然而時相去甚遠。聖人之道，至卿不傳。〔註87〕

程頤認為荀子之「才」雖然高，但因為其為學之道的鄙陋，使得其「才」用偏了方向，導致其所犯過錯甚多。程頤指出，在荀子所犯眾多的過錯中，核心的就是禮偽論和性惡論，而其中最最核心的就是性惡論。他說：

〔註82〕《二程遺書》卷二十五。見（宋）程顥，程頤撰；潘富恩導讀：《二程遺書》，上海：上海古籍出版社，2000年，第381頁。

〔註83〕《二程遺書》卷二十五，第384頁。

〔註84〕《二程遺書》卷二，第95頁。

〔註85〕程頤云：「某嘗語學者，必先看《論語》、《孟子》」，「孟子有功於聖門不可言」（《二程遺書》卷十八，第255、272頁）。由此可見，程頤對孟子的推崇亦盛。

〔註86〕《二程遺書》卷十八，第282頁。

〔註87〕《二程集》卷十《大全集拾遺》。見（宋）程顥，程頤著；王孝魚點校：《二程集》，北京：中華書局，2004年，第403頁。此條語錄未標明二程何人所言，但此處說「荀卿才高學陋」，聯繫上條所引頤言「荀卿才高，其過多」，又根據未見程顥有相似言論，因而將此條判為程頤所言。

荀子極偏駁，只一句「性惡」，大本已失。揚子雖少過，然已自

不識性，更說甚道？〔註88〕

所謂「大本」，即儒學之根本精神，也即是性善論。程頤認爲，荀子僅僅因爲其性惡論，就足以使其喪失其在儒家道統中的地位。可見，言性符不符合性善論之標準，是判斷能否入道統的關鍵：

荀、楊性已不識，更說甚道？〔註89〕

孟子言人性善是也。雖荀、楊亦不知性。孟子所以獨出諸儒者，

以能明性也。〔註90〕

在程頤看來，孟子之所以能位列道統、傳續聖業，正在於其「言人性善」，這也正是他比荀子、揚雄包括王通、韓愈高明的地方。以孟子人性論爲標準，程頤判定荀子、揚雄等人的人性論統統不入儒學正宗。

除以上所述，《二程遺書》中還有一條相關語錄：

韓愈亦近世豪傑之士。如《原道》中言語雖有病，然自孟子而

後，能將許大見識尋求者，才見此人。至如斷曰：「孟氏醇乎醇。」

又曰：「荀與楊擇焉而不精，語焉而不詳。」若不是佗見得，豈千餘

年後便能斷得如此分明也！〔註91〕

此條語錄，未注明是二程中何人所言，辨別起來頗爲費神。〔註92〕今試做一揀別。按宋代眞德秀的說法，此條語錄當是程頤所言；而清代的孫奇逢、張能鱗、池春生與諸星杓等人卻將其判爲程顥之言，今人馬積高先生亦將其判歸爲程顥。〔註93〕今觀此條語錄，其圍繞韓愈對孟、荀、揚的評價展開，主

〔註88〕　《二程遺書》卷十九，第 316 頁。

〔註89〕　《二程遺書》卷十九，第 308 頁。

〔註90〕　《二程遺書》卷十八，第 254 頁。

〔註91〕　《二程遺書》卷一，第 55 頁。

〔註92〕　牟宗三先生指出：「講二程，編錄爲難，然此工作卻甚重要」（見氏著《心體與性體》中冊，上海：上海古籍出版社，1999 年，第 8 頁），此言甚確。但他又認爲「凡屬二先生語者大體皆是明道語，至少亦當以明道爲主」（同上，第 4 頁）；此論實有可商榷處（郭曉東先生已對牟氏此說提出異議，詳見郭曉東：《識仁與定性——工夫論視域下的程明道哲學研究》，上海：復旦大學出版社，2006 年，第 45～47 頁），故此處亦不能僅據牟氏之論而輕下判斷將此語錄歸於程顥，仍需做一辨別。

〔註93〕　眞德秀編《文章正宗》卷十二《韓愈原道》，將此語歸爲「程正公」即程頤所言；見（宋）眞德秀編：《文章正宗》，清文淵閣四庫全書本。孫奇逢等清代諸儒對此條語錄的判定分別見：（清）孫奇逢輯：《理學宗傳》卷二，清康熙

要稱讚韓愈將孟子與荀、揚區分開來。《二程遺書》中，涉及韓愈對孟、荀、揚評價的語錄，其歸屬確切的，尚有程頤的兩條：

> 荀卿才高，其過多。揚雄才短，其過少。韓子稱其「大醇」，非也。若二子，可謂大駁矣。然韓子責人甚恕。〔註94〕

> 韓退之言「孟子醇乎醇」，此言極好，非見得孟子意，亦道不到。其言「荀、楊大醇小疵」，則非也。荀子極偏駁，只一句「性惡」，大本已失。揚子雖少過，然已自不識性，更說甚道？〔註95〕

程頤的這兩條語錄，主要是指責韓愈許荀、揚以「大醇」。程頤認為，荀、揚不能通達儒家心性之學的真諦，不配稱「大醇」。將這兩條語錄與前引語錄比較，表面上看來，一為譴責韓愈，一為贊同韓愈，故應分屬兩類；若再根據大程寬和、小程嚴苛的性格特點，很容易將上引語錄歸於程顥。但若仔細審視，則可發現，前引語錄雖褒揚韓愈，但並不是褒揚韓愈許荀、揚為「大醇」，而是褒揚其將孟子與荀、揚做出區分，其褒揚韓愈的目的，是通過肯定「荀與楊擇焉而不精，語焉而不詳」而見出荀、揚的劣和孟子的優。因此，它與後引兩條語錄不僅不矛盾，而且互相呼應、相互發明：一為從正面肯定「荀與楊擇焉而不精，語焉而不詳」來抬高孟子，一為從反面否定許荀、揚為「大醇」來批評荀子。因而，筆者認為，從語錄之間潛藏的思想脈絡來看，此條未標明出處的語錄當歸於程頤。另外，還有兩點旁證：其一，真德秀為朱熹弟子，其去二程尚近，他將此語歸為程頤，應有所本，其言亦較後人可信；其二，《二程遺書》中，程頤就韓愈對孟、荀、揚的評價屢有議論，上引兩條語錄可證，而程顥卻無相關評論。據此，此條語錄當歸於程頤。

另外，筆者注意到，除程頤之外，與程頤同時的蘇軾亦有與此條語錄幾乎一樣的言論，因蘇軾此語的寫作時間不詳，故而無從判斷此語到底是何者

六年刻本：（清）張能鱗輯：《儒宗理要》之《二程子卷五遺書外書》，清順治刻本；（清）池春生、諸星杓：《明道先生年譜》，載吳洪澤、尹波主編《宋人年譜叢刊》卷四，成都：四川大學出版社，2003年，第2513頁。馬積高先生認為「程顥為人比較寬和，故對前人雖界限頗嚴，而不作苛論；程頤為人比較偏狹，故力排異論，不稍寬假」（見氏著：《荀學源流》，第262頁），他認為此條語錄符合程顥的性格特點，故歸之於程顥。

〔註94〕《二程遺書》卷十八，第282頁。
〔註95〕《二程遺書》卷十九，第316頁。

先言而何者從之，今姑存此以俟後考。〔註96〕

　　陳淵，字知默，早年曾師事楊時，亦算是二程的再傳弟子。與二程對荀子的態度相似，陳淵亦貶荀子。他在答時人張致遠的一封書信中云：

　　　　然來諭終欲措荀卿於孟子之列，則意所未安。荀、楊所至，固可取，但許之以傳堯舜之道，則非彼所能當耳。何則？道之所在，不容有小疵者所能傳也。若曰「漢儒嘗列之鄒國」，漢儒於此，蓋未之達，恐不足據。唯退之《原道》見處最親，故來諭以爲欲且從《原道》，正與鄙意相契，然《原道》以謂「軻之死，不得其傳焉」，豈復數荀、楊哉！《讀荀子》篇，其末云「荀與楊，大醇而小疵」，此猶是恕語，二子書具存，豈特小疵而已。此《原道》所以言「不得其傳」也歟！〔註97〕

張致遠的原信，筆者遍尋不見，但從陳淵給其的回信中可以窺見，張致遠「欲措荀卿於孟子之列」、且欲「許之以傳堯舜之道」，應該是尊荀派人物，他意欲齊同荀、孟，主張將荀子列入道統傳續譜系之內。陳淵不同意張致遠的尊荀作風，他贊同韓愈的軻死不傳及評荀子爲「小疵」的說法，並認爲「道之所在，不容有小疵者所能傳也」，這是將荀子排除於道統之外的明確表態。在張、陳二人對荀子地位的這一論辯中，二人皆同意「欲且從《原道》」，都主張回到韓愈對荀子的評價來申說己見。但是，張、陳二人的立足點和目的又是有差別的：張致遠擷取韓愈肯定荀子的一面（即肯定荀子爲「大醇」的一面），而以此爲荀子爭地位；陳淵則擷取韓愈否定荀子的一面（即批評荀子爲「小疵」及道統「軻死不傳」的一面），而以此欲將荀子排除於道統之外。可見，韓愈對荀子的評價

〔註96〕蘇軾《韓愈優於揚雄》云：「韓愈亦近世豪傑之士，如《原道》中言語，雖有疵病，然自孟子之後，能將許大見識，尋求古人，自亦難得。觀其斷曰：『孟子醇乎醇；荀、揚擇焉而不精，語焉而不詳。』若不是他有見識，豈千餘年後便斷得如此分明」（《蘇軾文集》卷六十五《史評》。見蘇軾著；孔凡禮點校：《蘇軾文集》，北京：中華書局，1986年，第2035頁）。此與前引《二程遺書》中語幾乎同出一轍。據池春生、諸星杓記載，《二程遺書》中此語爲元豐四年（1081）所言（見池春生、諸星杓：《明道先生年譜》，載吳洪澤、尹波主編《宋人年譜叢刊》卷四，第2513頁），但因蘇軾此文寫作的具體時間不可考，故無法判斷蘇軾與程頤誰先言之。蘇軾與程頤交惡，是在元祐元年（1086）之後，在此之前，兩人未必不存在相互影響之處。此處兩者議論之幾同，也從一個側面表現出蘇軾與程頤思想中相似的一點。

〔註97〕《答張子猷給事》，《默堂先生文集》卷十九。見（宋）陳淵：《默堂集》，四部叢刊三編景宋鈔本。

中蘊藏著兩種不同的解釋路向，學者亦可從中發展出不同的荀子形象：尊荀派欲抬高荀子地位，將其列入道統；貶荀派欲打壓荀子地位，將其摒除出道統。

（三）荀子非孟，其學無宗

與二程同時的黃庭堅亦是尊孟貶荀的代表，他貶斥荀子，主要是不滿於荀子對孟子的非議。黃庭堅云：

> 由孔子以來，求其是非趨舍，與孔子合者，唯孟子一人。孟子，聖人也。荀卿著書，號為祖述孔氏，而詆訾孟子，以為略法三王，而不知其統。蓋荀卿見孟子道性善，言必稱堯舜，義不見諸侯，其跡與孔子不合，故云爾。曾不知前聖、後聖，所謂合若符節者，要於歸潔其身者觀之。孟子論孔子去魯，不知者以為為肉，其知者以為為無禮。乃若孔子，則欲以微罪行。以微罪行，此聖人之忠厚，非孟子不足以知之。學者彼知孟子，率以是觀之。其智不足以知孟子，安能知孔子？然則荀卿所謂知孔子者，特未可信。聖人無名，而淳于髡以名實求孟子，固不足以知之；荀卿曾未能遠過淳于髡也。揚子雲曰：「孟子勇於義，而果於德，知言之要，知德之奧。非苟知之，亦允蹈之。」言雖不多，以子雲之言行反覆考之，足以發子雲之知言。司馬遷號稱博極群書，至如論伊尹、百里奚，皆不信孟子，此所以得罪於子雲也。由孔子以來，力學者多矣，（而才有孟子；由孟子以來，力學者多矣，）而才有揚雄，來者豈可不勉！方將講明養心治性之理，與諸君共學之，惟勉思古人所以任己者。〔註98〕

黃庭堅視孟子為聖人，且認為孔子之後，能合於孔子者，只有孟子一人。黃庭堅又以是否尊孟子為準繩，對荀子和揚雄進行了重新評價。荀子尊孔而非孟，黃庭堅則認為荀子既不知孟子，又不知孔子，因而他認為荀子的非孟是無意義的非議，荀子的尊孔也是無知的尊崇。他將荀子比作淳于髡，應該是回應司馬遷的《史記・孟子荀卿列傳》，司馬遷在此篇傳記中述及包括孟、荀在內的諸多戰國學者，其中亦包括淳于髡，黃庭堅應該是不滿司馬遷將孟、荀並稱且以二人名篇的做法，因而此處僅將荀子比作淳于髡而加以貶斥。對

〔註98〕《孟子斷篇》，《宋黃文節公全集・正集卷第二十》。見（宋）黃庭堅著；劉琳，李勇先，王蓉貴校點：《黃庭堅全集》，成都：四川大學出版社，2001年，第507頁。引文中的括號部分，劉琳等校點《黃庭堅全集》中缺漏，筆者此據四部叢刊景宋乾道刊本《豫章黃先生文集》卷第二十而補。

於揚雄，黃庭堅則稱許他的尊孟。總之，黃庭堅認爲，孔子之後，能致力於儒家之學、傳續儒家之道的，只有孟子與揚雄。這就以是否尊孟爲標準，將荀子貶謫於道統之外了。

　　黃氏之外，陳長方〔註99〕亦從爲學的視角排荀。他說：

> 夫學之有宗，猶水之有源，綱之有綱，長短之有尺度，輕重之有權衡，四者一失焉，則非其物也。荀卿才高辨勝，爲書十餘萬言，其學非不富，唯其無宗，是以以性爲惡、以禮爲僞，非子思、孟子而無所忌憚，雖曰尊王賤霸、崇尚仁義，偶同於洙泗之旨，然而知道君子不貴也。後世學者，讀書則上自太古，博究旁通；操筆弄文則綜織組錦，眩人耳目；特立獨行則堯行孔趨，謂之爲不美不可也，而其病猶荀卿焉。〔註100〕

陳長方亦批評荀子的人性論、禮論及其對孟子的非議，他雖承認荀子所言「偶同於洙泗之旨」，即與孔孟偶有相同之處，但卻認爲荀子爲學沒有所宗。「宗」就是統緒，「學之有宗」表示能繼承儒家之學的命脈統緒。陳長方批評荀子學無所宗，乃是否定其傳續儒學統緒的地位，其實質亦是將其排除於道統之外。並且，他將後世學者講究浮文華辭、博而不返的文風亦比之於荀子。浮文華辭與佛老這兩大因素，是宋儒所力排的〔註101〕：爲排佛老，宋儒一方面建立儒家道統，一方面建構儒家心性論；爲排浮文華辭，宋儒強調文以載道。這兩者是統一的，文以載道，載的就是儒家的道，而載道的主體人物就形成了儒家道統。在陳長方看來，荀子幾乎與浮文華辭劃上了等號，這樣的荀子是不可能文以載道的，因而也就不具有傳續儒家道統的資格。陳長方這種以爲學、爲文來否定荀子的做法與前述歐陽修稱許荀子「道勝文至」的做法形成了鮮明的對比，由此也可看出兩者對荀子地位的不同評價。

（四）朱熹之貶荀與陸九淵之尊孟

　　朱熹是宋代理學的集成者，是後世學者研究宋代儒學時一座繞不開的山峰，他的種種思想對當時學界及後世社會都造成了深刻的影響。本節中，筆

〔註99〕陳長方（1108～1148），字齊之，號唯室，高宗紹興八年（1138）進士。

〔註100〕《跋黃端冕原學》，《唯室集》卷二。見（宋）陳長方：《唯室集》，清文淵閣四庫全書本。

〔註101〕陳來先生指出：「宋代儒學的復興主要面對兩個對立面，一是佛老，其中主要是佛教文化的挑戰，另一是浮文華辭」（見氏著：《宋明理學》，上海：華東師範大學出版社，2004年，第31頁）。

者擬先以朱熹的道統觀爲論辯境域，通過他對荀子與道統關係的闡述來分析其貶荀的基本態度。

朱熹對道統傳續的描述，主要體現於他的《大學章句序》和《中庸章句序》。在這兩段序言中，朱熹排定儒家道統的傳承次序爲：伏羲、神農、黃帝、堯、舜、禹（皋陶）、湯（伊尹、傅說）、文、武（周公、召公）、孔子、顏子、曾子、子思、孟子、二程兄弟（程顥、程頤）、朱熹（未實說，自謙似的自相期許）。〔註102〕朱熹對儒家道統的排定，一方面吸收了宋初石介等人將道統上推至伏羲、神農的做法，一方面又吸收了韓愈將道統的傳續歷程限定至孟子的做法。在此基礎上，他做了兩點創新：其一，將韓愈及眾多北宋諸儒自相期許以傳續道統的祈望加以否定，將他們統統從道統中排除；其二，只以二程與自己作爲接續孟子的道統正宗傳人。可以看出，由於朱熹的排定，荀子及漢唐諸儒、除二程之外的北宋諸儒都無緣於道統。專就荀子而言，朱熹云：「聖人只是識得性。百家紛紛，只是不識『性』字。揚子鶻鶻突突，荀子又所謂隔靴爬癢。」〔註103〕顯然，朱熹接受了程頤對荀、揚的批評，也以通曉心性之理爲標準，判斷荀子與揚雄未能知性，因而做不了聖人，注定與道統無緣。他接受二程等宋儒抬高孟子的做法，表現出明確的尊孟貶荀傾向：「惟是孟子說義理，說得來精細明白，活潑潑地。如荀子空說許多，使人看著，如吃糙米飯相似。」〔註104〕他用吃糙米飯的食之無味比喻荀子是言之無物、空洞不實。對宋初出現的將孟、荀、揚、王、韓並稱爲「五賢人」的說法，朱熹將孟子單獨抽出而歸入道統之內，而對其他四子皆持批評態度。在荀、揚、王、韓四子中，他認爲其間地位亦有高下之分：

> （王通）極有好處，非特荀、揚道不到，雖韓退之也道不到。……荀、揚二人自不可與王、韓二人同日語。……《荀子》盡有好處，勝似《揚子》，然亦難看。……不要看《揚子》，他說話無好處，議論亦無的實處。荀子雖然是有錯，到說得處也自實，不如他說得恁地虛胖。〔註105〕

〔註102〕參見（宋）朱熹撰；金良年今譯：《四書章句集注》，上海：上海古籍出版社，2006年，第3～4、21～22頁。

〔註103〕《朱子語類》卷五。見（宋）黎靖德編；王星賢點校：《朱子語類》，北京：中華書局，1986年，第84頁。

〔註104〕《朱子語類》卷一百三十七，第3272頁。

〔註105〕《朱子語類》卷一百三十七，第3254、3256頁。

由以上引文來看，朱熹認爲荀子與揚雄不及王通與韓愈，並且，在王、韓二人之間，韓愈不及王通；在荀、揚二人之間，揚雄不及荀子。綜合起來，這四人的地位次序由高到低分別是：王通、韓愈、荀子、揚雄。然此四人皆不及孟子。可見在朱熹這裡，荀子地位是十分低下的。他雖然有時也稱讚荀子，但他的大主旨還是在批評、貶低荀子，這從下面他與學生的一段對談中可見：

> 「諸子百家書，亦有說得好處。如《荀子》曰：『君子大心則天而道，小心則畏義而節。』此二句說得好。」曰：「看得荀子資質，也是個剛明底人。」曰：「只是粗。他那物事皆未成個模樣，便將來說。」〔註106〕

由此可見，他雖稱許荀子所說的個別語句，但總體還是認爲荀子之學「粗」，即未能領悟聖賢心性之學的精妙；並且他亦貶荀子之學未成體系，撐不起聖人之學的宏大規模。在學派歸屬上，他甚至批評荀子有法家傾向：「荀卿則全是申韓，觀《成相》一篇可見。他見當時庸君闇主戰鬥不息，憤悶惻怛，深欲提耳而誨之，故作此篇。然其要，卒歸於明法制，執賞罰而已。」〔註107〕總之，朱熹以心性之學爲標準，繼承程頤對荀子的貶斥，認爲荀子之學不配爲儒家正宗，荀子亦不配入儒家道統。

陸九淵在道統問題上，亦繼承韓愈「軻死不傳」的觀點，認爲儒家之道的傳承在孟子之後陷於斷裂，這就排除荀子了的道統地位。他說：

> 自周衰此道不行，孟子沒此道不明。〔註108〕

陸九淵認爲儒家之道在孟子後便無人傳續，致使儒道陷入千年晦暗；這自然排除了荀子繼承道統的可能性。那麼，誰來繼承道統呢？陸九淵不滿意朱熹以二程直續道統的做法，對此略有微詞，他認爲，自己才是眞正理解孟子、在孟子後得以傳儒家之道的第一人。〔註109〕

朱、陸二人皆是以孟子爲傳道中斷點，將孟子而後的荀子及漢唐北宋諸儒統統清除出儒家道統。因而可以說，在道統的傳續譜系問題上，二人皆不

〔註106〕《朱子語類》卷一百三十七，第3253頁。
〔註107〕《朱子語類》卷一百三十七，第3256頁。
〔註108〕《與李宰》，《陸九淵集》卷十一。見（宋）陸九淵著；鍾哲點校：《陸九淵集》，北京：中華書局，1980年，第150頁。
〔註109〕陸九淵云：「竊不自揆，區區之學，自謂孟子之後至是而始一明也」（《與路彥彬》，《陸九淵集》卷十，第134頁）。

許荀子地位。但二人對待荀子的態度卻有所不同：朱熹在尊孟的同時對荀子
大加貶斥，而陸九淵則在尊孟的同時對荀子亦能平心以論。陸氏云：

> 由孟子而來，千有五百餘年之間，以儒名者甚眾，而荀、楊、
> 王、韓獨著，專場蓋代，天下歸之，非止朋遊黨與之私也。若曰傳
> 堯舜之道，續孔孟之統，則不容以形似假借，天下萬世之公，亦終
> 不可厚誣也。〔註110〕

此處，陸九淵將孟子從宋初提出的「五賢」中單獨抽離，但仍沿用其餘四子
之稱。雖然他認爲荀子等人終未能傳續道統，但卻稱讚四子能引領當時天下
風潮，冠蓋群英，使天下歸服，並且認爲四子之所以取得如此成就不是因爲
黨羽友朋的吹捧〔註111〕。這就從客觀層面認可了荀子的學術成就及其學術影
響。此外，陸氏又云：

> 孟子之後，以儒稱於當世者，荀卿、揚雄、王通、韓愈四子最
> 著。《荀子》有《非十二子篇》，子思、孟軻與焉。荀子去孟子未遠，
> 觀其言，甚尊孔子，嚴王霸之辨，隆師隆禮，則其學必有所傳，亦
> 必自孔氏者也。而乃甚非子思、孟軻，何耶？至言子夏、子游、子
> 張，又皆斥以賤儒。則其所師者果何人？而所傳者果何道耶？其所
> 以排子思、孟軻、子夏、子游、子張者，果皆出其私意私說，而舉
> 無足稽耶？抑亦有當考而論之者耶？〔註112〕

陸九淵針對《荀子》書中在尊崇孔子的同時又非議思、孟及子夏等孔門弟子
的「矛盾」言論提出疑問：他認爲荀子尊孔，應該是孔學傳人，其師亦應是
孔門中人。那麼，荀子之師是誰？荀子之師傳授給荀子的學問是否與孔子之
道相合？荀子對思、孟、子夏等孔門弟子的批評到底是出於沒有依據的私意
私說，還是出於有所憑證的切實言論？這些問題，都是應該深究的。由此可
見，陸九淵雖尊孟子（其尊孟子甚至有過於朱熹），但卻亦能平心對待荀子之
非孟，並以存疑的態度對待之；不似有些宋儒意氣用事，見到荀子有非孟之
處立即橫加指責、一味逞口舌之快。

〔註110〕《與侄孫濬》，《陸九淵集》卷一，第13頁。
〔註111〕陸九淵之所以強調此點，可能與宋代文人對朋黨之說的重視有關。關於宋人
　　　　對朋黨說的關注及其論爭，參見余英時先生所著《朱熹的歷史世界：宋代士
　　　　大夫政治文化的研究》第七章《黨爭與士大夫的分化》，北京：生活‧讀書‧
　　　　新知三聯書店，2004年。
〔註112〕《策問》，《陸九淵集》卷二十四，第288～289頁。

二、孟荀皆貶

　　對孟子與荀子的態度，宋人一般尊孟貶荀，但也有些儒者是孟荀皆貶的。他們既不滿意荀子，也不欣賞孟子，認爲孟、荀二人都不足以傳續孔子之道。這些儒者中以北宋的晁說之與南宋的葉適爲代表。

　　晁說之，字以道，一字伯以，又字季此，自號景迂〔註113〕。他欽慕司馬光之爲人，又受到過蘇軾的推薦，其學與司、蘇二人有相似處。在對待孟子的態度上，晁說之繼承了司馬光非孟的一面，對孟子提出批評，他說：

　　　　孔孟之稱，誰倡之者？漢儒猶未之有也。既不知尊孔子，是亦
　　孟子之志歟？其學卒雜於異端，而以爲孔子之儒者，亦不一人也。
　　豈特孟子而可哉？如知《春秋》一王之制者，必不使其教有二上也。
　　世有荀孟之稱，荀卿詆孟子「僻違而無類，幽隱而無統，閉約而不
　　解」，未免爲諸子之徒，尚何配聖哉！〔註114〕

晁說之對孔孟連稱提出質疑，他指出在漢代沒有孔孟連稱的說法，並且他認爲以《春秋》所傳達的「一王之制」的精神，應該只尊孔子，不應既尊孔又尊孟，以便「不使其教有二上」。他又從荀孟連稱〔註115〕的說法出發，依據荀子對孟子的批評，得出孟子不配稱聖、不配與孔子並列的結論。

　　在借荀子非孟的同時，晁說之也對荀子提出批評：

　　　　荀卿之弟子與叔孫通之弟子，皆以其師爲聖人，至於何曾之孫，
　　又以其祖爲聖人。聖人之名亦可私得歟？蓋卿之弟子，學無所成；
　　通之弟子，因賜金之利；曾之孫，歉世事之驗於是乎云爾。使其成
　　學而不外慕，則俊造之名，尚未易許人矣。〔註116〕

他批評荀子之弟子將荀子許爲聖人的做法〔註117〕，認爲聖人這一名號不可以私自加封，荀子不配稱聖人，亦不配與孔子並列。晁說之批評荀子的一面，

〔註113〕《宋人傳記資料索引》第三冊，第1954頁。
〔註114〕《孔孟》，《嵩山文集》卷十三。見（宋）晁說之：《嵩山文集》，四部叢刊續編景舊鈔本。
〔註115〕關於宋代之前荀子與孟子連稱（「荀孟」或「孟荀」）的說法，參見周熾成：《漢唐孟荀影響之比較新論》。
〔註116〕《名聖》，《嵩山文集》卷十三。
〔註117〕《荀子·堯問》中，荀子後學針對時人所持「孫卿不及孔子」的說法，指出：「觀其善行，孔子弗過。世不詳察，云非聖人，奈何！」將荀子與孔子並列乃至欲置於孔子之上，且許荀子爲聖人。

可能受到蘇軾的影響。蘇軾批評荀子過於自傲、好爲異說〔註 118〕，晁說之可能受此啓發，認爲荀子弟子受到其師好爲異說的影響，因此將其列爲聖人。晁說之認爲這種做法是對荀子的過度吹捧，故而提出否定。總之，晁說之對孟、荀皆持批評態度，他不贊成「孔孟」之稱，但卻認可「荀孟」之稱，這是因爲他認爲荀、孟二人皆不配與孔子並提，皆不能傳孔子之道的緣故。

南宋的葉適亦持孟、荀皆貶的態度。葉適認爲孔子之後，曾子、子思、孟子、荀子皆未能傳其道，而荀子更是破壞孔子之道的罪魁禍首。〔註 119〕他十分不滿《荀子》中記載的孔子誅少正卯的事例，以此批評荀子不理解孔子：

> 按《始誅》下文，子貢進曰：「夫少正卯，魯之聞人，今夫子爲政而始誅之，其爲失乎？」詳此，則少正卯之聞次於孔子。又按下文，「有父子訟者，同狴執之，三月不別，其父請止，夫子赦之」。夫父子訟眞大罪，而孔子尚欲化誨之使復於善，少正卯爲國聞人，其罪未彰，而孔子乃先事設誅，播揚其惡。由後爲夫子本旨，則其前爲非夫子本旨明矣。按舜「讒說殄行，震驚朕師」，故命「龍納言，出納惟允」，而周召之於頑民，待之數世。然則湯誅尹諧，文王誅潘正以至華士、付乙、史何、少正卯，殆書生之寓言，非聖賢之實錄也。使後世謂聖人之用，不量先後緩急，教未加而遽震於大討，輕舉妄發以害中道，而曰孔子實然，蓋百世所同患矣。〔註 120〕

葉適首先指出《孔子家語》中記錄的孔子誅少正卯的說法來源於《荀子》中「孔子爲魯攝相，朝七日而誅少正卯」的記載〔註 121〕，接著葉適對荀子此說的眞實性表示懷疑並展開批評。〔註 122〕葉適認爲，孔子以循循善誘、善於化人著稱，少正卯又是當時的名人，而且又沒有犯下實際的罪行，因而孔子不可能殺少正卯；即使少正卯有道德缺陷，孔子也會用己之德去感化他，而不

〔註 118〕 參見《荀卿論》，《蘇軾文集》卷四，第 101 頁。

〔註 119〕 參見《習學記言序目》卷十三《論語・泰伯》、卷四十四《荀子・總論》、卷四十九《皇朝文鑒三》。（宋）葉適著：《習學記言序目》，北京：中華書局，1977 年，第 188～189、654、738～739 頁。

〔註 120〕 《孔子家語・相魯始誅》，《習學記言序目》卷十七，第 233～234 頁。

〔註 121〕 事見《荀子・宥坐》。

〔註 122〕 今人徐復觀先生亦認爲孔子誅少正卯之說是妄傳，他並從思想史的角度闡述了此故事得以出現的演進過程。見徐復觀：《一個歷史故事的形成及其演進——論孔子誅少正卯》，收入氏著《中國思想史論集》，上海：上海書店出版社，2004 年，第 96～109 頁。

是說殺就殺。葉適極度不滿荀子「編造」的這個「妄說」，他認爲荀子給孔子扣上了一頂有似法家般的隨興濫殺的帽子，實在是荀子不理解孔子的表現。

除了批評荀子不理解孔子，葉適還批評孟、荀奢談心性：

> 荀卿以己之所明而號人以蔽，人安得而受之？舜言「人心惟危，道心惟微」，不止於治心；箕子「思曰睿」，不在心；古之聖賢無獨指心者。至孟子，始有盡心知性、心官賤耳目之說。然則辯士素隱之流，固多論心，而孟荀爲甚焉。〔註123〕

葉適認爲古代聖賢沒有專門就「心」來立說者，而孟、荀卻「多論心」，以對心性高談闊論爲事。葉適這裡可能是借孟荀而批評程朱等視心性之學爲學問正宗的宋儒，但其在此處的實際立論，卻是較爲薄弱的。葉適引述的舜之言，本身就是專門論心的，爲何卻不許孟荀言心？若說舜是「不止於治心」，荀子又何嘗只止於治心？葉適這種籠而統之的批判，確乎給人一種大而無當之感。

另外，葉適可能受晁說之的孟荀不配言聖的觀點啓發，故而也以此批評荀子：

> 按《論語》，孔子未嘗輕言聖，故曰「何事於仁，必也聖乎，堯舜其猶病諸」；「聖人吾不得而見之矣」。子思、孟子始輕言聖，而荀卿爲甚，此亦荀卿之傳也。輕言聖而學者之患至於重言士，不可救也。〔註124〕

葉適認爲孔子不輕言聖，而子思、孟子特別是荀子卻輕言聖，這對於後世學者造成了極壞的負面影響。

除此之外，葉適還就政治方面立說來批評荀子：

> 「世俗之爲說者曰：堯舜禮讓」，荀卿明其不然，以爲天子至尊，無所與讓，故有「以堯繼堯」、「以堯易堯」之語；又謂「諸侯有老，天子無老」，「血氣筋力有衰，智慮取捨無衰」，「持老養衰，莫如天子」。按《書序》「將遜於位，讓於虞舜」，《書》記堯舜禪讓甚明，而又自言「在位七十載，耄期倦於勤」；然則荀卿不信《書》而詆其爲世俗之說耶？且必不當禪讓何義？以天子之位爲持老養衰之地何據？孟軻言「民爲貴，社稷次之，君爲輕」，雖偏，然猶有徼也；而荀卿謂天子如天帝，如大神。蓋秦始皇自稱曰朕，命爲制，令爲詔，

〔註123〕《荀子・解蔽》，《習學記言序目》卷四十四，第 652 頁。
〔註124〕《孔子家語・五儀解》，《習學記言序目》卷十七，第 235 頁。

民曰黔首，意與此同，而荀卿不知，哀哉！〔註125〕

葉適批評荀子捨棄《尚書》中關於堯舜禪讓之說的記載，指責其私立「以堯繼堯」之論。並且他批評荀子無限抬高天子地位的做法，認爲這種做法對秦始皇及後世帝王所實行的專制集權統治起到了推波助瀾的作用。因此，葉適認爲孟、荀皆不能承傳儒家道統。其實，細察葉適此論，他的立論是從《尚書》記載的堯舜禪讓的史實出發，而批評荀子對此史實的視而不見。可如果我們深入到荀子學說的內部，則有必要對此再作一番辨別。筆者認爲，荀子撇開傳統的堯舜禪讓而另立「以堯繼堯」的新說，並不能說明他無視《尚書》記載的史實，其實，他是試圖超越史實層面的記載而進入思想層面的探究。荀子認爲史實層面的堯舜禪讓只是表面的說法，大家說堯舜禪讓，都把目光盯住禪讓者與被禪讓者，也就是說，都盯住的是「具體的人」。而荀子則認爲，治道傳承的實質是禮義，透過表層的禪讓帶來的人事更迭，禮義的傳承則是不變的，禮義無所謂禪不禪讓。所以荀子說：「天子生，則天下一隆致順而治，論德而定次；死，則能任天下者，必有之矣。夫禮義之分盡矣，擅讓惡用矣哉？」〔註126〕荀子提出「以堯繼堯」的新說，實質是讓人們突破對禪讓的表層關注，而深入到對禮義的重視上來，他的「以堯繼堯」也可謂是「以禮義繼禮義」。表面上看，具體的人可以有禪讓，但實質上，作爲治理核心的禮義本身卻無所謂禪讓。誠然，荀子非常強調天子、王者的至上性，但荀子之所以賦予天子以極大的權威，乃在於天子是禮義制度運行的中樞，承認天子的「勢位至尊，無敵於天下」，只是爲了保證禮義之制的正常運轉。他所說的「天子無老」，並不是說天子長生不老，而是說禮義之制的永不停竭。由此可見，葉適對荀子的這番批評實際上只停留於表層，並未深入荀子思想的深處而與之相遇相知。

從上述可見，葉適批荀，多有滯留於表面、大而無當等缺失，有些地方甚至給人以深文周納之感。其實，葉適與荀子的思想有諸多相通之處，這些，或許是葉適本人沒有自覺到的。比如，葉適反對理學家空談性善，與荀子重視從有別於性善的路向建立禮論的外王學精神，有著很大程度的相通性。荀子重視外在的、後天的積累對人之性情的提升，重視從現實生活中的一點一滴入手來掌握禮義、化除惡性，這種重積累、倡實踐的致思路向，亦與葉適

〔註125〕《荀子·正論》，《習學記言序目》卷四十四，第651頁。
〔註126〕《荀子·正論》。

重事功、倡實學的精神相一致。就這些而言，葉適對荀子的批評非議以及他對荀子學說的理解，無疑存在著一定程度的偏差。出現這種偏差的原因，可能有主觀與客觀兩個層面。客觀層面的原因，主要是治學領域的限制。正如清人黃體芳所言的：「水心之才之識，最長於論史事；以其論史之才之識而論諸子，而又論經，豈能無偏？」〔註127〕黃體芳認爲葉適在史學方面見長，而短於對諸子學和經學的研究，正是由於其學術興趣和客觀學力的限制，才使得葉適在理解包括荀子在內的諸子時出現了偏差。主觀層面的原因，主要來源於葉適與荀子若干學術觀點的不一致，這主要表現在下列三個方面。其一，兩人在人性論上存在的分歧。葉適云：

> 孟子「性善」，荀卿「性惡」，皆切物理，皆關世教，未易重輕也。夫知其爲善，則固損夫惡矣；知其爲惡，則固進夫善矣。然而知其爲惡而後進夫善以至於聖人，故能起僞以化性，使之終於爲善而不爲惡，則是聖人者，其性亦未嘗善歟？……嗚呼！古人固不以善惡論性也，而所以至於聖人者，則必有道矣。〔註128〕

對於荀子的人性論，葉適認爲荀子的本意是使人知惡而「進夫善」，這表明葉適注意到了荀子人性論中所包含的求善意願，對於荀子人性論的理解也是較爲周全的。但葉適在人性善惡問題上的主張是「不以善惡論性」，也就是說，人性是無所謂善惡的，這使得他在對荀子人性論稍作肯定的同時又最終傾向於批評和反對。

其二，兩人在禮論上存在的分歧。對於荀子的禮論，葉適批評云：

> 按孔子教顏淵「非禮勿視，非禮勿聽，非禮勿言，非禮勿動」，謂能自克以復禮。夫自克則不費乎物而禮行焉；而荀卿謂制禮以爲養。使耳目口鼻百體之須必皆有待於禮，則禮者欲而已矣。且顏子簞食瓢飲陋巷，不改其樂，孔子亟稱之，故獨許以復禮。今爲費以求多於禮，筋骸通塞，紛紛乎蓁養於外物之不暇，而安所復哉？然則養者，禮之文也，非禮之實也。〔註129〕

葉適對荀子禮論的批評，集中在荀子的禮以養欲思想。荀子認爲，人欲無限，須有禮以節制之；反過來，只要在禮之約束範圍內，欲望即可得到充分的滿

〔註127〕《習學記言序目・黃體芳序》，第761頁。
〔註128〕《荀子・性惡》，《習學記言序目》卷四十四，第653頁。
〔註129〕《荀子・禮論》，《習學記言序目》卷四十四，第651～652頁。

足。葉適卻不同意荀子「制禮以爲養」的思想，他認爲養欲有待於外物而不是有待於禮，〔註130〕荀子正是不明此點，才將禮視爲與欲等同之物。其實，仔細推敲可以發現，荀子試圖說明的只是禮因欲而生、欲因禮而養，他指出的只是禮與欲之間的聯繫，並未有絲毫將禮、欲兩者混同不分的思想傾向。因而葉適對荀子的這番批評恐怕是難服荀子之心的。

其三，兩人在刑論上的分歧。對於刑論，荀子認爲治世刑罰應該用重，而亂世時刑罰才輕。〔註131〕這和葉適的刑論有很大分歧，葉適云：

> 其君賢而所任者仁人也，則用刑常輕；其君不賢而所任者非仁人也，則用刑常重。非惟用刑爲然也，而歷代之議刑者亦莫不然。蓋其人君子也，則議刑常輕；其人小人也，則議刑常重。故觀其所用，可以知其國；觀其所議，可以知其人。……以爲重刑可以致治，非重刑而天下不可治者，是可歎也！……誠使天下之賢君不免有重刑之心，而天下之君子不免有重議刑之心者，其禍最大，其憂最甚，此不可以不極慮而深言也。〔註132〕

在葉適看來，治世往往刑輕，亂世才會用重刑，且重刑無法導致世道歸於治理，像荀子那樣認爲治世應該用重刑的說法是錯誤的。以上三點分歧，體現了葉適與荀子主要學術觀點的不同，它們構成了葉適非荀的主觀面，與上述客觀面結合起來，我們可以大致看出葉適非荀的原因所在。

三、醇疵之間

韓愈在評價孟、荀時，有「孟氏，醇乎醇者也；荀與揚，大醇而小疵」〔註133〕之語。可見在韓愈這裡，荀子地位尚與孟子相較不遠，僅略低於孟子而已。迄至宋代，宋儒特別是程朱一系的理學家開始了尊孟貶荀的風潮，在這一歷程中，他們也對韓愈許荀子爲大醇小疵提出了異議。

首先向韓愈發難的是程頤，他肯定韓愈對孟子「醇乎醇」的評價，但卻否定許荀子爲「大醇」。他認爲韓愈對荀子的責備過於寬恕，荀子言性惡是「極

〔註130〕 關於此點，張義德先生也指出：「葉適的意思是，耳目口鼻百體之須，作爲人的自然需要，是不待於禮的。滿足人的自然需要，有待於物，而不待於禮。」見氏著：《葉適評傳》，南京：南京大學出版社，1994 年，第 307 頁。
〔註131〕 《荀子・正論》：「治則刑重，亂則刑輕。」
〔註132〕 《水心別集》卷二《國本下》，《葉適集》，第 649～650 頁。
〔註133〕 《讀荀》，《韓昌黎全集》卷十一，第 183 頁。

偏駁」之舉，只能稱之爲「大駁」。〔註134〕從「大醇」到「大駁」，程頤將韓愈對荀子的評價進行了顛倒乾坤式的處理。

與程頤同時的楊傑專作《荀揚大醇而小疵賦》，其云：

> 周漢運否，荀、揚教傳。雖曰醇之大者，亦有疵之小焉。皆命世以爲文，言非不粹；與生知而較美，道未能全。嘗聞人異禽魚，性鍾天地，全而稟者曰聖哲，偏而得者曰賢智。聖無不通，賢有未至。是以周公、尼父，率臻大道之醇；荀況、子雲，未免纖瑕之累。蜀國宗匠，齊王老師，雖抱重器，不逢盛時，欲卷道以自處，疾沒世而無知，由是簡冊其蘊，瓊瑰爾辭，立大功於是矣，未盡善者有之。著書三十二篇，義差而駁。準易八十一首，理失而醨。至如論性之淵源，談道之極致，或曰善惡一而混，或曰理義皆其偏。以禮義爲僞，則堯舜之法歸乎詐；以善惡相混，則鯀禹之心何以異？兩賢於道，擇不精而語不詳。三子之間，得其一而失其二。又若對臨武以問兵之術，推子淵以希聖之徒，遠罪特愚於晁錯，談經私美於童烏，是所謂珠不無纇，瑕無掩瑜。雖無傷於大義，實有累於名儒。非倡道之子思，將何以教？美不臣之新室，幾近於誣。向使親承鄒魯之範模，獲偶淵騫而論討，然後善得以盡，辨無不早，數萬言皆造修途，千百世以爲至寶。雜乎其雜，當殊太史之書；醇乎其醇，可擬孟軻之道。奈何智有失慮，人無全能，一則晦名於天祿，一則朽骨於蘭陵，俱有篆雕之雜，難全粹美之稱。亦猶務涉獵者賈山，醇儒不足。悅紛華者子夏，具體何曾。噫！荀也倡之於前，揚也和之於後，助詩書禮樂之化，謹父子君臣之守，斯文未喪，大疵則否。

> 何韓愈氏重而過之，蓋責賢人也厚。〔註135〕

楊傑認爲荀子「雖曰醇之大者，亦有疵之小焉」，基本認同韓愈大醇小疵之論。「珠不無纇，瑕無掩瑜。雖無傷於大義，實有累於名儒」，此謂荀、揚二子如珍珠之有瑕疵，這是指出荀、揚「小疵」的一面；同時楊傑又認爲瑕疵並不能掩蓋珍珠的光芒，這是指出荀、揚「大醇」的一面。行文中，楊傑往往將

〔註134〕參見《二程遺書》卷十八，第282頁；《二程遺書》卷十九，第316頁。
〔註135〕《荀揚大醇而小疵賦》，《無爲集》卷一。見（宋）楊傑：《無爲集》，南宋刻本。並見（清）陳元龍緝：《歷代賦彙·卷六十九性道》，清文淵閣四庫全書本；（清）陸菜評選：《歷朝賦格·下集駢賦格卷四》，清康熙間刻本。

對二子的否定與肯定交互為文。他吸取程頤指責荀子偏駁的評價，亦認為《荀子》之書「義差而駁」，但語氣較程頤平緩許多。面對程頤之貶荀，楊傑一面認可程頤的不滿韓愈「責人甚恕」，亦認為韓愈「責賢人也厚」；一面又不同意程頤貶荀子為「大駁」的說法，他認為荀、揚二子「斯文未喪」，反對將荀子看作「大駁」、「大疵」。

簡言之，楊傑基本認可韓愈的大醇小疵論，在此基礎上，他略微吸收程頤貶荀的思想，評荀子為「駁」，但其亦不贊成程頤貶荀子為「大駁」的激進態度。關於荀子與道統的關係，從開篇的「周漢運否，荀、揚教傳」（周、漢之世命運不濟，荀子與揚雄之教得傳於世）、「與生知而較美，道未能全」及篇中所云的「三子之間，得其一而失其二」（孟、荀、揚三子，孟子為得，荀、揚皆失之）來看，楊傑似乎否定荀子為傳續儒家道統的一員。

胡寅，字明仲，胡安國之姪，曾師事於楊時，亦算是程頤的再傳弟子。他在對荀子的態度上，亦繼承了程頤的貶荀思想，其云：

> 或問：「斯，荀卿弟子也，其心術何至是哉？」曰：「仲尼之門，親炙之徒固有謬戾乎聖人者，又況荀氏之學自不醇耶！斯雖殺其身，覆其宗，亡人之國矣，而其說固在。後之人陰述而用之者，未懲創也。」……或曰：「韓愈稱荀卿大醇而小疵，今以為不醇，何也？」曰：「人性至善，而卿以為惡。禮者，天理也，而卿以為偽。子思、孟子，傳道於仲尼，得正而不差者也，而卿既是仲尼，復非伋、軻，其大本大宗如此，奈何以為大醇哉！其尊王賤霸，蓋亦慕名而為之言耳。是故其言醇駁參焉，學於聖人而無真見，不自得，其流至此，無足怪也。」或曰：「如何為真見自得者？」曰：「見不善，如水之不可入、火之不可蹈，乃真見也。為善，如渴而厭於飲，饑而飫於食，乃自得也。」〔註136〕

胡寅批評荀子的性惡論、禮偽論、非孟論，亦反對韓愈的大醇小疵之說，認為荀子之學不醇，荀子之言也是醇駁交雜。胡寅認為荀子雖尊孔子，以聖人為學習的榜樣，但卻沒有自己的真知灼見，最終於聖人之學互相乖戾，成為與思、孟對立的人物。

稍後於胡寅的朱熹，在醇疵問題上，仍以程頤之論為準，同時在詮釋上又有所突破。他說：

〔註136〕 《致堂讀史管見》卷一。見（宋）胡寅：《致堂讀史管見》，宋嘉定十一年刻本。

　　　　至問：「韓子稱『孟子醇乎醇，荀與揚大醇而小疵』。程子謂：『韓
　　　子稱孟子甚善，非見得孟子意，亦道不到；其論荀、揚則非也。荀子
　　　極偏駁，只一句「性惡」，大本已失。揚子雖少過，然亦不識性，更
　　　說甚道？』至謂韓子既以失大本不識性者爲大醇，則其稱孟子『醇乎
　　　醇』，亦只是說得到，未必真見得到。」先生曰：「如何見得韓子稱荀、
　　　揚大醇處，便是就論性處說？」至云：「但據程子有此議論，故至因
　　　問及此。」先生曰：「韓子說荀、揚大醇是泛說。與田駢、慎到、申
　　　不害、韓非之徒觀之，則荀、揚爲大醇。韓子只說那一邊，湊不著這
　　　一邊。若是會說底，說那一邊，亦自湊著這一邊。程子說『荀子極偏
　　　駁，揚子雖少過』，此等語，皆是就分金秤上說下來。」〔註137〕

朱熹門人因程頤之言反過來重新衡量韓愈，認爲韓愈許荀、揚以「大醇」是
過錯之舉，則韓愈稱孟子爲「醇乎醇」亦是無真見之言。朱熹則從另一面詮
釋韓愈的大醇小疵論。他認爲韓愈之所以許荀子「大醇」，並不是從贊許荀
子通曉心性之學的「專門」角度來立論，而是從「泛說」的角度立論，即將荀
子與當時的法家人物相比，荀子是「大醇」；而韓愈稱讚孟子爲「醇乎醇」，
則是從貫通心性之學的「專門」角度立論。朱熹認爲韓愈對孟子與荀、揚的
評價有兩個標準：對孟子是以內聖之學爲「專門」標準評其爲「醇乎醇」；對
荀、揚則是以與法家人物相比較的「泛說」標準評其爲「大醇」。這樣，同樣
是「醇」，但內涵卻有極大差異。朱熹贊同程頤以心性之學爲標準來貶斥荀子
的做法，他認爲程頤對孟、荀、揚的評價標準是統一的（所謂「分金秤」，意
指公平、標準統一），即皆以是否符合儒家內聖之學爲標準來評價三者之醇
疵。同時，韓愈則因採用兩種標準，故「只說那一邊，湊不著這一邊」，讓人
看不出三者之間的差別。因而朱熹對韓愈不滿，程頤曾因韓愈許荀、揚爲大
醇而指責韓愈對荀子過於寬恕，朱熹則更進一步認爲韓愈不是爲人寬恕，而
是「看人不破」〔註138〕，即看不破應該用儒家的內聖之學爲統一標準來評價
孟、荀、揚三者，看不破終不應許荀子爲大醇。
　　朱熹之後，史繩祖亦不滿韓愈大醇小疵之說，其云：

　　　　孟子性善之說，實本於孔子《繫易》「一陰一陽之謂道，繼之者
　　　善也，成之者性也」。朱文公謂性善之理至孟子而益明，其源實出於

〔註137〕《朱子語類》卷一百三十七，第3273頁。
〔註138〕《朱子語類》卷一百三十七，第3254頁。

此；是也。蓋聖賢之學，必有所本。繩祖謂：孟子學於子思，本於孔子、《繫易》及《中庸》、《大學》之書，故道性善，得其正也。及荀卿言性惡，揚雄言善惡混，意其亦必有所本。及觀告子問性，然後知荀、揚二子之說，實本於告子也。告子謂「性猶杞柳，義猶桮棬，以人性爲仁義，猶以杞柳爲桮棬」；謂人性本無仁義，若杞柳本非桮棬，必強用力矯揉而後就。荀子得其說，而謂「人之性惡，其善者僞也」。至傳於李斯，遂指天下之人爲惡，嚴刑峻法以待之，極於大亂之道。斯固孟子謂「禍仁義者，必子之言」明驗矣。……若夫荀、揚，則醇未見其大，而疵豈小耶？當反韓子之言而云：荀與揚，小醇而大疵也。〔註139〕

史繩祖以朱熹確立的心性之學爲標準來審視孟、荀、揚三者，認爲孟子言性善是淵源自孔子，其學甚正；而荀子的性惡論和揚雄的性善惡混論則淵源於告子，其論甚偏頗無當。他因此批評韓愈「大醇小疵」之說，認爲當反過來說荀、揚是「小醇而大疵」。

南宋後期的徐鈞，根據《通鑒》所載史實人物，貫以己感，吟詠成詩，號爲《史詠詩集》。其詠荀子云：

老廢蘭陵已可悲，著書強欲曉當時。

一言性惡眞成繆，讀者何云但小疵。〔註140〕

徐鈞的這首詩，有同情荀子的一面，但歸旨在批評荀子之性惡論。「繆」有錯誤之意，徐鈞指出：荀子的性惡論是錯誤的，爲何大家還只說他是「小疵」呢？言下之意，他也不滿足韓愈只評荀子爲小疵的說法。

從上述程頤至徐鈞等宋人對韓愈大醇小疵之說進行再審視、再詮釋的歷程中，可以見出，宋儒中特別是理學家基本反對韓愈許荀子爲「大醇」的說法，他們或者批評韓愈爲人甚恕，或者詮釋「大醇」爲另一評價標準下的產物，總之，皆盡力貶低荀子之「大醇」所內涵的與孟子齊同的價值，將「大醇」轉化爲「不醇」、「小醇」。同時，他們極力抬高、誇大「小疵」的一面，將「小疵」轉化爲「駁」、「大駁」。最終就荀子的評價問題而得出與大醇小疵相反的「極偏駁」、「醇駁參」、「小醇而大疵」的新結論。

〔註139〕《孟荀揚言性之所本》，《學齋占畢》卷一。見（宋）史繩祖：《學齋占畢（外六種）》（《四庫筆記小說叢書》影印文淵閣四庫全書），上海：上海古籍出版社，1992 年，第 854-13～854-14 頁。

〔註140〕《史詠詩集》上卷。見（宋）徐鈞：《史詠詩集》，清嘉慶宛委別藏本。

第三節　宋代官方對荀子之態度

　　以上兩節主要以道統論爲視域，論述宋代學者對荀子的看法。本節主要選取官方爲研究對象，探討宋代官方對荀子之態度。

一、《荀子》與宋代科舉考試

　　宋代的科舉考試較之於李唐，其制度發展更爲全面而合理。《宋史》記載宋代科舉考試的基本概況云：

> 宋之科目，有進士，有諸科，有武舉。常選之外，又有制科，有童子舉，而進士得人爲盛。神宗始罷諸科，而分經義、詩賦以取士，其後遵行，未之有改。自仁宗命郡縣建學，而熙寧以來，其法浸備，學校之設遍天下，而海内文治彬彬矣。〔註 141〕

宋代科舉主要有貢舉、武舉、制舉、童子舉等。其中，貢舉又包括進士、明經、諸科，神宗熙寧四年（1071）王安石變法科舉制，廢除貢舉中的明經與諸科，只留下進士一科，其後至宋末皆遵此制。〔註 142〕由於史料所限，本文僅取制舉與進士兩科作爲研究對象，探討《荀子》與它們的關係。

（一）《荀子》與制舉

　　制舉又稱制科，是皇帝爲選拔各類非常人才而設置的考試科目。北宋時其置廢較爲反覆，規模較大的制舉考試在眞宗景德二年（1005）和仁宗天聖七年（1029），分別稱爲「景德六科」與「天聖九科」。南渡之後，高宗於紹興元年（1131）復置制舉，但僅設賢良方正能直言極諫科一科，與「景德六科」與「天聖九科」相比，甚爲單薄。其後，此制一直遵行至宋末。〔註 143〕

　　宋代制舉考試一般分爲閣試和御試兩級。閣試指皇帝親試之前的制舉考試，御試則是皇帝親試的制舉考試。〔註 144〕制舉考試中與《荀子》有關的有下面幾則史料：

> 閣試舊制一場論六首，每篇限五百字以上，題目於《九經》、《十七史》、《七書》、《國語》、《荀子》、《楊子》、《管子》、《文中子》正文及注疏内出，一篇暗數，一篇明數。……元祐七年五月十一日，

〔註 141〕《選舉一》，《宋史》卷 155，第 3604 頁。

〔註 142〕參見楊學爲主編：《中國考試通史・卷二》之序言，北京：首都師範大學出版社，2004 年，第 4 頁。

〔註 143〕參見楊學爲主編：《中國考試通史・卷二》，第 236～238 頁。

〔註 144〕參見楊學爲主編：《中國考試通史・卷二》，第 241～242 頁。

詔秘閣試制論科於《九經》、兼經、正史、《孟》、《楊》、《荀》、《國語》及注內出題。〔註145〕

紹興元年，初復館職試，凡預召者，學士院試時務策一道，天子親覽焉。然是時校書多不試，而正字或試或否。二年，詔舉賢良方正能直言極諫科，一遵舊制，自尚書兩省諫議大夫以上、御史中丞、學士、待制各舉一人。凡應詔者，先具所著策、論五十篇繳進，兩省侍從參考之，分爲三等，次優以上，召赴秘閣，試論六首，於《九經》、《十七史》、《七書》、《國語》、《荀》、《揚》、《管子》、《文中子》內出題，學士兩省官考校，御史監之，四通以上爲合格。仍分五等，入四等以上者，天子親策之。〔註146〕

高宗紹興元年，下詔復賢良方正能直言極諫科。有司講求舊制。每科場年，命中丞結合，諫議大夫、學士、待制三人舉一人。不拘已仕、未仕（命官仍以不曾犯贓私罪人充）。先具詞業（策論共五十篇），繳送兩省侍從參考之，分三等，文理優長爲上，次優爲中，常平爲下。次優已上並召赴閣試。歲九月命學士兩省官考試於秘閣。御史監之，試六論（每首五百字以上）。於《九經》、《十七史》、《七書》、《國語》、《荀》、《揚》、《管子》、《文中子》正文內出題，差楷書祗應，四通以上爲合格。仍分五等，以試卷繳奏御前拆號。入四等以上者，召赴殿試。⋯⋯舊制六論於正文及注疏內出題。至是有司請除疏義勿用。〔註147〕

這三條史料分別記載有哲宗元祐七年（1092）和高宗紹興年間制舉考試的制度，從中可見，考生在閣試中要考六道論文，其考試題目的出題範圍在《九經》、《十七史》、《七書》、《國語》、《荀子》、《揚子》、《管子》、《文中子》等書中，其中包含有《荀子》，可知《荀子》是當時參加制舉考試的考生所必讀之書。據上引《愧郯錄》及《文獻通考》中「舊制六論於正文及注疏內出題，至是有司請除疏義勿用」一句，可以推見，在哲宗元祐年間的考試中，六論所考的出題範圍包括上列諸書及相關注疏；〔註148〕而紹興制舉則廢除諸

〔註145〕《制舉科目》，《愧郯錄》卷十一。見（宋）岳珂：《愧郯錄》，四部叢刊續編景宋本。

〔註146〕《選舉二》，《宋史》卷156，第3649～3650頁。

〔註147〕《選舉六》，《文獻通考》卷32。轉引自楊學爲等編：《中國考試制度史資料選編》，合肥：黃山書社，1992年，第204～205頁。

〔註148〕李尚英先生言：「制舉命題範圍和考試內容確立於眞宗景德年間。當時規定爲先考論六首（篇），一日內完成，每首字數不低於500字方爲合格。考論的目的是檢查應舉者的博學程度，出題範圍主要是九經、兼經（《論語》、《孟子》）、正史、《國語》、《荀子》、《楊子》、《管子》、《文中子》等書及經書中的注疏」

書之注疏，考試只涉及諸書的正文。但無論考試涉不涉及注疏，《荀子》都是官方認可的制舉考試所必讀的書目之一。

（二）《荀子》與進士

宋初進士承唐及五代之制，進士試詩、賦、論各一首，策五道，帖《論語》十帖，對《春秋》或《禮記》墨義十條；主要以詩賦取人。〔註 149〕神宗熙寧四年，採用王安石之言，廢除以詩賦、帖經、墨義取士。《續資治通鑑長編》載：

> 二月丁巳朔，……今定貢舉新制，進士罷詩賦、帖經、墨義，各占治《詩》、《書》、《易》、《周禮》、《禮記》一經，兼以《論語》、《孟子》。每試四場，初本經，次兼經並大義十道，務通義理，不須盡用注疏。次論一首，次時務第三道，禮部五道。〔註 150〕

是時，王安石廢除以詩賦等作為考試重點的舊傳統，而主張以對儒家經典的掌握為主要取士準則。除了肯定《詩》、《書》等儒家經典外，王安石還以《論語》、《孟子》為兼經，《孟子》在宋代科舉考試中的地位亦由此樹立。關於王安石所定的新取士法，「經」部分的考試內容由史料記載可知曉，而其「論」與「時務」等部分的考試內容則因史料限制而不詳。其中，「論」的部分是否也像制舉中規定的那樣，將《荀子》亦列為考試科目呢？惜今已不可確知。

在王安石做出此番取士改革之後，朱光庭有一篇奏摺：

> 臣竊以聖朝用經術取士，冠越前代，止是不當專用王安石之學，使後生習為一律，不復窮究聖人之蘊，此為失矣。若謂學經術不能為文，須學詩賦而後能文，臣以為不然。夫六經之文，可謂純粹渾厚、經緯天地、輝光日新者也，今使學者不學純粹渾厚、輝光六經之文，而反學雕蟲篆刻童子之技，豈不陋哉！甚非聖朝之美事。臣近已上封事論列，今再具以經術取士之法，約歸義理之文，條列於左。

（見李尚英：《科舉史話》，北京：中國大百科全書出版社，2000 年，第 29 頁）。李先生認為早至北宋真宗景德年間就已確立此種考試形式，但此卻無確實的史料根據予以說明，僅憑《愧郯錄》及《文獻通考》中所說的「舊制」，無法確定此制確立的具體時間。且升《孟子》為兼經在王安石為相期間，不當在真宗時。故李氏此說實不嚴密，未為確論。

〔註 149〕楊學為主編：《中國考試通史・卷二》之《序言》，第 6 頁。

〔註 150〕《神宗》，《續資治通鑑長編》卷 220。見（宋）李燾撰：《續資治通鑑長編》，北京：中華書局，1986 年，第 5334 頁。

第一場試諸經大義六道。乞令每人各治二經，每經各試大義三道，仍須先本注疏之説，或注疏違聖人之意，則先具注疏所以違之之説，然後斷以己見。及諸家之説，以義理通、文采優者爲上，義理通、文采粗者爲次，義理不通、雖有虛文不合格。

第二場試《論語》、《孟子》大義四道。《論》、《孟》各兩道，考試之法與經義同。

第三場試論一道。乞於《荀子》、《楊子》、《文中子》、韓吏部文中出題。

第四場試策三道。内兩道乞問歷代史，一道時務。省試五道，三道乞問歷代史，兩道問時務。

右臣之所陳，欲令天下學者不失宗經，知根本之學，不專用王安石之鑿説，各以己見諸家之説，窮聖人之蘊，履之爲事業，發之爲文章，下之所以修身見於世，上之所以斂材置之用，皆不失道。

此臣所以區區，爲朝廷力言也，伏望聖慈察臣管見，如或可採，特賜主張施行。〔註151〕

朱光庭少曾從學於胡瑗、孫復，後又師事程頤，學術和政治上屬洛黨一系，對王安石新學有所非議。這裡，朱光庭針對王安石的取士新法，上奏條陳己見，其中與王安石相同的是，他也主張廢除詩賦等考試，而以經取士。但最大的不同點是，他主張「經」部分的考試內容不當以王安石三經新義爲依據，而「仍須先本注疏之説」，以王氏之前的經學注疏爲依據。關於「論」的部分，他明確請求以荀、揚、王、韓四子之文爲考試內容，這或許與他早年受教於孫復的從學經歷有關，因爲孫復對荀子等人尚爲重視，故朱光庭此處亦主張用《荀子》等文作爲考試用書。

迄至南宋，魏天應爲指導考生在科舉考試中「論」部分的寫作而選編的《論學繩尺》，「基本上是南宋一百多年科場『元、魁、進士』的試卷總集」，其「入選作者一百三十人，全是南宋人」〔註152〕。將該書所收集的 156 篇文

〔註151〕《請用經術取士》，《皇朝文鑒》卷六十。見（宋）呂祖謙編：《宋文鑒》，四部叢刊景宋刊本。並見（明）黃淮、楊士奇編：《歷代名臣奏議》卷一百六十八《選舉》，清文淵閣四庫全書本；（明）馮琦編：《經濟類編》卷四十七文學類一，清文淵閣四庫全書本。

〔註152〕張海鷗，孫耀斌：《〈論學繩尺〉與南宋論體文及南宋論學》，載《文學遺產》2006 年第 1 期。

章進行歸類，可以看出南宋科考「論」文的命題範圍：

　　　　「經」的部分：《左傳》3；《論語》11；《孟子》23；《孝經》1。

　　　　「史」的部分：《史記》4；《前漢書》52；《後漢書》6；兩《唐書》17；《晉書》2。

　　　　「子」的部分：《老子》1；《荀子》10；《揚子》14；《文中子》7；韓愈《原道》2、《進學解》1。

　　　　其他：班固《西都賦》1；蕭統《文選・昭明太子序》1。〔註153〕

由上統計可見，南宋時期科舉考試中「論」文部分的出題範圍較爲廣泛，除「子」之外，「經」、「史」等皆可作爲其出題依據。其中，「史」的部分佔據比例最大，「經」與「子」兩部分總體相當。「子」部分中，以《荀子》和《揚子》之文出題最頻。除史書之外，《荀子》的出題頻率僅次於《論語》、《孟子》、《揚子》，可見其在南宋科考中地位亦甚爲顯著。

　　綜上，《荀子》一書乃是兩宋科舉考試（制舉、進士等）中「論」文部分的必讀書目，亦是於其中頻繁出題的考試熱點，在兩宋科舉中有著較爲重要的地位。

二、宋代荀子從祀考

　　宋代官方對荀子地位的認可，還可從荀子從祀孔廟一事反映出來。荀子之入祀孔廟，是在宋神宗元豐七年（1084）。據《宋史》記載：

　　　　晉州州學教授陸長愈請春秋釋奠，孟子宜與顏子並配。議者以謂凡配享、從祀，皆孔子同時之人，今以孟軻並配，非是。禮官言：「唐貞觀以漢伏勝、高堂生、晉杜預、范甯之徒與顏子俱配享，至今從祀，豈必同時。孟子於孔門當在顏子之列，至於荀況、揚雄、韓愈皆發明先聖之道，有益學者，久未配食，誠闕典也。請自今春秋釋奠，以孟子配食，荀況、揚雄、韓愈並加封爵，以世次先後，從祀於左丘明二十一賢之間。自國子監及天下學廟，皆塑鄒國公像，冠服同兗國公。仍繪荀況等像於從祀：荀況，左丘明下；揚雄，劉向下；韓愈，范甯下。冠服各從封爵。」詔如禮部議，荀況封蘭陵伯，揚雄封成都伯，韓愈封昌黎伯，令學士院撰贊文。又詔太常寺修四孟釋菜儀。〔註154〕

〔註153〕此處的篇數統計依張海鷗、孫耀斌之說，但筆者在其基礎上進行了重新分類。
〔註154〕《禮八》，《宋史》卷150，第2549頁。

據此記載，元豐七年陸長愈請求許可以孟子配享孔子，並許荀子、揚雄、韓愈從祀孔廟。經過廷議，同意陸長愈之請，並封荀子為蘭陵伯。從此，荀子便從祀於孔廟之中，作為天下儒生崇敬的先賢而接受膜拜，直至宋末而未改。〔註155〕雖然與孟子相比，荀子只是從祀，而孟子卻是配享，其地位不及孟子，〔註156〕但荀子之從祀孔廟，實可謂是荀學史上的大事，因為這標誌著宋代官方對荀子在儒家道統中所具地位的承認。〔註157〕此後，不管貶荀風潮多麼猛烈，荀子之道統地位始終被宋代官方所認可。據《宋史》記載度宗咸淳三年（1267）時孔廟的設置情況是：

> 鄒國公，居正位之東面，西向北上，為配位；……東廡，…蘭陵伯荀況、……昌黎伯韓愈、河南伯程顥、新安伯邵雍、溫國公司馬光、華陽伯張栻，凡五十二人，並西向。〔註158〕

可見，直至宋末，雖不似孟子居於殿堂之中、孔子之側般榮耀，荀子卻亦始終居於孔廟東廡，得以從祀孔子。

其實，早在荀子被官方得以正式承認以前，有些地方孔廟就已經將荀子從祀於其中了。唐代韓愈所撰的《處州孔子廟碑》已透露出孟軻、荀況、韓嬰、董仲舒、揚雄諸儒，原不在從祀之列，卻隨從祀之儒圖之壁上。〔註159〕孔道輔亦在其知兗州時，於宋仁宗景祐五年（1038）在孔廟建立「五賢堂」，祀孟子、荀子、揚雄、王通、韓愈五子〔註160〕。韓琦在至和元年（1054）知并州時，也在并州新修葺的孔廟書樓北壁上也繪有孟子、荀子、

〔註155〕荀子罷祀孔廟，在明代嘉靖九年（1530）。其因果較為複雜，當另文探究，此處茲不詳述。

〔註156〕黃進興先生云：「孔廟除卻祭孔，還涉及附祭制度。這包括『配享』及『從祀』兩大位階」；「『配饗』之位必定尊於『從食』（從祀），「『配饗』諸儒位居殿堂，而『從祀』之儒則只能忝列兩廡」。見黃進興：《優入聖域：權力、信仰與正當性》，西安：陝西師範大學出版社，1998年，第252、256頁。

〔註157〕關於從祀孔廟與道統之間的關係，參見黃進興：《優入聖域：權力、信仰與正當性》，第248～249頁。關於從祀孔廟與官方之間的關係，黃先生說：「孔廟究屬國家祭祀要典，儒者本身對從祀人選並無法私相授受。孔廟所奉祀的人物，無論進退與否，均須受朝廷的認可與節制」，能否入祀孔廟，「真正的裁量權仍握在皇帝手中」（同上，第249頁），由此可見，荀子之從祀孔廟，其最終原因是皇權對其的認可。

〔註158〕《禮八》，《宋史》卷150，第2554～2555頁。

〔註159〕黃進興：《優入聖域：權力、信仰與正當性》，第277頁。

〔註160〕參見《五賢堂記》，《孔氏祖庭廣記》卷十一。

揚雄、王通、韓愈五人之像〔註161〕。陳襄生前有過記載的天台縣孔子廟，亦將孟子、荀子、揚雄、韓愈四人置於其中〔註162〕。這些都說明，早在元豐七年之前，許多地方孔廟就已經將荀子列入其中，作爲從祀孔廟的一員。正如黃進興先生指出的：「中央孔廟位於京畿重地，儀典森然，管規嚴格，似難變通；反之，地方孔廟因地制宜，顯得較爲靈活，不只瞬時反映時代思潮之情態，且能預示孔廟變動的趨勢。」〔註163〕地方孔廟將荀子從祀孔廟的做法，果然預示了元豐七年最高皇權正式承認荀子在孔廟中應有的地位。

其實，元豐七年荀子得以從祀孔廟，乃是一個很懸的時間點。正如清人蔡上翔所言：

> 自孔子沒，漢司馬遷傳儒林，以孟軻、荀卿並列。由漢至唐，曰「孟荀揚」。由唐至宋，則經學愈盛，儒效益彰，非孟、荀、揚、韓勿道。則以此四子者，皆遵尚孔子者也。至是元豐七年，乃有陸長愈以四子配享從祀，是請固非陸氏一人之私言，然而四子得配享從祀，不可謂非大幸在此一時也，而亦危乎其不得與於配享從祀，亦在此一時，則以元豐七年，再踰年爲元祐改元，故曰危。何以明其然邪？自唐陸魯望作《大儒評》，以李斯焚書坑儒大爲荀卿罪，蘇子瞻繼之；及以性惡相攻者，抑又甚焉。揚子雲以艱深文淺易喪其文，以莽大夫貶其節。韓昌黎著《原道》，醇乎其醇者，而以爲不知道，徒以上宰相書與大顚書相訾謷。蓋自元祐以降，道學持權，無復有以四子專門從事者，尚何配享從祀是請之有？故亦曰危也。然而配享從祀，至於今不廢，則以陸氏一人之力，而又適值乎經學道學未分之時，故亦曰：「不可謂非大幸也」。〔註164〕

蔡氏指出，元祐之後，道學逐漸持權，其甚貶荀子，若元豐七年荀子不能從祀孔廟，則待道學持權時，荀子更不可能有機會得以從祀了。因而他將元豐

〔註161〕參見《五賢贊序》，《安陽集》卷二十三。
〔註162〕參見《天台縣孔子廟記》，《古靈集》卷十八。陳襄卒於1080年，這篇記文的寫作時間應在此前，這比官方認可荀子從祀孔廟的時間（1084年）要早。由此可知，天台縣孔子廟將荀子列入孔廟中，其做法要比官方早。
〔註163〕黃進興：《優入聖域：權力、信仰與正當性》，第277頁。
〔註164〕（清）蔡上翔著：《王荆公年譜考略》，上海：上海人民出版社，1973年，第314～315頁。

七年的荀子從祀一事稱爲「危」中的「大幸」。筆者認爲，元豐七年的孟子配享、荀子等從祀孔廟，是多方面因素促成的結果。從孟子的配享來看，是以王安石爲代表的新黨與以司馬光爲代表的舊黨互相作用的結果。〔註 165〕那麼，荀子的從祀應該也是雙方相互協調的產物。王安石尊孟批荀；司馬光最崇揚雄，對荀子亦較爲重視。〔註 166〕此時，司馬光尚在世，引領舊黨，以程頤爲代表的洛黨和以蘇軾爲代表的蜀黨尚未分化。洛、蜀兩黨皆貶荀，猶以洛黨爲甚，但因此時司馬光猶在，故兩黨之說皆未得勢。因而，荀子的從祀主要還是王安石與司馬光兩人相互作用的結果。王安石雖批荀，但他卻不似後來的程頤等人如此激進，道統意識也沒有程頤那麼強烈，也就是說，王安石主要是以學術的眼光批荀，而不是以道統的或政治的眼光批荀，因而其對荀子的心態還是開放的、包容的。〔註 167〕所以，元豐七年荀子得以從祀，無論從以王安石爲代表的新黨一派來說，還是從以司馬光爲代表的舊黨一派來說，都是他們能認可和接受的。當然，除了新舊兩黨的態度之外，皇帝本人的意見亦十分關鍵，從最後決定權的角度來看，荀子得以從祀孔廟的關鍵正在於宋神宗本人對荀子的認可。終至宋代結束，無論孔廟中從祀人物的命運如何輾轉多變，亦無論激起猛烈貶荀風潮的朱熹等理學家於宋末取得皇權認可並得以確立其道統地位〔註 168〕，荀子始終穩穩地立足於孔廟之中，荀子從祀這一荀學史上的大事件正綜合說明了宋代尊荀派儒者及宋代皇權對荀子道統地位的肯定。

〔註 165〕 參見黃俊傑：《中國孟學詮釋史論》，第 124 頁。

〔註 166〕 參見司馬光《乞印行荀子揚子法言狀》：（宋）司馬光撰：《司馬文正公傳家集》，上海：商務印書館，1937 年，第 276 頁。在此文中，司馬光將荀子與揚雄並列稱讚，可見其亦甚尊荀子。

〔註 167〕 關於荀子從祀與當時學術風氣之間的關係，黃進興先生亦有所指示，參見氏著：《優入聖域：權力、信仰與正當性》，第 298 頁。

〔註 168〕 朱熹於南宋理宗淳祐元年（1241）得以從祀於孔廟。

第三章　人性善惡：荀子人性論
在宋代之際遇

　　人性論是思想家對人之本質的看法，它不僅包括對人性內容、層次的探討，亦包括對人性的價值指向與道德根源的理解。按徐復觀先生的觀點，「人性論是以命（道）、性（德）、心、情、才（材）等名詞所代表的觀念、思想為其內容的」，它「不僅是作為一種思想，而居於中國哲學思想史中的主幹地位，並且也是中華民族精神形成的原理、動力」〔註1〕。由此可見，人性論在中國傳統哲學中有著十分重要的地位。

　　先秦時期，就儒家內部的孔、孟、荀而言，三者皆論及人性。孔子云：「性相近也，習相遠也」〔註2〕，僅以習、性相對而言，並未明言人性的價值指向。孔子而後，孟子力倡性善之說，認為人心中蘊含著惻隱、羞惡、辭讓、是非「四端」，此四端的現實展開即為仁、義、禮、智四種德性。孟子認為四端先驗地存在於人心之中，人能盡心，即可知性；因四端的價值指向是善，故人性亦善。面對孟子的性善論，荀子在給予其嚴厲批評的同時提出了性惡論。荀子不承認人心中有先驗的四端，也不承認人性中有善的因子，而認為人性的價值指向是惡，惡的人性有待於被「化」而後能為善。先秦時期，除孔、孟、荀的人性論之外，尚有告子的性無善無惡說、世碩的性有善有惡說〔註3〕。

　　至漢代，揚雄在孟、荀人性論的基礎上提出了性善惡混說。董仲舒、劉向亦各自對人性論有所闡發。再降至唐，韓愈提出性三品說，他以仁、義、禮、智、信五德作為評判人性的標準，上品之人完全符合這五種德性；中品

〔註1〕　徐復觀：《中國思想史論集續篇》，上海：上海書店出版社，2004年，第2頁。
〔註2〕　《論語・陽貨》。
〔註3〕　相關記載見王充《論衡・本性篇》。

之人較爲符合，但卻有所出入；下品之人則完全背離。由此，韓愈批評孟、荀、揚三者，認爲他們都是只看到三品中的其中一品，立論皆偏頗而不當。〔註4〕韓愈之後，其學生李翱進一步提出性善情惡說，主張復性以返善，並探討了相關的復性工夫。

以上簡略概述了宋代之前儒家人性論的大致走向。及至宋儒特別是理學家，其言性多取孟子性善論而批評荀子之性惡論。宋儒對荀子人性論的這種態度，清人看得十分明晰：

　　謝墉云：「（荀子）顧以嫉濁世之政，而有《性惡》一篇，且詰孟子性善之說而反之，於是宋儒乃交口攻之矣」〔註5〕。

　　汪縉雲：「世之難荀子者，其首必以性惡矣」〔註6〕。

　　錢大昕云：「《荀子》三十二篇，世所共訾謷之者，惟《性惡》一篇」〔註7〕。

　　嚴可均亦云：「荀子有《性惡》一篇爲宋儒所詬病」〔註8〕。

那麼，宋儒爲何要非議荀子之性惡論，又是如何對其展開批評的呢？這種批評是否符合荀子本意？其間雙方有無某種暗合之處？這是本章所要著重討論的問題。在闡述宋儒對荀子人性論的理解之前，筆者先對荀子人性論本身做一釋義。

第一節　荀子人性論釋義

一、性的內涵

荀子對於「性」有一個總體的定義：「生之所以然者謂之性。性之和所生，精合感應，不事而自然謂之性。」〔註9〕關於「生之所以然者謂之性」，廖名

〔註4〕參見韓愈《原性》，《韓昌黎全集》，第175～176頁。

〔註5〕王先謙：《荀子集解》，第12～14頁。

〔註6〕《繩荀六》，《汪子三錄中》。見（清）汪縉：《汪子二錄三錄》，清嘉慶十年王芑孫刻汪子遺書本。

〔註7〕《跋荀子》，《潛研堂文集》卷二十七。見（清）錢大昕著：《潛研堂文集》，上海：商務印書館，1935年，第418頁。

〔註8〕《荀子當從祀議》，《鐵橋漫稿》卷三。見（清）嚴可均：《鐵橋漫稿》，清道光十八年四錄堂刻本。

〔註9〕《荀子・正名》。

春先生將其讀爲「生之所以生者謂之性」，並轉化爲「性者，生之所以生也」，他說：「生之所以生的物質載體謂之性，這個性，顯然指的是人們的形體器官，它包括目、耳、口、鼻、身等等。」〔註10〕也就是說，「生之所以然者謂之性」指的是：人所具的形體器官即是性。〔註11〕

　　關於「性之和所生，精合感應，不事而自然謂之性」一句，此句含有兩「性」字，前一「性」字承接上句「生之所以然者謂之性」的「性」而來，與前句之「性」含義相同。〔註12〕對於此句的注解，楊倞云：「和，陰陽沖和氣也。事，任使也。言人之性，和氣所生，精合感應，不使而自然。言其天性如此也。精合，謂若耳目之精靈與見聞之物合也。感應，謂外物感心而來應也。」〔註13〕楊倞此處的注解基本符合荀子之意，在眾多注家的解釋中亦較爲優。按照他的解釋，我們可將此句翻譯爲：在人之形體組織的和合作用下，耳目等天官與見聞之物相合，此見聞之物又與作爲天君的心相互感應，這一過程是不待強迫而自然產生的；這種自然的和合作用就是「性」。〔註14〕

　　綜上而言，「生之所以然者謂之性。性之和所生，精合感應，不事而自然謂之性」，其中的第一、二個「性」字指人的形體器官，第三個「性」字指形體組織生發的自然的和合作用。這兩種關於性的定義，是連貫統一的，正如梁啓雄先生所言的，前一種「性」指「天賦的本質，生理學上的『性』」，後一種「性」指「天賦的本能，指心理學上的『性』」〔註15〕。

〔註10〕廖名春：《荀子新探》，臺北：文津出版社，1994年，第98頁。
〔註11〕梁濤先生將此處之「性」歸結爲「事物的型構之理」（見梁濤：《「以生言性」的傳統與孟子性善論》，載《哲學研究》2007年第7期），這與廖名春先生將其解爲「形體器官」略有不同。
〔註12〕王先謙認爲「性之和所生」當作「生之和所生」，日本學者物雙松亦曰：「性之和，『性』當作『生』」。針對此種觀點，鍾泰先生指出：「性之和所生，『性』字不誤。上所言是性之體也，此所言是性之用也。用生於體，故曰『性之和所生』」（上引諸說均見王天海：《荀子校釋》，上海：上海古籍出版社，2005年，第885頁）。此處取鍾說，仍作「性之和所生」。
〔註13〕王天海：《荀子校釋》，第885頁。
〔註14〕本句翻譯兼採廖名春先生之說，其云：「『性之和所生』一句，過去人們有諸多誤解，而且往往說不清楚。其實『性之和』即指人的身體組織的和合作用」，「人性是天官和天君的綜合作用而產生的。這就是荀子『性之和所生……謂之性』的正詁。從天官和天君的對立統一關係來認識人性，構成了荀子人性論的基本內容」（見氏著：《荀子新探》，第104～105頁）。
〔註15〕王天海：《荀子校釋》，第885頁。

　　關於性的內涵，荀子大致將其分為情慾之性與知能之性。〔註16〕關於情慾之性，荀子云：「性者，天之就也；情者，性之質也；欲者，情之應也。」〔註17〕可見，性、情、欲三者環環相扣、逐層遞進，情是性的質體，欲是情隨物而動的必然反應。〔註18〕總體而言，「荀子雖然在概念上把性、情、欲三者加以界定；但在事實上，性、情、欲，是一個東西的三個名稱。」〔註19〕荀子將情慾作為性的內涵，常以「情性」稱之，其云：

> 今人之性，饑而欲飽，寒而欲暖，勞而欲休，此人之情性也。……
> 若夫目好色，耳好聽，口好味，心好利，骨體膚理好愉佚，是皆生
> 於人之情性者也；感而自然，不待事而後生之者也。〔註20〕

在荀子看來，人天生就有各種欲望並有不斷追求這些欲望以使其滿足的本能，這些各種各樣的欲望交織在人的生存境遇之中，構成了人的情性，而追求實現這些欲望的本能亦來源於人的情性。「饑而欲飽，寒而欲暖，勞而欲休」是反面地、消極地說明人之情性，「目好色，耳好聽，口好味，心好利，骨體膚理好愉佚」則是正面地、積極地說明人之情性。荀子認為，這些情慾的存在是生命過程中隨物而動的自然而然的過程，是人性最基本的表現形式。

　　如果說荀子喜用「情性」指稱「情慾之性」，那麼他也常以「才性」、「材性」指稱「知能之性」，其云：

> 彼人之才性之相縣也，豈若跂蹩之與六驥足哉？〔註21〕
> 材性知能，君子、小人一也。……譬之越人安越，楚人安楚，
> 君子安雅，是非知能材性然也，是注錯習俗之節異也。〔註22〕

按徐復觀先生之說，「材」與「才」通〔註23〕，則「才性」即「材性」。所謂「材性知能」，歷來無確解。王先謙本此句無注，王天海本有王先生自注云：

〔註16〕此處筆者將荀子之性區分為情慾之性與知能之性，是受到廖名春先生的影響。見廖名春：《荀子新探》，第122～125頁。
〔註17〕《荀子·正名》。
〔註18〕楊倞云：「情者，性之質體。」冢田虎云：「情之應也，言情之所應物而動也。」見王天海：《荀子校釋》，第923頁。
〔註19〕李維武編，徐復觀著：《中國人性論史·先秦篇》，第213頁。徐復觀還指出：「在先秦，情與性，是同質而常常可以互用的兩個名詞。……荀子性論的特色，正在於以欲為性」（同上，第213頁）。
〔註20〕《荀子·性惡》。
〔註21〕《荀子·修身》。
〔註22〕《荀子·榮辱》。
〔註23〕李維武編，徐復觀著：《中國人性論史·先秦篇》，第211頁。

「材性，資質、稟賦也。知能，即智慧」，其說未觸及荀子眞旨。〔註24〕其實，荀子此句反覆申說「材性知能」、「知能材性」，乃在於揭櫫「材性」與「知能」之間的對等關係，也就是說，「材性」實即知能之性。關於知能之性，荀子云：

　　　凡以知，人之性也；可以知，物之理也。〔註25〕

　　　所以知之在人者謂之知；知有所合謂之智。所以能之在人者謂之能；能有所合謂之能。〔註26〕

「凡以知」一句，梁啓雄注云：「以，當爲『可』。可知，猶能知。能知是人的本能，故曰『可知，人之性也』。可以被人知，是物之理。」〔註27〕依梁說，「凡以知」一句是說人性包含可以知曉物理的能力。「所以知之在人者」一句，依馬積高先生之說：「『所以知之在人者』之『知』和『所以能之在人者』之『能』，換成現代語言，此『知』指人的認識事物的基本能力，此『能』指人的感覺和行爲的基本能力」，「『知有所合謂之智』之『智』乃指知識、智慧，『能有所合謂之能』之『能』則指『才能』」〔註28〕。也就是說，「知能」與「智慧」是有所區別的，「知能」指的是人性中具有的知覺能力與行爲能力，而「智慧」指的是知識與才能；「智慧」屬於「僞」的範疇，而「知能」則屬於「性」的範疇。綜合這兩條引文可見，荀子亦將人的知覺能力與行爲能力許爲人之性，此即爲知能之性。

　　綜上所言，荀子將性視爲人的形體組織以及此組織整體發揮的和合作用，就內涵而言，此和合作用主要由情慾及知能兩大部分構成：情慾之性指人天生具有的各種欲望，知能之性指人天生具有的知覺能力和行爲能力。

二、性的價值指向

　　對於荀子論性的價值指向，人們常常以性惡論概括言之，這麼說雖不算錯，但卻是遠遠不夠的。要理解荀子對性之價值取向的界定，需要整體的視角與多方位的透視。

〔註24〕王天海：《荀子校釋》，第 137 頁。王說沒有指出「材性」與「知能」之間的關係；且將「知能」訓爲「智慧」，實乃大誤，後文有辨。

〔註25〕《荀子・解蔽》。

〔註26〕《荀子・正名》。

〔註27〕王天海：《荀子校釋》，第 873 頁。王天海先生本人主張「凡以知人之性也，可以知物之理也」斷句，其說非是。

〔註28〕馬積高：《荀學源流》，第 55～56 頁。

面對人性，荀子首先認爲其是「樸」的，他說：

性者，本始材樸也。〔註29〕

王天海注云「本始，原始。」〔註30〕對於性，其原始狀態、起始點是樸素的，本無所謂善惡。然而，性的這種原始質樸狀態又是不穩的：

今人之性，生而有好利焉，順是，故爭奪生而辭讓亡焉；生而有疾惡焉，順是，故殘賊生而忠信亡焉；生而有耳目之欲，有好聲色焉，順是，故淫亂生而禮義文理亡焉。然則從人之性，順人之情，必出於爭奪，合於犯分亂理而歸於暴。……今人之性，生而離其樸，離其資，必失而喪之。用此觀之，然則人之性惡明矣。〔註31〕

好利、疾惡、耳目之欲皆是情慾之性的表現，荀子認爲，情慾之性生來就具有黏滯於外物而不可自拔的趨勢，如果順隨這種趨勢而不加引導、克服，則必然導致惡的產生。因而，荀子將情慾之性的價值指向界定爲惡。

這裡需要注意三個問題：其一，荀子論性有一個動態的遞進過程，他對性的價值指向由原初之樸進而定位爲惡，這展示了其論證的整體過程。如果只抓住其論證過程中的一面，而單言荀子是性樸論或性惡論，都是不全面的。〔註32〕

其二，荀子所言的人性之惡，是從順隨人性會導致社會秩序失穩的假設推定中得出的，也就是說，其立論主要基於社會學、政治學的層面，這與孟子主要就倫理學的層面言人性價值指向的思維方式有所不同。〔註33〕這一點

〔註29〕《荀子・禮論》。

〔註30〕王天海：《荀子校釋》，第785頁。

〔註31〕《荀子・性惡》。

〔註32〕持荀子是性樸論觀點的主要有胡適、周熾成兩位先生。胡適先生云：「荀子雖說性惡，其實是說性可善可惡」（見胡適：《中國哲學史大綱》，上海：上海古籍出版社，1997年，第228頁）。周熾成先生認爲《性惡篇》不是荀子本人的作品，「很可能是生活在西漢中後期的荀子後學或與荀學有關的人所作的」（見氏著：《荀子：性樸論者，非性惡論者》，載《光明日報》2007年3月20日第11版）。除周先生之外，漢學家孟旦依據日本學者的研究成果，亦認爲《性惡篇》部分內容是荀子弟子在韓非學派的影響下而作的，其後，陳漢生、羅丹亦多以《性惡篇》非荀子所作（參見李哲賢：《荀子人性論研究在美國》，載（臺灣）《政大中文學報》2007年第8期）。上述學者的分析雖有一定道理，但在沒有確切文獻依據的情況下，筆者仍傾向於將《性惡》視爲荀子本人的作品，特作此說明。

〔註33〕陸建華先生已明確指出了這一點，他說：「孟子道性善，荀子稱性惡。孟子性善是道德意義上的，荀子性惡是政治意義上的，二者不是同一層面的簡單對立」（見陸建華：《荀子禮學研究》，第52頁）。

從荀子所言的「凡古今天下之所謂善者，正理平治也；所謂惡者，偏險悖亂也。是善惡之分也已」〔註 34〕即可見出，他將「善」理解爲政治秩序的穩定和諧，將「惡」理解爲政治秩序的失穩混亂，就是從政治秩序的穩定與否來界定善惡的明證。

其三，荀子論證人性之惡，主要是從情慾之性來說的，至於知能之性，荀子存在著一定的保留。上引「今人之性，生而離其樸，離其資，必失而喪之」一句，楊倞注云：「樸，質也。資，材也。言人若生而任其性，則離其質樸而偷薄，離其資材而愚惡，其失喪必也。」〔註 35〕依楊倞，「資」即爲「材」，情慾之性一旦受外物牽引，則不能自己，偏離自己原初的質樸，亦導致作爲知能之性的材性發生偏移。知能之性本身無所謂善惡，但若被情慾之性所牽制，則可能會陷入惡的泥潭，這時，其人所本有的知覺能力與行爲能力適足以助長情慾之性的烈焰，催生惡之花的盛開。也就是說，知能之性不像情慾之性那樣天生具有向惡的趨勢，但它有可能被情慾之性「利用」而隨之趨向惡。

三、善的起源問題

既然荀子最終將人性判定爲惡，那麼，善又從何而來？這是一個必須正面回答的問題。實際上，宋儒之所以批評荀子，正在於他們認爲荀子抹殺了善的形上依據。關於善的緣起，荀子云：

> 人之性惡，其善者僞也。〔註 36〕

人性是惡的，善來源於「僞」。楊倞注云：「僞，爲也，矯也，矯其本性也。凡非天性而人作爲之者，皆謂之『僞』。」〔註 37〕這樣看來，善來源於後天的人爲。可是，後天的人爲也有善有惡，不一定皆善，所以準確來說，善不是來源於一切的「僞」，而是來源於「聖人之僞」，而「聖人之僞」的結晶就是禮、禮義。那麼，惡的性卻能產生善的禮義，這之間是否矛盾？爲此，荀子曾自問自答云：

> 問者曰：「人之性惡，則禮義惡生？」應之曰：凡禮義者，是生
> 於聖人之僞，非故生於人之性也。……聖人積思慮，習僞故，以生
> 禮義而起法度，然則禮義法度者，是生於聖人之僞，非故生於人之

〔註 34〕《荀子・性惡》。
〔註 35〕王天海：《荀子校釋》，第 940 頁。
〔註 36〕《荀子・性惡》。
〔註 37〕王天海：《荀子校釋》，第 935 頁。

性也。〔註 38〕

在荀子看來，禮義並非生於人之性，而是生於聖人之偽。正是聖人後天的「積思慮」、「習偽故」〔註 39〕，才產生了禮義法度。進而，聖人用禮義法度匡正眾人之性，使眾人之性化去其惡，而歸之於善。荀子試圖以將善（禮義）歸為聖人之偽，同時將性、偽區別分開的這種方法，來解決惡的性何以產生善的禮義的問題。但問題是，性與偽的區分只能是表層的，兩者到底有著千絲萬縷的聯繫，〔註 40〕既然性偽注定不能截然兩分，那麼，惡的性如何能產生善的偽？聖人的偽又是如何產生的？聖人之偽與其性是什麼關係？荀子云：「聖人之所以同於眾其不異於眾者，性也；所以異而過眾者，偽也。」〔註 41〕聖人之性與眾人之性沒有任何不同，聖人比眾人優異的地方在於其「偽」，即後天的人為。但是，既然聖人之偽產生禮義，這說明聖人在「偽」的過程中還沒有禮義的指導，此時的聖人之性也是惡的，那麼，聖人何以能保證自己的「偽」必然向著禮義的方向去生成呢？〔註 42〕這些，都是必須直面的問題。要解決這些問題，不能從性入手，而要從心入手。

荀子云：「心者，形之君也，而神明之主也，出令而無所受令。」〔註 43〕心是天君，與耳目等天官不同，心是天官的發令者，而它本身卻無所受控。也就是說，心是自由的。這自由的心，可以認識「道」：「人何以知道？曰：心。」〔註 44〕荀子所言的「道」，其實質為禮義。〔註 45〕荀子認為，心能夠認知禮義。識得禮義之後的心，可以用其指導知能之性，進而節制情慾之性，最終化除性之惡，而達到善。但問題是，上述以心治性的方法只適用於眾人，眾人要以禮義為規範，使心合於禮義，再以合禮義之心來規範性，最終由惡轉善。可最初的聖人，在沒有制定出禮義之前，其心又憑何以合？尚未合於

〔註 38〕 《荀子‧性惡》。

〔註 39〕 「習偽故」一句，眾說紛紜，王天海先生云：「偽，人為也；故，亦人為也。……『偽故』並用，其義一也」（王天海：《荀子校釋》，第 944 頁），其意較優。

〔註 40〕 荀子云：「無性則偽之無所加，無偽則性不能自美。性偽合，然後成聖人之名，一天下之功於是就也」（《荀子‧禮論》），指明了性、偽之間的緊密聯繫。

〔註 41〕 《荀子‧性惡》。

〔註 42〕 關於此點，王國維先生也指出：「常人待聖人出禮義興，而後出於治，合於善，則夫最初之聖人，即制作禮義者，又安所待歟？」見王國維著；傅傑編校：《王國維論學集》，北京：中國社會科學出版社，1997 年，第 223 頁。

〔註 43〕 《荀子‧解蔽》。

〔註 44〕 《荀子‧解蔽》。

〔註 45〕 陸建華：《荀子禮學研究》，第 96 頁。

禮義的心，又是如何產生禮義的？關於這一點，實乃是解決上述所有問題的總關鍵。對這個問題，劉又銘先生有過一段精彩的論述，他說：「荀子的心並非無關價值的客觀認知心，而是個具有有限度有條件的道德直覺的心，這是荀子致知論決不能忽略的一個因素。當然，這樣的心並不能直接創造、生發道德；它甚至要在一次次的遲疑、逃避，以及一次次的嘗試錯誤之後，才能做出恰當的道德抉擇。但是，既然是這樣的心，而不是客觀認知心，那麼荀子的致知論就仍然能夠說明成聖、成德的可能。甚至可以說，這個型態的說明，比孟學型態的說明，還更貼近人類道德倫常、精神價值的創造、開展的真相。」〔註46〕根據劉先生的此段論述，我們可以試著回答上述問題。也就是說，在最初狀態時，聖人的心在沒有禮義指導下，它經過了許多次反反覆覆的嘗試的過程，在這些過程中，聖人一步步積累了經驗、磨煉了心態，一點一滴地積累善的因子，最終將它們匯成善之總和的禮義。這就是聖人之偽何以成立、禮義之生何以可能的現實原因。並且，從心自身來說，它本身就具有積累善之因子的能力。正如龍宇純先生指出的：「『心』便是『可以知仁義法正之質』的『質』」〔註47〕，正因為心具有這種認識仁義法正的能力，才使得心能夠向著積累禮義的方向不斷努力。由此亦可看出，荀子的心，正如上引劉又銘先生所說的那樣，並不是只具有客觀認知的功能，心還具有道德直覺能力，而這，正是說明荀子之心何以能夠積累善的因子、最終與禮義相合的關鍵所在。

心所具有的這種道德直覺能力，有時又被荀子稱為「善心」。荀子云：

> 先王惡其亂也，故制雅、頌之聲以道之，使其聲足以樂而不流，使其文足以辨而不諰，使其曲直、繁省、廉肉、節奏，足以感動人之善心，使夫邪污之氣無由得接焉。〔註48〕

「足以感動人之善心」一句，自古以來諸家無注。荀子此處所言「善心」，在於說明人心具有向善的可能。荀子設定人性為惡，但他同時又認為人心中含有向善的質素，並主張通過後天不斷的敲打琢磨而涵養內心之善、化除人性之惡，最終制作禮義（對聖王而言）、或接受禮義的教化（對一般人而言）。所以，

〔註46〕劉又銘：《荀子的哲學典範及其在後代的變遷轉移》，載（臺灣）《漢學研究集刊》2006年第3期。

〔註47〕龍宇純：《荀子思想研究》，載廖名春選編：《荀子二十講》，北京：華夏出版社，2009年，第205頁。

〔註48〕《荀子·樂論》。

如果我們認可荀子的性惡論，也就必須同時認可荀子的心可向善論。善心的提出，並不是「重蹈」孟子性善論的「覆轍」，而只是荀子在追索善的起源時所做的一種設定。只有假定這一善心，才能將其貫徹進知能之性中，進而貫徹進情慾之性中，使得人性能由惡而善。其與孟子的區別之處在於，孟子言心善，認爲心先驗地具有創生道德的能力，並以心善言性善，主張盡心以知性，通過擴充內在的善端而最終成就善的現實品格；荀子則只是認爲人心涵有向善的可能，至於這種可能的實現與否，有待於和現實進行不斷磨合，並且荀子將心與性分開，主張通過以心治性，使人最終達到善之境地。這也說明荀子的理論旨趣不在於像孟子一樣構建先驗的、以善心善性爲本體的道德形上學的理論體系，而更注重構建一種經驗的、以現實爲基礎的理論體系。

第二節　「綜匯儒」視域中的荀子人性論

這裡所言的「綜匯儒」，是借用錢穆先生的說法，以此說法區別於周敦頤、二程、張載等理學一系人物〔註49〕。概言之，本節的「綜匯儒」概念是指北宋時期在儒家範圍之內但其學術旨趣又與當時的理學家們有所不同的一些非理學型的儒者，這些儒者在當時社會亦有著廣泛的影響，其學術造詣與事功成就絲毫不比理學人物遜色。這些儒者以歐陽修、司馬光和王安石等爲代表，本節擬探討他們對荀子人性論的評價及其評價背後所彰顯的思想旨趣。

一、歐陽修：正反合的評荀歷程

歐陽修對荀子人性論的評價，經歷了一個動態的過程。慶曆二年（1042），歐陽修爲排貶佛教而作《本論》，其云：

> 昔荀卿子之說，以爲人性本惡，著書一篇，以持其論，予始愛
> 之，及見世人之歸佛者，然後知荀卿之說繆焉。甚矣，人之性善也！
> 彼爲佛者，棄其父子，絕其夫婦，於人之性甚戾，又有蠶食蟲蠹之

〔註49〕錢穆先生云：「北宋諸儒在綜匯經、史、文學而成其爲儒學之一面。但是另一面，則別有一種新儒家出現，我姑稱之爲『別出儒』，以別於上述之『綜匯儒』。如周濂溪、張橫渠、程明道、伊川諸儒皆是。他們與綜匯儒之所異：一則他們都不大喜歡作詩文，似乎於文學頗輕視。另則他們亦似乎不大注意談史學。即在經學方面，對兩漢以下諸儒治理功績，彼輩皆不甚重視。故他們之所學所創，後人又別稱之爲理學。」（錢穆：《新亞遺鐸》，北京：生活·讀書·新知三聯書店，2004年，第338頁。）

弊，然而民皆相率而歸焉者，以佛有爲善之說故也。嗚呼！誠使吾
民曉然知禮義之爲善，則安知不相率而從哉！〔註50〕

由此可見，在慶曆二年之前，歐陽修讀過荀子所著的《性惡篇》，且對其厚愛有加、頗爲稱許。但及至是年，歐陽修爲排佛教，轉而信服孟子之性善論，並對荀子性惡論提出批評。歐陽修之所以轉向性善論，乃在於他認爲佛教「有爲善之說」，在他看來，佛教雖然背棄父子夫婦之道、毀壞人世綱常，但因其倡導民眾要爲善行善，因而贏得民心的歸服依順，從而得以迷惑大眾。他推想，不如也提倡並宣揚「爲善」這面「旗幟」，最終使民眾在儒家這面「爲善」之旗的感召下能知曉禮義亦可爲善的道理，那麼，民眾自可迴心轉意，轉而遵行儒家的禮義之道。

歐陽修試圖以孟子的性善論作爲排佛的新武器，採取打持久戰的策略，逐步與佛教爭取民眾，最終將儒家之道重新發揚光大。可以說，在慶曆二年及之後數年期間，歐陽修都是更傾向於認可性善論而批評性惡論的。其實，進一步審視歐陽修上述言論，不免覺其對荀子人性論所見非深。在荀子看來，人性雖惡，但禮義卻是善的，歐陽修欲使民眾知曉禮義爲善而遵行之，這與荀子之論本不相悖。可見其當時排佛心切，未細究此中異同，亦由此見出，其批荀之行爲，未必眞有貶荀之心。同樣，他對孟子性善論的贊同，也只是爲了與佛教相抗衡而找到的權一時之宜的新法寶，〔註51〕其在思想深處亦未必眞有贊孟之情。

至和二年（1055）歐陽修任翰林學士時，在與時人李詡的書信中，他對荀子人性論又有了新的見解。李詡作《性詮》三篇（今佚），請歐陽修品評指點，歐陽修答云：

今世之言性者多矣，有所不及也，故思與吾子卒其說。修患世之學者多言性，故常爲說曰：夫性非學者之所急，而聖人之所罕言也。《易》六十四卦不言性，其言者，動靜、得失、吉凶之常理也；《春秋》二百四十二年不言性，其言者，善惡、是非之實錄也；《詩》三百五篇不言性，其言者，政教興衰之美刺也；《書》五十九篇不言

〔註50〕 《本論下》。見歐陽修著：李之亮箋注：《歐陽修集編年箋注》第二冊，第62頁。

〔註51〕 關於此點，向世陵先生也指出：「歐陽修從除佛教流弊的角度肯定性善之說，就只能被理解爲是出於權宜、功利的需要。」見向世陵：《理氣性心之間——宋明理學的分系與四系》，第3頁。

性，其言者，堯、舜、三代之治亂也；《禮》、《樂》之書雖不完，而雜出於諸儒之記，然其大要，治國、修身之法也。六經之所載，皆人事之切於世者，是以言之甚詳。至於性也，百不一二言之，或因言而及焉，非爲性而言也，故雖言而不究。予之所謂不言者，非謂絕而無言，蓋其言者鮮，而又不主於性而言也。《論語》所載七十二子之問於孔子者，問孝、問忠、問仁義、問禮樂、問修身、問爲政、問朋友、問鬼神者有矣，未嘗有問性者。孔子之告其弟子者，凡數千言，其及於性者，一言而已。予故曰：「非學者之所急，而聖人之罕言也。」《書》曰「習與性成」，《語》曰「性相近習相遠」者，戒人慎所習而言也。《中庸》曰「天命之謂性，率性之謂道」者，明性無常，必有以率之也。《樂記》亦曰「感物而動，性之欲」者，明物之感人無不至也。然終不言性果善果惡，但戒人慎所習與所感，而勤其所以率之者爾。予故曰：因言以及之，而不究也。〔註52〕

在此篇書信中，歐陽修明顯對當時言性成風的思想風氣表示憂患，他指出，六經之中多以人事爲記載，而言性之處則甚少，或偶有所及，亦並非專爲言性而言之，即「不主於性而言」。進而他以《論語》、《中庸》、《樂記》等儒家經典爲分析對象，指出即使其中有言性處，亦未言及性之善惡，即「雖言而不究」。歐陽修所說的「不主於性而言」是試圖說明聖賢不專以言性爲事；所說的「雖言而不究」是試圖說明聖賢即使言性，亦不以追究性之善惡爲事。他批評時下專以言性及追究性之善惡爲事的學者云：「修少好學，知學之難。凡所謂六經之所載，七十二子之所問者，學之終身，有不能達者矣；於其所達，行之終身，有不能至者矣。以予之汲汲於此而不暇乎其他，因以知七十二子亦以是汲汲而不暇也，又以知聖人所以教人垂世，亦皇皇而不暇也。今之學者，於古聖賢所皇皇汲汲者學之行之，或未至其一二，而好爲性說，以窮聖賢之所罕言而不究者，執後儒之偏說，事無用之空言。此予之所不暇也。」〔註53〕從歐陽修的這番話中，明顯可以感受到他所具有的與荀子好學、重學、勸學相一致的思想精神。在他看來，時下學者連古代聖賢所流傳後世的最基本的經典著作都未加深研，只憑浮光掠影式的治學經歷就迫不及待地專以言性爲事，這是顛倒本末的誤入歧途。

〔註52〕《答李詡第二書》，《歐陽修集編年箋注》第三冊，第258～259頁。
〔註53〕《答李詡第二書》，《歐陽修集編年箋注》第三冊，第259頁。

　　爲了消除時人的此種思想風氣，他提出並強調了「性之善惡不必究」論：

　　　　性者，與身俱生而人之所皆有也。爲君子者，修身治人而已，
　　性之善惡不必究也。使性果善邪，身不可以不修，人不可以不治；
　　使性果惡邪，身不可以不修，人不可以不治。……故爲君子者，以
　　修身治人爲急，而不窮性以爲言。夫七十二子之不問，六經之不主
　　言，或雖言而不究，豈略之哉？蓋有意也。或又問曰：「然則三子言
　　性，過歟？」曰：不過也。「其不同何也？」曰：始異而終同也。使
　　孟子曰人性善矣，遂怠而不教，則是過也；使荀子曰人性惡矣，遂
　　棄而不教，則是過也；使揚子曰人性混矣，遂肆而不教，則是過也。
　　然三子者，或身奔走諸侯以行其道，或著書累千萬言以告於後世，
　　未嘗不區區以仁義禮樂爲急。蓋其意以謂善者一日不教，則失而入
　　於惡；惡者勤而教之，則可使至於善；混者驅而率之，則可使去惡
　　而就善也。其說與《書》之「習與性成」，《語》之「性近習遠」，《中
　　庸》之「有以率之」，《樂記》之「愼物所感」皆合。夫三子者，推
　　其言則殊，察其用心則一，故予以爲推其言不過始異而終同也。凡
　　論三子者，以予言而一之，則譊譊者可以息矣。〔註54〕

他認爲，無論是提倡孟子的性善論、荀子的性惡論，還是揚雄的性善惡混論，
都必須繼之以修身治人。這樣，一味追究性之善惡的必要性就失去了意義，
而眞正有意義的是「修身治人」這一實務。在他看來，孟、荀、揚三子最要
緊的言論，並不是對性之善惡的無謂爭執，而是皆「以仁義禮樂爲急」的現
實事功精神。所以歐陽修認爲孟、荀、揚三子之人性論是「始異而終同」，因
而他最終以現實事功爲中心而齊同了三子之人性論。

　　由上所云，歐陽修對荀子人性論的態度經歷了一個正反合的辯證歷程，
即：稱許荀子人性論（慶曆二年之前）→ 以孟子性善論批荀（慶曆二年）→
齊同諸子之人性論（至和二年）。

　　對上述歐陽修提出的「學者不急於言性」的思想，時人及後人多有非議。
時人劉敞就批評歐陽修不主言性而以仁義禮樂爲急的觀點，他認爲仁義之本
在性、禮樂之本在情，如果不明性情，則仁義禮樂之本亦無以明，那麼，歐
陽修的觀點就如同「欲導其流而塞其源，食其實而伐其根」，〔註55〕最終會導

〔註54〕《答李詡第二書》，《歐陽修集編年箋注》第三冊，第260頁。
〔註55〕《廬陵學案・公是先生弟子記》，《宋元學案》卷四，第208頁。

致水之無源、木之無根。此處，劉敞所表達的觀點其實與理學家的思維方式若合符節，即：外在事功必須建立在內聖的心性之學上，才能最終成就儒者所追求的內聖外王之道。〔註56〕只注重外在事功的建設，而不在意內在心性的辨別，歐陽修的這一做法正是劉敞以及宋代理學家所要著力反對的思想傾向。除劉敞外，明末清初的張自烈亦對歐陽修此論甚為不滿，他為此作專文與修辯之云：

> 至於足下之再答李詡，視漢唐諸家尤不能無誤，足下謂「性之善惡不必究，君子以修身治人為急，不必窮性以為言」。僕則以知性然後能深明修治之事，然後修與治各得其序，故《易》曰：「窮理盡性以至於命」，孟子曰：「盡其心者，知其性」，苟不知性，何以能修且治？然則足下謂不必窮性以為言，非也。足下又曰：「使性果善，身不可以不修，人不可以不治；使性果惡，身不可以不修，人不可以不治。」僕則以湯語曰：「上帝降衷下民，若有恆性。」惟恒故有善無惡耳。《易傳》曰：「繼之者善，成之者性。」皆專就性善言耳。苟設為兩端之說，與告子言湍水何異？足下謂惡與善對，不專言性善，又非也。

足下又曰：「孟、荀、揚三子，其說與《書》之『習與性成』，《語》之『性近習遠』，《中庸》之『率性謂道』，《樂記》之『慎物所感』皆合，三子始異而終同，其言殊，其用心則一也。」僕則以一性耳，不當言惡、言混，論性自當以孔、孟為正。荀、揚之言，與《尚書》、《論語》、《中庸》、《樂記》如方枘圓鑿之不相入，其於孟軻尤牴牾之甚，足下欲比而同之，又非也。〔註57〕

張自烈的思維方式與劉敞基本一致，「知性然後能深明修治之事」昭示著他亦將心性之學作為外在事功的基礎與根本。他反對歐陽修所發的六經等儒家經典不言性及性之善惡的議論，重新挖掘並呈現《尚書》、《易傳》及《論

〔註56〕 余英時先生在分析二程與王安石的矛盾時指出，二程等理學家「面對著新學的挑戰，他們為自己規定了一項偉大的歷史使命：為宋初以來儒家所共同追求的理想秩序奠定一個永恆的精神基礎」，「他們並進一步斷定：熙寧變法之陷於紛擾便由於『內聖』未就而遽求『外王』之故」（見余英時：《朱熹的歷史世界》，第108～109頁）。依此分析，可見理學家的思維方式是試圖將一切外王事業建立在正確的內聖之學的基礎上，捨棄內聖之學不言，或內聖之學不正，皆不能撐起牢固的外王事業。

〔註57〕 《與歐陽永叔論性書》，《芑山文集》卷一。見（明）張自烈：《芑山文集》，清初刻本，並見民國刻胡氏豫章叢書本。

語》、《中庸》等儒家經典中所蘊藏的關於人性之善的論述。張自烈主張以孟子性善論爲依據，對荀子和揚雄展開批評，反對歐陽修對三子之性論的齊同。劉敞和張自烈對歐陽修的非議，都展示了偏於以內在心性之建設爲中心的思維方式與偏於以外在事功之建設爲中心的思維方式之間的差別。

二、司馬光：以性善惡混論批荀

司馬光在人性論問題上，既反對孟子性善論，又批評荀子性惡論，而贊同揚雄的性善惡混論。治平三年（1066），司馬光作《性辯》，以性善惡混論批評孟、荀及韓愈之人性論。其云：

> 孟子以爲人性善，其不善者，外物誘之也。荀子以爲人性惡，其善者，聖人之教之也。是皆得其一偏而遺其大體也。夫性者，人之所受於天以生者也，善與惡必兼有之，是故雖聖人不能無惡，雖愚人不能無善，其所受多少之間則殊矣。善至多而惡至少，則爲聖人；惡至多而善至少，則爲愚人；善惡相半，則爲中人。聖人之惡不能勝其善，愚人之善不能勝其惡，不勝則從而亡矣，故曰：「惟上智與下愚不移。」〔註58〕

司馬光批評孟、荀言人性皆爲偏頗，皆「得其一偏而遺其大體」，即只看到人性善的一面或只看到惡的一面，而不知人性同時兼有善惡兩面。他認爲即使聖人也有惡，只是其惡性不勝其善性而終爲善性所化；即使愚人也有善，只是其善性不勝其惡性而終爲其惡性所覆。他以此解釋孔子所言之「惟上智與下愚不移」，認爲此言不是否定上智之人有惡和下愚之人有善，而只是說明上智之人的惡性終不勝善性，而下愚之人的善性亦終不勝其惡性。司馬光接著分析孟、荀人性論的缺點：

> 不學則善日消而惡日滋，學焉則惡日消而善日滋，故曰：「惟聖罔念作狂，惟狂克念作聖。」必曰聖人無惡，則安用學矣？必曰愚人無善，則安用教矣？譬之於田，稻粱藜莠，相與並生。善治田者，耘其藜莠而養其稻粱，不善治田者反之。善治性者，長其善而去其惡，不善治性者反之。孟子以爲仁義禮智皆出乎性者也，是豈可謂

〔註58〕《性辯》，《司馬文正公傳家集》卷六十六。見（宋）司馬光撰：《司馬文正公傳家集》，上海：商務印書館，1937年，第821頁。並見四部叢刊景宋紹興本《溫國文正公文集》卷七十二《善惡混辨》。

之不然乎？然不知暴慢貪惑亦出乎性也，是知稻粱之生於田，而不知藜莠之亦生於田也。荀子以爲爭奪殘賊之心人之所生而有也，不以師法禮義正之，則悖亂而不治，是豈可謂之不然乎？然殊不知慈愛羞愧之心亦生而有也，是知藜莠之生於田，而不知稻粱之亦生於田也。〔註59〕

司馬光此處所表現出的重學以化惡達善的思想，與荀子通過爲學來達到化性的主張是一致的，但司馬光認爲荀子只看到了人性的一方面，他反詰荀子：如果人性中只有惡而沒有善，那麼人們又怎肯接受教育，且教育又怎能達到化除惡性的結果呢？司馬光以田中良莠並存爲例，說明性中亦善惡兼有，善治田者當存良去莠，善治性者亦當存善去惡。他肯定孟子「仁義禮智皆出乎性」的觀點，亦肯定荀子所言的「爭奪殘賊之心人之所生而有」，但認爲兩者皆是執其一偏，或只看到田中稻粱，或只看到田中藜莠，皆因二者不知性兼有善惡之故。最後，他綜而言之云：

揚子以爲人之性善惡混，混者，善惡雜處於身中之謂也。顧人擇而修之何如耳，修其善則爲善人，修其惡則爲惡人。斯理也，豈不曉然明白哉！如孟子之言所謂長善者也，如荀子之言所謂去惡者也，揚子則兼之矣。韓文公解揚子之言，以爲始也混而今也善惡，亦非知揚子者也。〔註60〕

司馬光贊同揚雄之性善惡混論，認爲「混」是「善惡雜處於身中之謂」，也就是說，人性本來就是一個善惡交滲統一的混沌，其後天之爲善或爲惡全憑個體的選擇與修養，選擇往善的一面努力則最終爲善人，選擇向惡的一面墮落則最終爲惡人。孟子雖注重長養人之善性，荀子雖注重去除人之惡性，但孟、荀卻皆未明瞭人性兼有善惡的事實。除批評孟、荀，司馬光此處亦對韓愈人性論有所指責，他認爲韓愈曲解了揚雄的人性論。參之韓愈，其云：「孟子之言性曰『人之性善』，荀子之言性曰『人之性惡』，揚子之言性曰『人之性善惡混』。夫始善而進惡歟？始惡而進善歟？始也混而今也善惡歟？皆舉其中而遺其上下者也，得其一而失其二者也。」〔註61〕韓愈亦批評孟荀之人性論，但兼批揚雄之性善惡混論，而這是司馬光所不能認可的。司馬光與韓愈的人

〔註59〕《性辯》，《司馬文正公傳家集》，第821頁。
〔註60〕《性辯》，《司馬文正公傳家集》，第821～822頁。
〔註61〕《原性》，《韓昌黎全集》，第176頁。

性論，其思想實質至少有以下不同：其一，韓愈認爲上品之性善而無惡而下品之性惡而無善，只有中品之性善惡混；而司馬光則認爲所有人性皆是善惡混，即使聖人之性亦有惡，即使愚人之性亦有善。其二，韓愈認爲「每個人生來屬於何種品類是一定而不可變的，所以下品的人可以也只能用刑法的威嚴攝製其爲善不爲惡，但不能改變其品性」〔註62〕，但司馬光則認爲人性是可以改變的，其爲善爲惡全憑個人後天的主觀選擇和不懈努力，這就將人性善惡最終與後天修爲聯繫起來。

　　司馬光贊同揚雄的性善惡混論，以此對荀子人性論展開批評，他的這種批評不是全盤否定，而只是試圖揭明荀子人性論是偏頗不全的。他承認爲學等後天努力在最終成就人性上的作用，這是與荀學氣息相通的。司馬光的論述說理曉暢，雖不涉玄遠義理，但其論旨卻亦見閎深。這主要表現在，他在宋代儒學中初步提出了這樣一個觀點，即：現實世界中的善惡諸相必須在人性中皆有所對應。他雖未明確自覺到此點，但卻已暗中有所觸及。司馬光以「稻梁藜莠，相與並生」來比喻人性兼有善惡，其深層涵義在於指出：現實中所存在的善惡並生的狀況應該且必須在人性中找到其對應的存在依據。他對荀子的不滿，在於他認爲荀子的人性論不能解決這些問題：惡性如何能夠產生善的現實？反過來，善的現實又如何能化解惡性？他對荀子人性論的批評，並不是認爲荀子人性論是錯的，而只是認爲荀子人性論是不夠的，是不完滿的。他對韓愈人性論的不滿，反映出他希望在以揚雄的性善惡混論統括孟、荀人性論的基礎上，同時將人性善惡的最終定型與每個人後天的選擇努力等同起來，避免因設定純粹先驗的人性而抹殺了其轉化的可能。如果說荀子主張性惡是既定的事實而人卻可通過後天的努力來化除惡性的話，那麼司馬光則主張人性善惡是未定的可能而人卻可通過後天的努力來塑造性之善惡。

三、王安石：以性無善惡論批荀

　　王安石尊孟，對荀子一向貶斥非議，在人性論問題上，他則對孟、荀性善性惡之說及揚、韓之性論皆持批判態度。其批評韓愈性論云：

　　　　夫太極者，五行之所由生，而五行非太極也。性者，五常之太極也，而五常不可以謂之性。此吾所以異於韓子。且韓子以仁義禮智信五者謂之性，而曰天下之性惡焉而已矣。五者之謂性而惡焉者，

〔註62〕陳來：《宋明理學》，第22頁。

豈五者之謂哉？〔註63〕

王安石認爲韓愈將仁、義、禮、智、信五常直接等同於性，這乃是混淆了生與所生的關係。在王安石看來，五常雖生於性，但性卻並非是五常。並且他認爲韓愈將性等同於五常，那麼性就是善的，這麼一來就無法解釋何以天下眾生之性會展現惡的一面。荊公認爲這是韓愈性論的不足之處。其實王荊公這裡實是誤解了韓昌黎，昌黎倡性三品說，沒有過五常謂之性的說法，他只說五常是「所以爲性者」〔註64〕，五常只是「判定性之品級的參照標準」〔註65〕而非性本身。

荊公進而評論孟、荀人性論云：

> 孟子言人之性善，荀子言人之性惡。夫太極生五行，然後利害生焉，而太極不可以利害言也。性生乎情〔註66〕，有情然後善惡形焉，而性不可以善惡言也。此吾所以異於二子。孟子以惻隱之心人皆有之，因以謂人之性無不仁。就所謂性者如其說，必也怨毒忿戾之心人皆無之，然後可以言人之性無不善，而人果皆無之乎？孟子以惻隱之心爲性者，以其在內也。夫惻隱之心與怨毒忿戾之心，其有感於外而後出乎中者有不同乎？荀子曰：「其爲善者僞也。」就所謂性者如其說，必也惻隱之心人皆無之，然後可以言善者僞也，爲人果皆無之乎？荀子曰：「陶人化土而爲埴，埴豈土之性也哉？」夫陶人不以木爲埴者，惟土有埴之性焉，烏在其爲僞也？且諸子之所言，皆吾所謂情也、習也，非性也。〔註67〕

依荊公之見，孟子以惻隱之心來論證人性善和荀子以怨毒忿戾之心來論證人性惡的做法，皆是混淆了性與情（習）。在荊公看來，性產生情，情產生善惡，但性本身卻不可論之以善惡，善惡只能用來形容後天的情和習。在此意義上，孟、荀俱爲不確。以此審視揚雄，其性善惡混論也應該修正爲情可以爲善惡論方可。

〔註63〕《原性》，《王文公文集》卷二十七。見（宋）王安石著；唐武標校：《王文公文集》，上海：上海人民出版社，1974年，第316頁。

〔註64〕韓愈：《韓昌黎全集》，第175頁。

〔註65〕陳來：《宋明理學》，第22頁。

〔註66〕向世陵先生認爲本句「性生乎情」之「乎」字爲衍文（見向世陵：《理氣性心之間——宋明理學的分系與四系》，第15頁），向說可從。

〔註67〕《原性》，《王文公文集》卷二十七，第316頁。

綜上而言，荆公以性不可言善惡爲標準對諸子之性論進行辨正，對於荀子人性論，荆公有幾處批評：其一，批評荀子未看到人亦有惻隱之心的一面；其二，批評荀子的化土爲埴之喻，不同意荀子將埴與土之性分別開來的做法，認爲埴之能夠得以爲埴正在於其先天本有的土之性；其三，批評荀子以惡言性，認爲性無善惡可言。關於其第三點批評，上述已有所涉及，不再贅述。對於前兩點批評，實質可歸於一點，即批評荀子將後天之善與先天所具之性割裂開來，這樣就使後天之善失去了得以成立的根基。但荆公在如此批評荀子的同時，似乎未想到自己亦陷入與荀子相似的處境：荆公明確要求將性與情分開，將善惡歸於後天之情，而強調性本身的無所謂善惡，這樣一來，情之善惡的終極根據又在哪裏？荆公強調後天之養對情之善惡的決定作用，其實亦與荀子強調後天之習故可以培養人之善有相通之處。但荆公最終不能完全脫離以善惡言性的做法而曰「性有善有惡」﹝註68﹞，可見其終不能持「性不可以善惡言」之說而一以貫之，此蓋由於荆公搖擺於性情二分、善惡惟歸於情與性情合一、善惡貫於性情這兩種思維方式之間的緣故。其對荀子的批評，不僅涉及性能否以善惡言的問題，更涉及追尋後天善惡之先驗道德根源的問題，而後一問題，亦是與荆公政治立場相左的理學家們批評荀子最激烈的地方，在這一點上，荆公與理學家們對荀子人性論的批評是相同的。

四、呂元鈞：以性善論批荀

北宋時期，除理學家外，以性善論對荀子人性論展開批評的代表人物是呂陶。呂陶，字元鈞，號淨德，政治上屬於蘇軾一系的蜀黨，﹝註69﹞與程頤洛黨素有嫌隙，但其以性善論批荀，則與程頤思想主旨相似。呂陶云：

> 天之生斯人，均是一氣也，而人之有生，何其紛紛而不一乎！
> 或聰明睿智而爲聖，或修慎飭勵而爲賢，或頑冒庸妄而爲愚，是三
> 者，自孔子、子思、孟軻、荀卿、楊雄、韓愈皆爲之說，學者嘗聞
> 之矣。孔子以爲「性相近，習相遠」也，子思以爲「天命者性，率
> 性者道，性自誠而明，教自明而誠」也，孟軻以爲「性之無不善，

﹝註68﹞《再答龔深父論語孟子書》，《臨川集》卷七十二。見（宋）王安石：《臨川先生文集》，四部叢刊景明嘉靖本。

﹝註69﹞王應麟《小學紺珠》云：「洛黨：以程頤爲領袖，朱光庭、賈易登爲羽翼；蜀黨：蘇軾爲領袖，呂陶等爲羽翼；朔黨：劉摯爲領袖。」見（宋）王應麟：《小學紺珠》卷六《元祐三黨》，明津逮秘書本，並見元至元慶元路儒學刻明遞修本。

如水之無不下，人性善也」，荀卿以爲「待禮義然後治，待師法然後
正，人性惡也，其僞也」，楊雄以爲「修其善則爲善人，修其惡則爲
惡人，性混善惡也」，韓愈以爲「上者就學而愈明，下者畏威而寡罪，
中人介上下之間也」。性之爲性者一，而說之如此，則學者將誰適從
乎？捨孔子、子思、孟軻之論，亦莫之從矣。所謂性之相近而習之
相遠，命之爲性而率之爲道者，是性之可爲善也。性之可以爲善，
信乎如水之無不下矣。非孔子、子思、孟軻之論，將誰從耶？〔註70〕

呂陶歷數諸子言性之不一，主張以孔子、子思、孟子言性之論來統一、辨正
諸子之性論。關於孔子、子思、孟子之言性，有些學者認爲三者言性有所差
異，如王安石就認爲孔子不言性之善惡而孟子則言性善，蘇軾亦認爲子思言
性與孟子言性有所區別〔註71〕，但呂陶則認爲三者言性之意皆同，所同者即
爲性善論。其進一步論之曰：

> 昔之時有以博士之學，而言及於性，索求其端，而合於孔子、
> 子思、孟軻之論者，可取以爲性之說也。抑《詩》有之曰：「荏染
> 柔木，言緡之絲，溫溫恭人，維德之基。」康成釋之，以爲桑木
> 可弦爲弓，言人內有其性，可以爲德。此豈非善言性者耶？方其
> 稟之於中和，根之於至靜，寂然而未動也，則賢之性亦近於聖之
> 性，愚之性亦近於賢之性；及夫天理一動，七情相交，則遂以岐
> 分而派別矣，或不勉而中、不思而得，或勉而後中、思而後得，
> 或不勉不思而無中無得，故謂之遠也。惻隱之心，我固有之，推
> 之足以爲仁；羞惡之心，我固有之，推之足以爲義；辭讓之心，
> 我固有之，推之足以爲禮；是非之心，我固有之，推之足以爲智。
> 安有性之不可爲德哉？自非聖人，必修之而後能也，康成之言，
> 誠有合於孔孟矣。〔註72〕

呂陶將鄭玄解《詩》之言看作對性善論的詮釋，認爲「人內有其性，可以爲

〔註70〕《有性可以爲德論》，《淨德集》卷十七。見（宋）呂陶撰：《淨德集》，上海：
商務印書館，1935年，第185頁。

〔註71〕蘇軾在其《子思論》（見《蘇軾文集》卷三，第95頁）中指出，子思之性論
不言性善，但實可包含孟子性善之意在內；孟子雖明言性善，但卻與孔子、
子思之性論有所差別。兩相比較，蘇軾認爲子思不言性之善惡的做法是正確
的，而孟子明言性善的做法則相形見絀、未爲確論。

〔註72〕《有性可以爲德論》，《淨德集》卷十七，第185頁。

德」，而人性之所以能成德，就在於人有惻隱、羞惡、辭讓、是非之心，推廣四心，即可成就仁、義、禮、智之德。可見，呂陶論性善，皆一仍孟子之論。他以性善論爲準，批評荀子人性論不合孔孟之言。荀子將仁、義、禮、智等德皆看作後天之僞，但呂陶則認爲它們是先天內化於人性之中以作爲後天成德的依據。此外，呂陶又云：「荀卿曰：『堯、舜、跖，其性一。』又曰：『禮樂生於聖人之僞。』則萬世安所師乎？」〔註73〕他認爲荀子將堯舜之性等同於眾人之性的做法泯滅了聖凡之間的差別，導致世人失去了向聖人傚仿的必要，使得天下之人喪失了由凡入聖的可能。其實，呂陶引述的荀子之言只是荀子人性論中的一個片段，將堯舜之性與眾人之性等同只是荀子人性論的開端，其展開和最終目的是要證成聖人在後天人爲上的優異，而在後天人爲上，荀子是承認聖凡之別的。荀子的這一思想可以激發眾人向聖人學習的熱情，甚至更能證明眾人需不斷努力以成聖的必要。並且，荀子認爲聖凡之性無別，與孟子人性論並無不同，孟子亦認爲人性初無二致，區別只在於孟子認爲人性皆善，而荀子則認人性爲惡。可見，荀、孟二子關於人性善惡的不同認識，才是呂陶不滿荀子的主要原因。

關於呂陶以性善論批荀的做法，清人徐時棟對此有所不滿，他在述及呂陶上述言論時給予了相關評介，其云：

> 愚謂：此諸子者論性之言，皆與孔子合。惟孟子當戰國縱橫之時，惡時人之日趨下流，因矯其說以爲人性本善，奈何甘此下流？是救世一片苦心熱腸，非論性本旨也。荀子生孟子之後，則以爲說與孔異，於是亦故矯其說以難孟子，以爲人性本惡，但爲之無不可造於善者，奈何甘爲本性所束縛而不勉力爲君子耶？是亦救世一片苦心熱腸，亦非論性本旨也。後人推尊孟子，不知孟子所以立言之旨，於是見荀子語，反遂極力詆斥之，不獨呂元鈞一人之言而已。……論性至孔子，已是一辭莫贊，後世千變萬化、議論百端，總不能出其範圍。稍或邊變，便覺偏矣。孟子之言性善，以救世也。觀孟子幼時，孟母至於三遷，正慮習之不善耳。《孟子》七篇中，如齊語楚語之論，一暴十寒之喻，皆是習相遠也之意。且人皆可爲堯舜，是孟子一生引人爲善要領，自說諸侯王至教門弟子無不言之，其大旨亦何異於荀子禮義後治、師法後正之語哉！世儒不融貫全書，而即

〔註73〕《荀卿論》，《淨德集》卷十五，第 160 頁。

其論性諸語，極力推奉之，遂與荀卿南轅北轍矣。〔註74〕

徐時棟認為荀子言性惡與孟子言性善皆合於孔子之意，從立論動機來看，二人皆出於「救世一片苦心熱腸」，二人所持人性善惡之論，其實並非二人「論性本旨」，只是權宜之說而已，其最終目的皆希望世道合於善。因此，徐時棟認為包括呂陶在內的後儒的這種只知尊孟子性善論而極力貶責荀子性惡論的做法是不厚道的，其原因在於他們「不融貫全書」，沒有讀懂荀子之言，又不能將孔、孟、荀之言論相互融通，以致對荀子人性論有了南轅北轍的解釋。徐時棟從立論動機及立言宗旨的角度對呂陶之批荀進行了重新辨正，希望賦予荀子人性論與孟子同等的價值，這從一個側面反映出了清代尊荀風潮中對荀子人性論之價值的重新審視。

第三節　宋代理學視域中的荀子人性論

理學，按陳來先生的說法，是指宋明（包括元及清）時代占主導地位的學術體系。陳先生云：「按傳統的分類，這個體系中主要有兩大派，一派是宋代占統治地位的道學，其中以洛學為主幹，至南宋發展到高峰，在明代仍有很大影響，並維持著正統地位。因其主要代表為二程朱熹，故常稱為程朱派。……另一派是在宋代產生而在明中期後占主導地位的以『心』為最高範疇的思想體系，代表人物為陸九淵、王守仁，故又稱為陸王派或陸王『心學』。因此，廣義的理學包括道學與心學。」〔註75〕本節討論宋代理學視域中的荀子人性論，所言宋代理學是在廣義上來說的，選取的主要研究對象既包括二程、朱熹等，又包括陸九淵等。宋代理學歷來被認為是中國哲學史上的一座高峰，其思想重要性不言而喻，因此，以宋代理學為視域看其對荀子人性論的評價，是研究宋代荀學過程中必須直面的一項重要任務。

一、徐積視域中的荀子人性論

徐積，字仲車，早年曾師事於胡瑗，〔註76〕因此《宋元學案》亦將其列入「安定學案」之中。徐積以其孝行著稱於當世，並以此得以舉薦於朝廷，先後任揚州司戶參軍等職。作為胡瑗的弟子，徐積的思想主旨歸於理學，在

〔註74〕《淨德集》，《煙嶼樓讀書志》卷十六。見（清）徐時棟：《煙嶼樓讀書志》，民國十七年鉛印本。
〔註75〕陳來：《宋明理學》，第9頁。
〔註76〕參見《宋史》卷459，第13473頁。

人性論方面，其與其他理學家一樣，讚揚孟子的性善論，而對荀子的人性論持批評態度。徐積以性善論爲標尺，不滿荀子將人性判定爲惡，著力對荀子從以下諸方面展開評介。

（一）性惡之辯

徐積人性論的立足點是孟子的性善論，其云：「性善乎？曰：善也」〔註77〕，清晰地表明了他的性善論立場。正由於他信服性善論，因而不能容忍荀子提出的性惡之說，對荀子人性論提出辯難。他首先從荀子論證性惡的過程入手進行辨析。荀子曾從多角度證明性惡，作爲他立論依據的其中之一是以人有欲善心理來論證性惡，荀子云：「苟無之中者，必求於外」，「人之欲爲善者，爲性惡也」〔註78〕。荀子認爲人們之所以想得到某種東西是因爲他缺少這一東西，就像追求厚、美、廣、富、貴是因爲其自身處於與之相對的薄、惡、狹、貧、賤一樣，人們對善的渴求也說明了人的本性乃是惡的。對於荀子的這一立論依據，徐積提出異議云：

> 荀子過甚矣！何不顧孟子之意也！孟子以仁義禮智謂之四端，夫端亦微矣，其謂仁者豈遂足用爲仁哉，其謂義者豈遂足用爲義哉，是在其養而大之也，此所謂「薄願美、狹願廣、貧願富、賤願貴，以其不足於中而必求於外」也，安得曰「富而不願財，貴而不願勢，苟有中而不求於外」耶？故人之欲爲善，以其善之未足也，而有可充之資、可爲之質也，何必待性惡而後爲善哉？性惡而爲善，譬如搏水上山；善而爲善，如水之流而就濕也，火之始然而燥也，豈不順也？〔註79〕

徐積認同荀子所言的「其不足於中而必求於外」，但他卻轉而以此來解釋人之擴充四端以使其成仁成義的必要。同時，徐積反對荀子所言的「苟有中而不求於外」，徐積的邏輯是：缺少某種東西往往導致人們對這種東西的追尋，但擁有某種東西則不能說明人們會停止對此種東西的追尋。正是基於這一邏輯，徐積認爲荀子以人之欲善來證明性惡的做法是錯誤的、不成立的，在徐積看來，人之欲善僅僅說明人內在的善尚爲「不足」，沒有完全盡展善的光華，

〔註77〕　《辯習》，《節孝集》卷二十九。見（宋）徐積：《節孝集》，清文淵閣四庫全書本。

〔註78〕　《荀子・性惡》。

〔註79〕　《荀子辯》，《節孝集》卷二十九。

故而人需要追求善，以使內在善性得以展露淨盡、發揚光大。

其實，無論是荀子以人之欲善作為論證性惡的依據，還是徐積對荀子立說邏輯的反駁，都是不充分的。因為人之欲善的原因，可以歸於性善，也可以歸於性惡，還可以出於其他緣由。譚宇權先生就曾對此做出精闢分析，他指出：「從邏輯上說，人類求善，可能有下列四種不同的原因：（1）本來性無善無惡，卻想要善。（2）本來性有善有惡，卻想要善。（3）本來性善，還要追求善。（4）本來性惡，所以要求善。由此分析可知，無論是荀說，還是孟說，在邏輯上都不夠周延；因為孟學顯然忽視了（1）、（2）、（4）的原因。荀說則忽略了（1）、（2）、（3）的原因。」〔註80〕由此可見，荀子或徐積都只從各自需要出發，截取其中某一種可能來論證自我觀點，因而兩者都是不嚴密的，說到底，誰也無法將對方駁倒。但徐積能看到荀子此處的邏輯漏洞，亦確有其見地。

除駁斥荀子性惡的立論依據外，徐積還從荀子言語入手，找出言語背後所潛存著的悖論，以此向荀子發難：

> 荀子曰：「堯問於舜，人情何如？舜對：人情甚不美，妻子具而孝衰於親，嗜欲得而信衰於友，爵祿盈而忠衰於君。」辯曰：「荀子載堯舜之言，則吾不知也。至於妻子具而孝衰於親，則是妻子未具而嘗有孝矣；嗜欲得而信衰於友，則是嗜欲未得而嘗有信矣；爵祿盈而忠衰於君，則是爵祿未盈而嘗有忠矣；則是天下之性，未嘗無孝，未嘗無信，未嘗無忠，而人之性果善矣！其所以不善者，外物害之也，豈性之罪哉？學荀子者，以吾言為如何？」〔註81〕

徐積認為，按荀子自身的話語邏輯，說明在妻子未具、嗜欲未得、爵祿未盈之時，人當有孝、有信、有忠，這進一步說明人性中有忠、孝、信等基因，因此亦可說明人性善而非惡。徐積借荀子之言以反駁之，確實高明，但他上述的推論亦未必能將荀子完全駁倒。徐積以人有孝、有信、有忠來推論人性為善的做法，在荀子看來乃是有問題的，荀子將忠、孝等德看作後天人為的產物，並非將其視為人性本有之物。因此，雖然徐積揭示出荀子此言中所潛藏的「人當有孝、有信、有忠」之意，但依荀子的邏輯，並不能由此得出忠、孝、信為人性本具之物以及人性本善的結論，所以徐積此處並沒有深入荀學

〔註80〕　譚宇權：《荀子學說評論》，臺北：文津出版社，1994 年，第 144 頁。
〔註81〕　《荀子辯》，《節孝集》卷二十九。

的理論內部而給予其辯駁，其歸結處仍不免流於自說自話。

（二）性、情之辯

荀子好言「情性」，常將性、情密切聯繫在一起，正如陸建華先生所說的，荀子是「以性定義情」〔註82〕。但徐積則不同意荀子此論，他主張區分兩者的不同。在徐積看來，「性者善也」〔註83〕，性是全然至善的；但「情有正與不正，若欲亦有正與不正」〔註84〕，也就是說，情和欲一樣，有正邪善惡之分。很顯然，徐積對性與情做了兩分處理，性至善無惡而情則有善有惡。徐積的這一性情觀應該受到了胡瑗的影響，胡瑗云：「性者，天生之質，仁義禮智信五常之道無不備具，故稟之為正」，「喜怒哀樂愛惡欲，七者之來皆由物誘於外，則情見於內，故流之為邪」〔註85〕，也是認為性正而情則有邪。

基於理學式的性情觀，徐積指出：

> 荀子曰：「今人之性，饑而欲飽，寒而欲暖，勞而欲休，人之情性也。今人饑，見長者而不敢先食者，將有所讓也；勞而不敢求息者，將有所代也。夫子之讓乎父，弟之讓乎兄，子之代乎父，弟之代乎兄，為此行者，皆反於性而悖於情也，故順情性則不辭讓矣，辭讓則悖於情性矣。用此觀之，人之性惡明矣，其善偽也。」辯曰：「荀子謬矣！夫饑而欲飽，寒而欲暖，勞而欲休，此人情之常也，雖聖人亦不免矣。至於子之讓乎父，弟之讓乎兄，子之代父，弟之代兄，此二行皆出於其性也，何反於性而悖於情哉？有是性即有是行也，無是性即無是行也，烏有性惡而能為孝悌哉？弗思而已矣！」〔註86〕

荀子將「饑而欲飽」等生理欲求視為人之情性，將子、弟對父、兄的讓代視為後天之偽，並認為情性是惡而此後天之偽是善。徐積則批評荀子混淆了情與性，在他看來，「饑而欲飽」只是人之情，不是人之性；而子、弟對父、兄的讓代行為則來源於人之性，正因為人性本善，故而將內在善性發顯於外才能有此善行。徐積區別情性的做法，是宋代理學不以情為性、明辨性情的思想先聲，這與荀子情性合稱、將情視為性之內容以及判性情為惡的思想是大異其趣的。

〔註82〕 陸建華：《荀子禮學研究》，第50頁。
〔註83〕 《辯習》，《節孝集》卷二十九。
〔註84〕 《節孝語錄》。
〔註85〕 胡瑗：《周易口義》卷一，清文淵閣四庫全書本。
〔註86〕 《荀子辯》，《節孝集》卷二十九。

徐積還從學的角度分析荀子人性論。徐積不滿荀子所言的「凡性者，天之就也，不可學，不可事。禮義者，聖人之所生也，人之所學而能，所事而成者也。不可學，不可事而在人者，謂之性；可學而能，可事而成之在人者，謂之偽。是性偽之分也。今人之性，目可以見，耳可以聽。夫可以見之明不離目，可以聽之聰不離耳，目明而耳聰，不可學明矣」〔註87〕之語而對其加以批評：

> 荀子過矣！若如此論，則是上之教可廢，而下之學可棄也，又烏用禮義爲哉！……荀子過矣！夫奚物而不可學也？赤子之性也，不匍匐矣，既匍匐也，不能行，必須左右扶持，猶曰姑徐徐云耳，然而卒能之楚、之秦、之天下者，其故何哉？蓋曰：學而已也。至於耳目，則何獨不然！其始也，目不能視矣，耳不能聽矣，然而明可以察秋毫之末，聰可以辯五聲之和，卒能如此者，其故何哉？亦曰：學而已也！夫奚物而不可學耶？」〔註88〕

從上述引文可知，荀子說耳目之性不可學，是認爲目之能視、耳之能聽乃天性使然，不須待後天之學而人自然能運用之，這是就耳目之官的功能立論。而徐積則將荀子的耳目之性不可學的觀點理解爲耳目與人性不具有學習的能力，並因而對荀子提出批評。徐積對荀子的批評，實際上是就後天學習的具體對象、內容而立論。可見荀子與徐積之間的立說基礎存在著不同，究其實，兩者的說法並不相悖。荀子肯定人能自然而然、不待後教地使用耳目之官，這並不表示荀子否定後天學習本身，相反，荀子是最重視後天學習的。徐積此處之所以對荀子做如此苛刻的責難，是因爲他不能接受荀子認爲性不可學、不可事的觀點，更深一層而言，他亦不能接受荀子將耳目之官視爲性、借耳目之官以論性的做法。在徐積看來，性必須是可以學、可以事的，只有這樣，內在之性才能化爲外在之行，否則外在之行的基礎就會瓦解，行爲本身就會失去創生的原動力。

（三）性、禮之辯

荀子人性論意在論證禮義的產生，禮義正是因爲人性爲惡才有其存在的必要，由人性論而追索出禮義論，是荀子哲學的主要邏輯結構。徐積批評荀子之人性論，必然涉及對荀子之禮的批評。他首先針對荀子提出的以禮義來矯飾人性的說法而與荀子辯曰：「荀子非也！且人之性既惡矣，又惡知惡之可

〔註87〕《荀子·性惡》。
〔註88〕《荀子辯》，《節孝集》卷二十九。

矯而善之可爲也！」〔註89〕徐積還批評荀子提出的人之性皆一的思想主張，
其云：「天下之性惡而已，堯、舜、盜跖亦惡而已，是自生民以來，未嘗有一
人性善也。未嘗有一人性善，其禮義曷從而有哉？其所謂聖人者，曷從而爲
聖人哉？」〔註90〕這裡，徐積責難荀子有兩點：其一，既然人性是惡的，聖
人之性與眾人之性皆爲惡，那麼，惡的性爲何能產生善的禮義？其二，既然
眾人之性爲惡，又怎麼會接受善的引導而自願向善努力？對於徐積的問難，
其實荀子是有所回答的，關於善的禮義如何產生的問題，從現實的角度來說，
禮義的產生是聖人不滿人之欲望的無節制所帶來的動亂的社會狀態，並經過
現實中無數次反覆的磨煉而不斷累積凝結的產物，從這個意義上，禮義之生
不是從內在人性中順推出的，而是在無情的現實中被不斷「追逼」出的。〔註
91〕荀子確實沒有傾心於如孟子一樣地樹立一個穩固的道德善源以保證禮義之
善的產生，而是側重於從現實出發來追索禮義的起源。關於眾人何以能夠在
自爲惡性的境況下接受善之禮義的教化，這是因爲眾人之性雖爲惡，但其趨
利避害的本能和認識利害的智力尚在，眾人認識到只有禮義能規範社會整體
秩序、使之遠離混亂而歸於治理，這樣，眾人就會自願接受禮義的教化與引
導。也就是說，眾人自願接受禮義之化，並不是出於內在善性的驅動，而是
出於趨利避害的本能和認識利害的智力。以上所述，說明荀子對徐積之責難
是有所思考和回答的，而徐積此處提出的問題亦可謂切中了荀學的關鍵之
處。只是徐積的理論路向是從道德形上學入手來建構人性論與禮義論，並以
此解釋二者的順推關係；而荀子的理論路向則是從現實入手來建構人性論與
禮義論，並以此解釋二者的逆向關係。徐積對荀子的責難，實際上反映了理
學與荀子之間存在著兩種理論建構路向的差異。

徐積又云：

荀子曰：「性善則去聖王、息禮義，性惡則興聖王、貴禮義。」
辯曰：「一陰一陽，天地之常道也。男有室，女有歸，人倫之常道也。
君必有民，民必有君，所以爲天下也。不然，何以爲天下？聖王之
興，豈爲性惡而已哉？故性善，得聖王則愈治，得禮義則愈興，安

〔註89〕《荀子辯》，《節孝集》卷二十九。
〔註90〕《荀子辯》，《節孝集》卷二十九。
〔註91〕關於荀學中善之起源的理論，李晨陽先生亦從社會學的角度做過相關闡釋，
參見李晨陽：《荀子哲學中「善」之起源一解》，載《中國哲學史》2007年第
4期。

得曰『去聖王，息禮義』？性善而得禮義，如物萌而得膏雨也，勃

然矣，有何不可哉！荀子過矣！」〔註92〕

荀子認為聖王的確立和禮義的產生說明了人性之惡，正因為性惡，聖王和禮義才顯出其存在的意義和價值，如果人性本來即善，那麼聖王和禮義就失去了其重要性。徐積則站在性善論的立場批評荀子，他認為性善才更能說明聖王和禮義的重要，聖王和禮義乃是使眾人的內在善性得以在現實中保持和發揚的必要保證。荀子和徐積皆是站在自我立場上立論，兩方皆有其理，從各自的理論系統出發都能得到合理的解釋。實際上，聖王和禮義的確立與人性的價值屬性之間有著多種可能的解釋向度：其一，人性本善，但後天容易流於惡，故需要聖王和禮義使人保持、發揚先天善性；其二，人性本惡，故需要聖王和禮義使人化除惡性而成就善；其三，人性善惡混，故需要聖王和禮義引導、發揚人性中善的一面，同時化除其惡的一面；其四，人性無善無惡，故需要聖王和禮義來塑造、成就人之善。其中，第一點是孟子的解釋路徑，第二點是荀子的解釋路徑，顯然，兩者都只站在自我立場而立論，從而忽視了其他幾條解釋路徑，都是不全面的。

最後，徐積著力辨析、批評荀子之「偽」：

荀子謬矣！夫欲行其實者，必先正其名，名正則教行矣。禮義

之偽與作偽之偽，有以異乎？其無以異乎？在人者必皆謂之偽，則

何事而不可言偽？〔註93〕

徐積不滿荀子將禮義視為「偽」，他要求「先正其名」，就是要先辨正「偽」之涵義。荀子所言之「偽」，楊倞將其解為「人為」〔註94〕，指後天作為之意。荀子的原意，是指禮義並非來源於人之性，而是來自與性相對的後天作為，他因而言禮義為「偽」，學者多概括而稱之「禮偽」。但在徐積看來，荀子所言的禮義之「偽」實際與「作偽之偽」意義相同，乃是指虛假、虛偽之意。徐積依此為據，對荀子禮偽之論大加指責，認為荀子視禮義為虛假，則天下無真誠之物矣。關於徐積的此番評論，南宋儒者黃震曾站在荀子立場上對其有所辯護，他說：

〔註92〕《荀子辯》，《節孝集》卷二十九。

〔註93〕《荀子辯》，《節孝集》卷二十九。

〔註94〕楊倞云：「偽，為也，矯也，矯其本性也。凡非天性而人作為之者，皆謂之偽。

故為字『人』傍『為』，亦會意字也。」見王先謙：《荀子集解》，第434頁。

　　　彼所以僞者，人爲之名，而非詐僞之謂。若曰人性本惡，修爲
　　斯善，其意專主習而不主性，其說遂墮一偏。而又古今字義漸變不
　　同，如古以媚爲深愛，而後世以爲邪；古以佞爲能言，而後世以爲
　　諂。荀子之所謂「僞」，殆類《中庸》之所謂「矯」，而擇言不精，
　　遂犯眾罵，不然何至以爲善爲詐僞之僞也哉！〔註95〕

黃震雖認爲荀子之人性論不免有偏，但他卻爲荀子之「僞」說話，認爲其與
《中庸》之「強哉矯」的精神相一致。清人亦對徐積等將荀子之「僞」解爲
「虛僞」有所不滿，如章學誠云：

　　　荀子著《性惡》，以謂聖人爲之化性而起僞。「僞」於六書，「人
　　爲」之正名也。荀卿之意，蓋言天質不可恃，而學問必藉於人爲，
　　非謂虛誣欺罔之僞也。而世之罪荀卿者，以謂誣聖爲欺誕，是不察
　　古人之所謂，而遽斷其是非也。〔註96〕

錢大昕亦云：

　　　世人見篇首云「人之性惡，其善者僞也」，遂掩卷而大詬之，不
　　及讀之終篇。今試平心而讀之，荀子所謂「僞」，只作爲善之「爲」，
　　非誠僞之「僞」。〔註97〕

以上所引黃震、章學誠、錢大昕諸人之言，皆力圖還原荀子之「僞」爲「人
爲」之意，清除將荀子之「僞」解釋爲與「誠」相對的「虛僞」的觀點。其
實，包括徐積在內的眾多理學家們未必不知荀子之「僞」有人爲之意，亦未
必故意拋開「僞」的人爲意而只重其虛僞意，這一點在朱熹與其門人趙致道
的對談中可以清晰見出：

　　　致道言：荀子言性惡禮僞，其失蓋出於一，大要不知其所自來，
　　而二者亦互相資也。其不識天命之懿，而以人欲橫流者爲性；不知
　　天秩之自然，而以出於人爲者爲禮，所謂不知所自來也。至於以性
　　爲惡，則凡禮文之美，是聖人制此以返人之性而防過之，則禮之僞
　　明矣。以禮爲僞，則凡人之爲禮皆反其性，矯揉以就之，則性之惡
　　明矣。此所謂互相資也。告子杞柳之論，則性惡之意也；義外之論，

〔註95〕　《讀諸子‧荀子後辯》，《黃氏日鈔》卷五十五。
〔註96〕　《說林》，《文史通義》卷四。見（清）章學誠著；葉瑛校注：《文史通義校注》，
　　　　　北京：中華書局，1985年，第354頁。
〔註97〕　《跋荀子》，《潛研堂文集》卷二十七。見（清）錢大昕著：《潛研堂文集》，
　　　　　第418頁。

則禮僞之意也。先生曰：亦得之。〔註98〕

由此段趙致道和朱熹的對談可以看出，朱熹等理學家們明顯知曉並言述荀子之「僞」有「人爲」之意，可見他們並非有意隱瞞或忽視荀子之「僞」的人爲意涵，他們只是認爲荀子未能領悟到此「人爲」之禮乃出於天道之自然。在理學家們看來，禮源出於天且與人之性相通，而荀子所言之禮則並非自天而出，亦非與性相通，因而他們認爲荀子所說的禮乃是無源之水，荀子所言的「人爲」亦是既沒有內在道德根源、又沒有外在自然根據的虛假不實的「僞」。正是在這個意義上，徐積等理學家們才判定荀子之「僞」是虛僞。由此可見，徐積等人並非刻意「暗暗拋開人爲之義，對誠僞之義加以責難」〔註99〕，他們對荀子之「僞」的理解只是順隨他們自身的思想體系出發而自然會得出的結論。雖然徐積等宋儒對荀子之「僞」的這種理解有待進一步商榷，但後世儒者對宋儒亦存在一定誤解，甚至存在將宋儒對荀子的論議作簡單化處理的思想傾向。如果說徐積等宋儒對荀子的理解存在問題，那麼這一問題並不是沒有看到「僞」的「人爲」含義或刻意隱瞞此含義的問題，而是在看到「僞」的兩種含義時爲何偏重將荀子之「僞」解爲「虛僞」之意的問題。實際上，徐積之所以將荀子之「僞」解爲「虛僞」，乃是以其自身的價值取向而對荀子此論可能造成的效果的一種評斷，徐積思想的理學傾向使得他越過荀子之「僞」的人爲含義，而賦予其以虛僞的思想品格，這不是徐積的意氣用事，也不是其對荀子的陰險攻擊，只是雙方思想深處潛存的內在矛盾所造成的必然表現而已。

綜上而言，徐積站在性善論的理學立場而對荀子人性論進行多方面的批評。首先，徐積批評荀子將人性的價值指向判定爲惡，認爲人性乃善；其次，徐積批評荀子將性、情同質化，認爲性、情有別，兩者有正邪善惡之分；最後，徐積批評荀子將禮視作「僞」的產物，認爲禮出於性而源於天。徐積對荀子之批評的核心在於兩者對人性價值取向的不一致，徐積走的是一條「順」的路：由人性之善推出行爲之善、禮義之善；荀子走的則是一條「逆」的路：由人性之惡而論證求取禮義之善的必要，再由禮義之善對惡性的化除而推出行爲之善。兩者所選擇的路途皆有其價值，皆能在一定層面上自圓其說。徐積對荀子的批評雖然有合理之處，但亦不乏以己度人、誤解荀子之處。

〔註98〕《答趙致道》，《朱熹集》卷五十九。見（宋）朱熹撰；郭齊、尹波點校：《朱熹集》，成都：四川教育出版社，1996年，第3081頁。
〔註99〕馬積高：《荀學源流》，第265頁。

二、二程視域中的荀子人性論

二程兄弟中，程頤對於荀子人性論的態度，前章已有所論及，此處略重申之。程頤認為荀子和揚雄只是就才與氣稟來說性，因而見出性惡或性善惡混，而這都沒有觸及到人性論的「大本」，只有孟子就根本處的理來說性，見出性之善，才是真正的知本之言。雖然程頤也承認「性」有「天命之性」（性即是理，至善）與「生之謂性」（氣質之性，有善有惡）的差別〔註100〕，認為氣質之性亦有惡的一面，但其主要著眼點則在於對天命之性的闡揚、持守與復歸，也即是說，性善才是程頤人性論的根本精神。順由這一根本精神，程頤因而對荀子人性論嗤之以鼻、不屑一顧。由人性論而旁及修養論，程頤對荀子亦甚不以為是，《遺書》記載：

> 問：「游宣德云：『人能戒慎恐懼於不睹不聞之時，則無聲無臭之道可以馴致。』此說如何？」曰：「馴致漸進也，然此亦大綱說，固是自小以致大，自修身可以至於盡性至命；然其間有多少般數，其所以至之之道當如何？荀子曰：『始乎為士，終乎為聖人。』今人學者須讀書，才讀書便望為聖賢，然中間至之之方，更有多少。荀子雖能如此說，卻以禮義為偽，性為不善，佗自情性尚理會不得，怎生到得聖人？大抵以堯所行者欲力行之，以多聞多見取之，其所學者皆外也。」〔註101〕

程頤認為荀子雖言「終乎為聖人」，但因其提倡性惡禮偽之說，故終難以成聖。在程頤看來，從一個剛入門的讀書者到聖賢，需要經過漫長的修養歷程（「其間有多少般數」），而修養的總原則（「至之之道」）就是「涵養須用敬，進學則在致知」〔註102〕。荀子之學，亦重求知，看似與程頤之修養論相合，但實則兩者有很大差異。程頤之修養論雖重向外格物致知，但同時亦重涵養內心之敬，通過主一無適的工夫，使自我意識專注於養善閒邪，以達至善無惡之境。荀子雖重問學求知，並提出虛壹而靜的心之修養論，但其修養的基礎與目的皆與程頤有異：從修養之基礎而言，程頤修養論的前提是人性善，而荀子則是人性惡；從修養之目的而言，程頤修養論的目的是為了領悟人性之善，

〔註100〕程頤云：「性字不可一概論。『生之謂性』，止訓所稟受也。『天命之謂性』，此言性之理也」（《二程遺書》卷二十四，第370頁）。
〔註101〕《二程遺書》卷十八，第240頁。
〔註102〕《二程遺書》卷十八，第237頁。

以達內外交融之境，荀子修養論的目的則是為了化除人性之惡。在程頤看來，荀子雖重學重求知，但因人性論不合「大本」，故而其修養論亦是無本之末。沒有內在心性之學的根基，無怪乎荀子之說要被程頤斥之為「外」了。

就程顥而言，其對荀子人性論並沒有直接做出評議。但在人性論上，程顥提出了「惡亦不可不謂之性」的觀點，這看上去似與性善論相悖離，而與荀子之說相近。程顥的這一人性論說，不僅讓後來的朱熹為了將其解釋成與性善論相一致而費盡周折，也讓後世儒者就其與荀子人性論的關係而各抒己見。那麼，如何透過分析程顥的人性論來把握其中所隱含的對荀子人性論的態度？又如何釐清程顥與荀子人性論之間所存在的這一段公案？朱熹等後來的儒者又是如何看待這一問題的？這些正是下面所要闡釋的。

（一）惡亦不可不謂之性

因程顥言語中沒有直接評述荀子人性論的話語，故而我們只能通過分析程顥自身的人性論入手來窺探其對荀子人性論的態度。程顥的人性論集中體現在下面一段話中：

> 「生之謂性」，性即氣，氣即性，生之謂也。人生氣稟，理有善惡，然不是性中元有此兩物相對而生也。有自幼而善，有自幼而惡，是氣稟有然也。善固性也，然惡亦不可不謂之性也。蓋「生之謂性」、「人生而靜」以上不容說，才說性時，便已不是性也。凡人說性，只是說「繼之者善」也，孟子言人性善是也。夫所謂「繼之者善」也者，猶水流而就下也。皆水也，有流而至海，終無所污，此何煩人力之為也？有流而未遠，固已漸濁；有出而甚遠，方有所濁。有濁之多者，有濁之少者，清濁雖不同，然不可以濁者不為水也。如此，則人不可以不加澄治之功。故用力敏勇則疾清，用力緩怠則遲清，及其清也，則卻只是元初水也，亦不是將清來換卻濁，亦不是取出濁來置在一隅也。水之清，則性善之謂也。故不是善與惡在性中為兩物相對，各自出來。此理，天命也。順而循之，則道也。循此而修之，各得其分，則教也。自天命以至於教，我無加損焉，此舜有天下而不與焉者也。〔註103〕

〔註103〕《二程遺書》卷一，第61頁。

程顥持「生之謂性」說，但其說又不同於告子。程顥認為天地萬物來源於理，人在稟受理而生的過程中，亦稟得自我之性。人在稟受理以生之後，人性才得以顯出善惡，而在此之前，性不可以善惡言，所謂「人生而靜以上不容說」，是說本然之性乃超越善惡的存在，而有善惡表現的人性則已不屬於本然之性，已是現實世界中的性。所謂「善固性也，然惡亦不可不謂之性也」，是說此現實世界中的性，不僅表現為善的一面，更有表現為惡的一面。與此善惡之性相對應，程顥言「理有善惡」，是將性理做一對稱，這裡所說的「理」亦不是本然之理，而只是現實世界中顯現出的理。其實，程顥心目中的本然之理與本然之性，客觀而言是超越善惡的，但其終極的價值指向則仍是善。由此，我們就可明白為何程顥會說「然不是性中元有此兩物相對而生也」，這是強調性中本沒有善惡之對。〔註104〕那麼，善惡又從何而生呢？程顥用「繼之者善」和孟子的水流就下之論來解釋。他認為，人性就好比水流，其初至清，故為善；隨著生命之旅的展開，有些人一直保持水流之清，故一直為善；有些人則不免會將清水中摻雜進污濁，故顯現為惡。程顥認為，雖然污濁是不好的，但它同清水一樣，也是水流，故不可因其為濁水而否定其為水，因而我們亦不能因為惡是不好的，就否定惡也是人性的表現。人性有了惡，生命之流中有了污濁，就要加以克服，以化去污濁與惡，這就是「澄治之功」。澄治的過程不是簡單地將人性之惡抽離出來並將人性之善由外部注入，而是用人性之善「化除」惡、消融惡。也就是說，程顥不是將善惡簡單機械地割裂對待，而是試圖在兩者融合之中而使善發揮威力將惡消弭淨盡，這是一種內在的消解法，不是外在的置換法。澄治的目的是將生命之流中的污濁化去，使人回歸善性。

　　由上可見，程顥論理、性及其善惡是在不同層次上言說的交錯綜合，正是這種交錯綜合使得我們對程顥人性論的理解較為困難。如果能將其言論的各層次及其關係做一分析，則會對我們的理解有所幫助。不妨列表如下：

	本　　然	現　　實	歸　　宿
理	人生而靜以上不容說	理有善惡	天理至善
性		善固性也，惡亦不可不謂之性	性善

〔註104〕朱熹云：「此一段極難看。但細尋語脈，卻亦可曉。上云『不是兩物相對而生』，蓋言性善也。」（《朱子語類》卷九十五，第 2426 頁。）可見，程顥這句話的意思就是性本善而無惡。

由上表所示，人性在本然狀態下本無所謂善惡，但落實於現實世界則有善有惡、善惡交雜，正因此而須以澄治之功化去人性之惡，最終達至性善。由此可見，在程顥看來，惡是現實人性的一部分。那麼，惡與本然之性有無關係呢？程顥對此沒有明確指示。若說惡與本然之性無關，那麼，惡的道德根源又在何處呢？若說惡與本然之性有關，那麼，程顥又爲何要說本然之性無善惡可言呢？到底該如何化解這兩種說法之間的矛盾？筆者在此試作一探討。筆者認爲，程顥之所以將本然之性設定爲「不容說」的，這本身已經暗含了將人性善惡問題作模糊化處理的傾向。實際上，程顥所言的本然之性是超越善惡而同時又與善惡相即的存在，只有首先明確這一點，才能融貫地理解上述諸問題。〔註105〕首先，現實世界中所顯現出的人性善惡諸相併不是無根的，其道德根源皆能在本然之性中找到其存在根據，只是這種根據不是機械地簡單對應，也就是說，在程顥的人性論體系中，不能由現實人性的善惡而直接推出本然人性的善惡，但現實人性之善惡的根源又在於本然人性中有著可以顯現爲現實善惡的潛藏基因，只是這基因本身是不可以現實善惡來測度的〔註106〕。其次，本然人性雖不可以善惡言，但其終極的價值指向則是善，也就是說，本然之性中雖包含善惡的潛藏基因，但此基因中惡又是不勝善的。正是因爲這樣，才能保證現實世界的人性善惡注定向著化惡爲善的方向不斷前進。關於這一點，唐君毅先生早已言明，其分析上引程顥之言論云：「人之天理或性，乃即在此陽長陰消，善增惡減中，實現其自己者。然陽長而善增之極，唯見繼之之善，而更無惡，即又見其初之二者之相對，終不成相對」，「水可復清，即喻水原以清爲性；人可變化氣質，以歸於有善無惡，即證性原善」。〔註107〕郭曉東先生亦指出：程顥「這一超越善惡的『性』，也可謂是純然至善之『性』。」〔註108〕可見，程顥雖云人生而靜以上之性不容說，但終

〔註105〕 本然之性超越善惡，所以其善惡「不容說」，但這並不意味著本然之性完全斬斷了與善惡的任何關聯。本然之性本身雖不能明言善惡，但其與善惡又有著某種勾連關係，所以在這一意義上，本然之性又是可以以善惡言的。程顥之語，言簡意豐，一句言語往往包含數層看似相悖的涵義，這些地方皆不可以機械思維簡單理解。

〔註106〕 我們只知道本然之性中潛藏有這種可以展開爲現實世界善惡之性的基因，但對於這一基因的組成結構等卻無從知曉，正是在這一無從知曉的意義上，程顥認爲本然之性的善惡「不容說」。

〔註107〕 唐君毅：《中國哲學原論・原性篇》，第227頁。

〔註108〕 郭曉東：《識仁與定性——工夫論視域下的程明道哲學研究》，第99頁。

究仍是以性善作爲其人性論的核心及歸宿的。他雖承認人性之惡的現實存在，乃至認可人性中有惡的潛藏基因，但此惡卻是有待被善化除的存在。也就是說，程顥之所以承認惡的地位，是爲了更加凸顯出善的存在，爲了更好地實現善。他說：

> 事有善有惡，皆天理也。天理中物，須有美惡，蓋物之不齊，物之情也。但當察之，不可自入於惡，流於一物。〔註109〕

> 與善人處，壞了人；須是與不善人處，方成就得人。他山之石可以攻玉。〔註110〕

從這些話中皆可知曉，程顥承認「事有善有惡」、「理有善惡」，只是就現實存在而言的，就其理想層面而言，他則倡導人們「不可自入於惡」。他之所以主張要與不善人相處，並不是爲了使自己變爲不善，而是以「他山之石可以攻玉」之方來使人更好地知善、行善。

由上述分析，程顥所言的「惡亦不可不謂之性」與荀子所言的性惡，並不是一回事，其異同需做具體分析。在對此分析之前，筆者試著將思想史中學者對這兩者之間關係的理解做一梳理和評介。明代薛應旂云：

> 薛子曰：「孟子言性善，荀子言性惡。要之，善者其常也，惡亦不可不謂之性也。程子之言，蓋有所取爾也。」〔註111〕

薛應旂認爲善是人性之常，而惡雖不屬人性主流，但亦是人性不可分的一部分。他認爲程顥所言的「惡亦不可不謂之性」有取於荀子的性惡論，荀子人性論啓迪了程顥的人性論。如果說薛應旂看到的是程顥與荀子人性論之間的聯繫，薛瑄和陳龍正看到的則是兩者之間的差別。薛瑄云：

> 程子言「惡亦不可不謂性也」，此指理在氣中。荀子言性惡，則專主氣言，故有不同。〔註112〕

陳龍正云：

> 孔言性近，孟言性善，似不同矣；孟子之言，實以闡孔子。荀況言性惡，程子言惡亦是性，似同矣；程子之言，實以砭荀況。陰陽和粹，充滿天地，人身受之，亦此和粹之理。從善說性，自陰陽

〔註109〕《二程遺書》卷二，第67頁。
〔註110〕《二程遺書》卷三，第113頁。
〔註111〕《世治》，《薛子庸語》卷十一。見（明）薛應旂：《薛子庸語》，明隆慶刻本。
〔註112〕（明）薛瑄：《讀書錄》卷九，清文淵閣四庫全書本，並見明萬曆刻本。

說至人身，孟子即性說善，見人身即此陰陽，非所以闡孔子乎？氣出於理而不能皆善，況不見理惟見氣，又不見氣之全，見其偏，故程子兼氣言性而云「惡亦未始非性」。蓋指氣中之一半言，非謂理善而氣惡也。非所以砭況乎？執氣言性，已昧其初。矧偏指其濁且薄者而謂之惡，是惡人皆順性，善人皆拂性，其迷禍可勝言哉！大抵氣不能盡如理，非氣反乎理。〔註113〕

薛瑄和陳龍正都認為荀子的性惡論是專指氣言，而程顥的「惡亦不可不謂之性」則指理氣交融的氣質之性而言。〔註114〕氣質之性指理為氣所遮蔽而不得完全展現，因而呈現出或善或惡的境況。陳龍正認為理是全善的，但氣也並非全惡，氣質之性是有善有惡，「惡亦是性」乃指理為氣遮蔽時所顯示出的惡的一面；而荀子則只以氣論性，且認為氣是全惡的；因此，荀子人性論與程顥實不相同，程顥提出的「惡亦是性」非但不是有取於荀子，更是對荀子人性論的批評與貶斥。

至清代，孫奇逢亦對此問題有所見解，他在答時人的書信日記中有這樣一段記載：

程子惡亦不可不謂之性。此語誰能不疑，正不可放過。予固喜諸君之有此疑也。保汝前後所辨者，謂人性至善，本自無惡。其所謂惡者，皆後來攪入的私心。程子惡亦不可不謂之性，似說不去，是明與之相左也。來儀云：目之性能視，則非禮勿視者，此目；而視非禮者，

〔註113〕《性善惡》，《幾亭外書》卷一。見（明）陳龍正：《幾亭外書》，明崇禎刻本，並見清光緒樠李遺書本。

〔註114〕薛瑄與陳龍正以氣質之性來理解程顥「惡亦不可不謂之性」的思想，來源於朱熹，朱熹云：「『善固性也，惡亦不可不謂之性也』，此是氣質之性。蓋理之與氣雖同，畢竟先有此理而後有此氣」（《朱子語類》卷九十五，第2429～2430頁）。但朱熹有時的言語似又與此相扞格，其與門人討論的一條語錄云：「曰：『既言性善，下卻言「善固性也，然惡亦不可不謂之性」，卻是言氣稟之性。似與上文不相接。』曰：『不是言氣稟之性。蓋言性本善，而今乃惡，亦是此性為惡所汩，正如水為泥沙所混，不成不喚做水！』」（《朱子語類》卷九十五，第2426頁。）其實，朱熹此處所說的「不是言氣稟之性」只是針對學生的疑問和困惑而做的權宜之答，其目的是引導學生主要從性善的視角去領會程顥之言，而不要著眼於從氣質之性的視角去理解。又有史料載朱子之言：「氣之惡者，其性亦無不善，故惡亦不可不謂之性也。……蓋天下無性外之物，本皆善而流於惡耳。」（《晦庵先生朱文公文集》卷六十七《明道論性說》，見《朱子全書》第23冊，第3275頁。）這即是朱熹從氣質的角度來理解程顥「惡亦不可不謂之性」的最明確的表述。

不可謂非此目；故善謂之性，而惡亦不可不謂之性。是亦姑就其言而解之，試味下文生之謂性，人生而靜以上不容說，才說性時，便已不是性也。此意自話理會。前人說話當要會其立言之旨，而融通其意，莫呆看孟子言性善，荀子言性惡。子曰：「性相近，習相遠」，相近處是性，則相遠處亦是性。善是性，惡亦不可不謂之性。是一時活潑說話。明是見人為不善，習與性成，故作此語。若果解成性惡，便千里矣。程子又言：濁亦是水，善惡皆天理，俱與此意同。〔註115〕

孫奇逢對保汝和來儀二人關於程顥「惡亦不可不謂之性」的解釋不甚滿意，他認為程顥此言是權宜之語。孫奇逢認可性善論，他認為人性本善，而惡是後天之習形成的，程顥正是在這個意義上說惡亦是性的，而荀子的性惡論是就人性之流弊而說的；〔註116〕故兩者皆說性之惡，但其意義卻有所不同。〔註117〕

　　上述諸人所論，多停留於以理氣關係為框架或以性善論為準則來解釋程顥與荀子人性論之異同，其中對荀子的批評或辯護，或不免流於偏頗與表淺。若拋開理學自身的解釋框架來看兩者人性論的異同，筆者認為，其同在於：其一，他們皆認可現實世界中的人具有惡性，皆認為惡是現實世界、現實人生所必須直面的存在。其二，他們都主張化除人性之惡，以達到人生之善。但兩者之間又有著很大的不同：其一，荀子所言的人性只是就社會現實的層面立論，而程顥所言的人性則兼及現實人性和本然人性兩個層面。其二，荀子認為人性中沒有善的因子，人性只是惡，善來源於後天之偽；程顥則認可現實人性中有善的一面，且最終認可本然人性中亦有善的基因。其三，荀子主張化性起偽，用後天所起的禮義來制約、克服人之惡性；程顥則主要用識仁、定性等心性工夫來達到化除惡性而歸於善性的目的。

〔註115〕《答保汝來儀等》，《日譜》卷十七。見（清）孫奇逢著；張顯清主編：《孫奇逢集（下）》，鄭州：中州古籍出版社，2003年，第678頁。對引文中的部分標點，筆者依上下文意有所調整。

〔註116〕孫奇逢云：「孟子道性善，是就繼之者善說。荀子性惡，是就流弊處說。有性善，有性不善，性可以為善，可以為不善，是就氣質說。性惡壞人不可訓。質氣限人，亦不可訓。無善無不善，禪宗也，又不可訓。性善一言，千古定案。」（《日譜》卷十七，《孫奇逢集（下）》，第678頁。）可見在人性論問題上，他贊同孟子性善論，且將荀子性惡論解釋為自流弊處言性。

〔註117〕孫奇逢又云：「荀子性惡，有激之言，猶之程子惡亦不可不謂之性，意固各有指也。」（《日譜》卷三十三，《孫奇逢集（下）》，第1294頁。）更明確地指出程顥與荀子之人性論各有旨趣，兩者所言有所區別。

（二）荀子不知誠

除在人性善惡問題上程顥與荀子表現出不同的理論取向，二人對「誠」的理解亦有差異。史料記載：

> 荀子曰：「養心莫善於誠。」周茂叔謂：「荀子元不識誠。」伯淳曰：「既誠矣，心焉用養邪？荀子不知誠。」〔註118〕

> 孟子言「養心莫善於寡欲」，欲寡則心自誠。荀子言「養心莫善於誠」，既誠矣，又何養？此已不識誠，又不知所以養。〔註119〕

後一條語錄原不載是二程中何人所言，參之前一條史料所載程顥之言，可知後一條語錄為程顥所說的可能性較大。程顥欣賞孟子所言的「養心莫善於寡欲」而反對荀子所言的「養心莫善於誠」，其關鍵的一點在於，程顥認為荀子只是將「誠」作為養心的一種手段，以誠的手段來達到養心的目的。程顥認為荀子對誠以及誠與心之關係的理解不符合儒學的真精神，乃是對誠的誤解，其結果是既不知道什麼是誠，又不知道什麼是心。對於誠，程顥云：

> 只是一個誠。天地萬物鬼神本無二。〔註120〕

> 道，一本也。或謂以心包誠，不若以誠包心；以至誠參天地，不若以至誠體人物，是二本也。知不二本，便是篤恭而天下平之道。〔註121〕

程顥認為宇宙中只有道這一個本體，而此本體即是誠，也就是說，道體就是誠體，此誠體賅括天地、萬物、鬼神等萬事萬象。誠與心的關係不存在誰包括誰的問題，因為兩者是相即為一的，誠體即是心體，心體亦即是誠體。此心體、誠體可參天地，亦可體人物，貫通天地人，無所不在。推此誠體，就可以領悟天地之道，進而治國平天下。可見，在程顥的視域中，道與誠與心是相互貫通、相融為一的，誠並不是達到心與道的手段，誠本身就與心、道一體，因而程顥又言「誠心」：

> 且省外事，但明乎善，惟進誠心，其文章雖不中不遠矣。所守不約，氾濫無功。〔註122〕

〔註118〕《二程外書》卷二《朱公掞問學拾遺》，《二程集》，第365頁。
〔註119〕《二程遺書》卷二，第68頁。
〔註120〕《二程遺書》卷六，第134頁。
〔註121〕《二程遺書》卷十一，第165頁。
〔註122〕《二程遺書》卷二，第70頁。

程顥的「誠心」是指「誠體—心體」之本身，它不是手段，而是目的；達到誠體的手段是「敬」而不是「誠」〔註123〕。與程顥相應，荀子亦言誠和誠心，其云：

> 君子養心莫善於誠，致誠則無它事矣，唯仁之爲守，唯義之爲行。誠心守仁則形，形則神，神則能化矣；誠心行義則理，理則明，明則能變矣。……夫誠者，君子之所守也，而政事之本也。〔註124〕

但荀子所言的「誠」，只是「養心」的最佳手段，其以誠養心的目的在於保持心的大清明狀態，以達到對道的認知，並由此來以心治性，用與道相合的大清明心來化除人之惡性。可見，誠只是以心治性中「養心」這一環節所必須具備的一種手段，誠本身並不是目的，更不是本體。同樣，荀子所說的「誠心」也只是用來「守仁」、「行義」的手段〔註125〕，並不是對「誠體—心體」的指稱。荀子也將誠看作是「政事之本」，但誠只有通過實踐仁義而與外在禮義相結合，才能轉化爲政事之本。

由上分析可見，程顥所言的「誠」是本體論、境界論意義上的「誠」：作爲本體，誠體與心體與道體是同一的，它直接融貫於天地萬物之中，成爲天地萬物成德成性的終極依據；作爲境界，誠是道德主體對天地萬物生發出相通爲一的體驗，以及在此體驗中獲得的心靈的愉悅與高揚。〔註126〕而荀子所言的「誠」則不是本體論、境界論意義上的，因而不具本體、境界等形上意蘊。與程顥相比，荀子之「誠」更具現實意味和社會治理涵義，〔註127〕「誠」

〔註123〕 蒙培元先生指出：「程顥強調誠是本體，敬是工夫，提倡『反身而誠』的內心直覺和體驗。反身而誠就是誠者自誠，以敬存之。」見蒙培元：《理學範疇系統》，北京：人民出版社，1989 年，第 475 頁。

〔註124〕 《荀子‧不苟》。

〔註125〕 梁濤先生在比較荀子與《中庸》的差別時即指出荀子「把誠看作實踐仁、義的手段」（見梁濤：《荀子與〈中庸〉》，載《中國社會科學院研究生院學報》2002 年第 5 期）。

〔註126〕 馮達文先生在分析周敦頤之「誠」時指出：「『誠』作爲一種人德，不是對應於人與人之間利益關係的規範性道德，而是對應於人對『無極—太極』本源的偉大功能無比敬崇的信仰性道德」，「『誠』之爲德不是規範意義，只具境界意義」（見馮達文：《宋明新儒學略論》，廣州：廣東人民出版社，1997 年，第 64 頁）。前引史料中記載周敦頤批評荀子「元不識誠」，周敦頤的「誠」偏於境界論，這使得他對荀子的誠論無法接受。

〔註127〕 梁濤先生認爲荀子對《中庸》中「『不誠無物』的命題也作了改造，拋棄了其中精神體驗的神秘成分，而走向經驗、實證」（見梁濤：《荀子與〈中庸〉》）。

只是「養心」以便使仁義、心和外在禮義相結合的最佳手段。所以，程顥的「誠」具有形上性、信仰性、神秘性〔註128〕、目的性、終極性，而荀子的「誠」則具有現實性、工具性、經驗性、手段性、過程性。兩相比較，荀子之「誠」與周敦頤、程顥等理學家所言之「誠」實有著很大差異，周、程執守於自我學術立場，自然不能理解和接受荀子的「誠」論了。

三、范浚視域中的荀子人性論

范浚，字茂明，浙江蘭溪香溪人。范浚之學爲朱熹所欽慕，朱熹曾先後兩次登門拜訪而不遇。至於范浚的師承，朱熹也說不知其從誰學，據范浚自道云：「膚受末學，本無傳承。所自喜者，徒以師心謀道，尚見古人自得之意，不孑孑爲世俗趨慕耳」〔註129〕，可見其學乃自悟所得。范浚之學雖賴自悟，但清儒全祖望則認爲范浚「其言無不與伊洛合，晦翁取之」〔註130〕，將其視爲二程和朱熹之間的過渡人物，因而亦將其學歸爲程朱一系的理學之中。

與眾多理學家一樣，范浚論性亦以孟子性善論爲宗，但其與以往學者論性善又有所不同。范浚云：

> 天降衷曰命，人受之曰性，性所存曰心。……《記》曰：「人生而靜，天之性也」，靜所以強名，夫寂然不動者也。然而又曰：「感而遂通，天下之故」，故必於寂然之中有不可以動靜名者焉，然後爲性。孟子所謂必有事焉，而勿正心，勿亡勿助長者，蓋求知性之道也。〔註131〕

性來源於寂然之天，吾人應當在寂然之中求得。且性「不可以動靜名」，這說明，性是超越動靜的存在。在性與善的關係問題上，范浚指出，性的價值指向雖是善，但善與性之間又有所區別：

> 或曰：「子以善爲不足以盡性，豈性與善異耶？」曰：「善，性

〔註128〕 程顥及其之前的周敦頤所言之「誠」，皆具神秘性，正如牟宗三先生所言：「照周濂溪的講法，『誠』不但是形而上的，它還是個神心。這個『誠』就代表心、代表神，神是無限的妙用」（見牟宗三：《宋明儒學的問題與發展》，上海：華東師範大學出版社，2004年，第92頁）。前引史料中記載周敦頤批評荀子「元不識誠」，這與周敦頤將誠理解爲境界的、神秘的本體是一致的。

〔註129〕 《答潘默成書》，轉引自《宋元學案》卷四十五《范許諸儒學案》。見（清）黃宗羲原著，全祖望補修；陳金生、梁運華點校：《宋元學案》，北京：中華書局，1986年，第1439頁。

〔註130〕 《宋元學案》卷四十五《范許諸儒學案序錄》，第1438頁。

〔註131〕 《性論上》，《范香溪先生文集》卷二。見（宋）范浚：《范香溪先生文集》，四部叢刊續編景明本，並見清刻本。

之用也。夫豈有二哉！孟子知性，故不動心，又以性之用教人，故
道性善。《易・繫辭》曰：『一陰一陽之謂道，繼之者善也，成之者
性也』。善繼乎道，則非道也；性成乎道，則與道一矣。然則善不足
以盡性，明矣。且孟子亦豈以善爲足以盡性哉，其言曰『可欲之謂
善，有諸己之謂信，充實之謂美，充實而有輝光之謂大，大而化之
之謂聖，聖而不可知之之謂神』，使孟子以善爲足以盡性，則一言而
足矣，豈復以信與美與大與聖與神爲言乎？故曰：孟子道性善，以
性之用教人也。」〔註132〕

范浚認爲，善爲性之用，善並非完全等同於性，因而善不足以盡性。他解釋孟
子的性善是教人以性之用，孟子本意並非以性等同於善；將性與善不作區分，
是後世學者誤解了孟子本意所造成的結果。他以此品評孟、荀、揚三子之性論：

　　或曰：「孟軻知性，以性爲善，善果性耶？後世以軻與荀、揚同
論，於軻不能無譏，善果非性耶？」曰：「學者之患，在不求其是而
爲衆說之惑，苟捨衆說而自求其是，則是得，而衆說之然否，昭昭
矣。且夫性不可言，而可言者曰靜。子姑從其靜者而觀之，將以爲
善乎？將以爲惡乎？必曰善可也。然則善雖不足以盡性，而性固可
以善名之也。〔註133〕

面對善是不是性的質疑，范浚主張從「靜」中體察性之善惡，他認爲靜中體
察之性必定爲善，又指出「善雖不足以盡性，而性固可以善名之」，善與性有
所區別，性雖不等於善，但性卻可言善，因而孟子的性善論是成立的。不難
看出，范浚對性善論的重新詮釋，有似於程顥的人性論：他認爲性「不可以
動靜名」，這相當於程顥的「人生以上不容說」；他又強調性與善的區別，這
與程顥將本然之性設定爲超越善惡的存在相似。由此可見，范浚的論性方式
確實與程顥有相通之處，無怪乎全祖望謂其言與伊洛合。

　　與孟子以水無不下來論證人無不善相似，范浚亦以水做比喻來論證性
善。范浚云：

　　天下一性也。愚與明，氣之別也；善與惡，習之別也；賢與聖，
至之別也。氣、習與至雖異，而性則同也。……孔子以謂人之或爲善、
或爲惡，其性未嘗不相近，其所以相遠者，特善惡之習而已，如是則

〔註132〕《性論上》，《范香溪先生文集》卷二。
〔註133〕《性論上》，《范香溪先生文集》卷二。

> 惡人捨其習而之善，不害爲善人；善人忘其習而之惡，未免爲惡人也。
>
> 譬之猶水，其出同源，及派，或清焉、或濁焉，雖未清濁之異，然濁者澄之則爲清，清者汩之則爲濁，豈不以爲水者，實相近耶？性譬則水，習譬則清濁之流，是性常相近而習則相遠也。〔註134〕

所謂「天下一性」，是指天下萬物的本性皆善。現實世界之所以有善惡之分，在於後天養成的習慣、習俗存在不同。范浚以水之源皆清比喻性之本善，以水之流或清或濁比喻習有善惡之別，這實際上是從不同的論述角度認同了孟子的性善論。以性善論爲標準，范浚對荀子與揚雄展開批評。其批評揚雄云：

> 彼揚雄者，求性之所謂而不得，則強爲之說曰人之性也善惡混。雄不明言性之果善果不善，而以爲善惡混，是意之云耳，意之而爲不明之論，庶幾後世以我爲知性之深也。雄豈眞知性哉？且水之源無不清，性之本無不善。謂水之源，清濁混，是未嘗窮源者也；謂性之本，善惡混，是未嘗知本者也。故曰：雄意之云耳。〔註135〕

在范浚看來，水之源只是清、人之本性只是善，後天之習才使得清源善性分別爲清濁善惡，他認爲揚雄言人性善惡混，這好比說水之源兼有清濁，是不能窮源知本之論。至於荀子說人性惡，這就好似說水之源皆濁一樣，更是不能爲范浚所認可。范浚批評荀子云：

> 惟心無外，有外非心。惟性無僞，有僞非性。僞而有外者曰意。意，人之私也；性，天之公也；心主之也，意迷之也。迷而不復者爲愚，知而不迷者爲知，不迷而止焉者爲仁，仁即心，心即性，性即命，豈有二哉？……彼荀卿者從性之僞，而指以爲性，故曰人之性惡，性豈本惡也哉？且以古人之不善者，無逾桀、紂，桀、紂誠惡矣，龍逢、比干言其不善，則諱而怒之，是知不善之可恥者，固自善也。性豈本惡也哉？〔註136〕

范浚將性與仁、心、命貫通起來，又將性與僞對立起來，認爲「僞」是「意」、「私」，而「性」則是「公」。其中，「天之公」的性是善，而「人之私」的僞則是惡。他認爲荀子以僞爲性，故將性視爲惡。這裡，范浚對荀子人性論的結構分析有所偏差。在荀子那裡，僞恰是善的來源，荀子將性僞對立起來，

〔註134〕《性論下》，《范香溪先生文集》卷二。
〔註135〕《性論上》，《范香溪先生文集》卷二。
〔註136〕《性論上》，《范香溪先生文集》卷二。

為的是以善之偽來化除惡之性。而范浚將荀子之偽理解為惡，又認為荀子用惡之偽來規定惡之性，這種理解其實並未通達荀子人性論的本意，乃是犯了清儒所批評的宋代理學家將荀子之「偽」誤解為與「誠」（「善」）相對之範疇的錯誤。至於范浚所舉反駁荀子性惡的另一例證，即：桀、紂既然能知不善之為恥，就說明其本性乃善；范浚的這一例證關涉到以道德自覺與道德反省力來論證道德根源為善，這確實是荀子人性論所缺乏的維度，可以說，在這一點上，范浚確實切中了荀子人性論的要害。荀子的人性論的確不太注重對道德自覺與道德反省力的探討，而更多地是將精力放在如何用禮義法度來約束、導化人性的探討上，荀子也因而更重視君王、聖人、師尊對人的教導而相對忽視人的自覺自為能力，故荀子的人性論可謂偏於外在規約，而范浚等理學一系的人性論則更多偏於內在自省。

　　與范浚同時的史浩亦對荀子人性論有相似之非議，其云：

> 荀卿性惡之論，謂「不待習而能者，性也；待習而後能者，偽也」。故以桀、紂為是，而堯、舜為非。夫性者，善惡俱泯之謂也。以桀、紂為性，是猶指田之禾黍待殖而生，稂莠不待殖而生，遂以田為專毓稂莠，過矣！胡不自二者未生時觀之。今人乍見孺子將入於井，非納交要譽之心，怵惕惻隱油然而生，一念之善，夫豈待習而能乎！雖然，人雖本善，若謂善即是性，則是指禾黍以為田，其失與卿等也。〔註137〕

史浩認為原初之性的價值指向乃是「善惡俱泯」的，即無善無惡。但他又主張「自二者未生時觀之」，即在善惡未生之際觀察性之指向。史浩沿用孟子孺子入井之喻，以善為人之良能，而終將性歸之於善，認可性本善論。〔註138〕史浩以此批評荀子性惡論，認為荀子乃「以桀、紂為是，而堯、舜為非」，顛倒了善惡與是非。其實，史浩此處對荀子之理解有誤。荀子認為堯、舜與桀、紂之性皆為惡，而區別在於堯、舜能化性起偽而桀、紂卻不能，荀子其實並沒有認可桀、紂之惡和否認堯、舜之善，他只是否定堯、舜與桀、紂原初的惡性，讚賞堯、舜後天之善偽，批評桀、紂後天不能化性起偽。可見，荀子對堯、舜和桀、紂的評價是有性偽之別的，並不是如史浩所言的簡單地肯定桀、紂而否定堯、舜。另外，在批評荀子人性論的過程中，史浩和范浚都犯了一個錯誤，那就是：以

〔註137〕《性惡》，《鄮峰真隱漫錄》卷四十《荀子》。見（宋）史浩：《鄮峰真隱漫錄》，清文淵閣四庫全書本。

〔註138〕只是史浩也認為善不是性，主張區別善與性，此點與范浚相同。但區別善與性，並不妨礙他們認可性善論，他們其實只是換一種方式來認可性善論而已。

自己的先入之見爲不證自明的標準來對他者的言論進行批評。如上所述，范浚
認爲靜中體察之性必爲善，而史浩亦認爲善惡未生之時只是「一念之善」，這些
都只是自我的言說，而並非有力的證明。若反問范浚：爲何靜中體察之性不可
爲惡？靜慮之中亦可有無邊邪念，這難道不是惡嗎？若反問史浩：爲何善惡未
生之時不可爲「一念之惡」？孺子入井固可入證，而荀子所言的人之自私貪婪
之性，難道就不是惡嗎？這些都說明，范浚與史浩對荀子人性論的非議固然有
一定的理由，但同時亦有許多誤解乃至曲解。

四、朱熹視域中的荀子人性論

由上章所述，朱熹心目中的道統傳承根本沒有荀子之地位，朱熹對荀子
的根本態度是批判的，而批判的主要集中點就在於對荀子人性論的不滿。筆
者擬從下述若干方面闡述朱熹對荀子人性論的看法，並試圖以此窺探其不滿
荀子人性論的原因所在。

（一）性之涵義

荀子言性，多專指人之性，而不言及草木禽獸等。朱熹論性，則與之有
異，他說：

> 天下無無性之物。蓋有此物，則有此性；無此物，則無此性。
> 〔註 139〕

朱熹將性設定爲包括人在內的天下萬物共同具有的存在，只要是現實中存在的
事物，就一定有其性，甚至枯槁之物亦有其性。〔註 140〕並且他將性視爲「萬物
之原」〔註 141〕，這裡的「原」，其實就是所謂的「理」，因而朱熹又云：「性只
是理。」〔註 142〕在朱熹看來，宇宙萬物的本源本體皆是理：說理是宇宙的本源，

〔註 139〕《朱子語類》卷四，第 56 頁。
〔註 140〕錢穆先生云：「孟荀以下，多就人言性，至張程乃兼人與物言。」（錢穆：《朱
子新學案》，成都：巴蜀書社，1986 年，第 316 頁。）不僅張載、二程如此，
朱熹更是如此。他不僅兼人與物以言性，更將人性與物性有所區別，其云：「人
之性論明暗，物之性只是偏塞。暗者可使之明，已偏塞者不可使之通也。」
（《朱子語類》卷四，第 57 頁。）在朱熹看來，人性有明暗，但暗可轉爲明；
而物性則純粹偏塞，且偏塞不可通。
〔註 141〕《朱子語類》卷四，第 76 頁。
〔註 142〕《朱子語類》卷四，第 67 頁。朱熹有時亦以「道」言性（參見《朱子語類》
卷五，第 82 頁），「道」與「理」本質爲一，因此，以道言性與以理言性並不
矛盾。

是因爲理產生氣，而氣產生天地萬物；說理是萬物的本體，是因爲理賦予萬物以各自之性，萬物之性皆稟於理。稟於理的性，其以仁義禮智爲內涵：

> 性是實理，仁義禮智皆具。〔註143〕

以仁義禮智爲性之內涵，是理學家的基本觀念，其淵源於孟子的人性論；而在荀子看來，仁義禮智不屬於性而屬於性之外的僞。這一點是朱熹等理學家與荀子不同之處。

朱熹在堅持性即理的同時，又將性區分爲天地之性與氣質之性。他說：

> 論天地之性，則專指理言；論氣質之性，則以理與氣雜而言之。……氣質之性，便只是天地之性。只是這個天地之性卻從那裡過。……有是理而後有是氣，有是氣則必有是理。但稟氣之清者，爲聖爲賢，如寶珠在清冷水中；稟氣之濁者，爲愚爲不肖，如珠在濁水中。〔註144〕

天地之性是純粹以理言性，而氣質之性則兼理氣而言性。天地之性萬物皆有，但因各自產生時所具的氣稟之清濁有所不同，故而所顯現出的氣質之性亦有賢愚之別。氣質之性與天地之性並不是兩個孤立的存在，其實，性只有一個，這唯一的性就是天地之性。因爲理在產生萬物的時候需要與氣結合，故天地之性亦需要與氣質相結合，這樣，天地之性雖是各物皆有，但因氣稟清濁差異，故各物對天地之性的表現亦有所不同。這種由氣質所表現出的天地之性，就是氣質之性；而氣質之性雖有差別，但其內在的核心本質卻都是天地之性。朱熹用氣稟來解釋大千世界中萬物之性的現實表現之不同，也由此而對荀子人性論展開批評：

> 孟子言性，只說得本然底，論才亦然。荀子只見得不好底，揚子又見得半上半下底，韓子所言卻是說得稍近。蓋荀、揚說既不是，韓子看來端的見有如此不同，故有三品之說。然惜其言之不盡，少得一個「氣」字耳。程子曰：「論性不論氣，不備；論氣不論性，不明。」蓋謂此也。〔註145〕

> 程子謂：「論性不論氣，不備；論氣不論性，不明，二之則不是。」孟子只論性，不論氣，便不全備。論性不論氣，這性說不盡；論氣

〔註143〕《朱子語類》卷五，第83頁。
〔註144〕《朱子語類》卷四，第67、68、73頁。
〔註145〕《朱子語類》卷四，第70頁。

不論性，性之本領處又不透徹。荀、揚、韓諸人雖是論性，其實只
說得氣。荀子只見得不好人底性，便說做惡。揚子見半善半惡底人，
便說善惡混。韓子見天下有許多般人，所以立爲三品之說。就三子
中，韓子說又較近。他以仁義禮智爲性，以喜怒哀樂爲情，只是中
間過接處少個「氣」字。〔註146〕

「論氣不論性」，荀子言性惡，揚子言善惡混是也。「論性不論
氣」，孟子言性善是也。性只是善，氣有善不善。韓愈說生而便知其
惡者，皆是合下稟得這惡氣。有氣便有性，有性便有氣。……「論
性不論氣，不備；論氣不論性，不明。」孟子終是未備，所以不能
杜絕荀、揚之口。〔註147〕

以此觀之，朱熹認同程子理氣結合的論性方式〔註148〕，並以此爲權衡各家
人性論之得失的標準。在朱熹看來，孟子說人性善，只是說到了「本然底」，即
只說了「理」、天地之性的一面；荀子說人性惡、揚雄說性善惡混則是只看到
「氣」、氣質之性的一面；韓愈分別性情，卻沒有用結合理氣以論性的方式將兩
者聯繫起來。因而，孟子、荀子、揚雄、韓愈諸人之人性論皆有所欠缺和不足，
但孟子、韓愈因爲論及了天地之性的「本然」面，故比荀子、揚雄只論及氣質
之性要高明得多。朱熹將性區分爲天地之性與氣質之性的做法，與荀子論性時
將性區分爲情慾之性與知能之性的做法，大爲不同。其實，兩者對性的理解都
關係到如何解決性之善惡的問題，朱熹在將天地之性設定爲善的同時而將惡歸
之於氣質之性，荀子則將情慾之性設定爲惡的同時而將知能之性設定爲樸，這
也爲以禮化性留下了一個連接的通道。

（二）性、心、情之間

性、情關係上，荀子將情視爲性之內涵，在他看來，性、情具有同一性。

〔註146〕《朱子語類》卷四，第78頁。
〔註147〕《朱子語類》卷五十九，第1388頁。
〔註148〕關於「論性不論氣，不備；論氣不論性，不明」一句，究竟是二程中何人所
言，朱熹亦不能確定，他有時認爲是程顥所言，有時又認爲程頤所言，今人
潘富恩先生、徐餘慶先生和郭曉東先生將此語判爲程顥所言（以上諸說參見
郭曉東：《識仁與定性——工夫論視域下的程明道哲學研究》，第94頁），陳
鍾凡先生亦認爲其出於程顥（見陳鍾凡：《兩宋思想述評》，北京：東方出版
社，1996年，第229頁），而陳來先生則認爲是程頤所言（見陳來：《宋明理
學》，第80頁）。因此在沒有更確切、更可靠的文獻依據的情況下，筆者此處
仍僅以「程子」言之，乃是一種權宜的處理。

至於性、情與心的關係，荀子則將心視爲性、情的對立面，認爲心引導、規範性情。在朱熹看來，心、性、情三者亦有著密切關聯。其中，性與情之間關係爲：

> 性，本體也，其用情也；心則統性情，該動靜而爲之主宰也。

〔註149〕

> 性是未動，情是已動，心包得已動未動。蓋心之未動則爲性，
> 已動則爲情，所謂「心統性情」也。〔註150〕

性是體，情是用，心統性情。性是心之未發，情是心之已發。可見，朱熹是以體用關係解釋性情關係的，這與荀子將性、情視爲直接同一有所不同。朱熹又區分了情與欲，他說：「欲是情發出來底。心如水，性猶水之靜，情則水之流，欲則水之波瀾，但波瀾有好底，有不好底。欲之好底，如『我欲仁』之類；不好底則一向奔馳出去，若波瀾翻浪；大段不好底欲則滅卻天理，如水之壅決，無所不害。」〔註151〕朱熹認爲欲是情之流於氾濫者，其雖來源於情，卻與情有所不同。荀子則不強調情、欲之別，在荀子看來，性、情、欲三者只是同一存在的不同表述而已。對於性與心之間關係，朱熹云：

> 心與性自有分別。靈底是心，實底是性。靈便是那知覺底。……
> 性便是那理，心便是盛貯該載、敷施發用底。〔註152〕

> 心性只是一個物事，離不得。孟子說四端處最好看。惻隱是情，
> 惻隱之心是心，仁是性，三者相因。〔註153〕

朱熹認爲性即理，心爲性理含藏、發用之所；性是心之知覺等活動的根據，而心是性得以展示、發顯、表現自身的中介。朱熹雖將心、性做了如此區分，但更強調兩者的統一。在荀子看來，心是對治性的依據，與性處於相對待的位置，而朱熹則認爲性是心的依據，心性是相即相融的關係。綜上所論，朱熹採取體用的方式論心、性、情三者關係，將心視爲連接性、情之含藏、發用的樞紐；荀子則將性、情視爲同一的存在，且將心置於與性相對的地位，更多凸顯的是心與性情的區別。

〔註149〕《晦庵先生朱文公文集》卷七十四《孟子綱領》，《朱子全書》第 24 冊，第 3584 頁。
〔註150〕《朱子語類》卷五，第 94 頁。
〔註151〕《朱子語類》卷五，第 94 頁。
〔註152〕《朱子語類》卷十六，第 323 頁。
〔註153〕《朱子語類》卷五十三，第 1286 頁。

（三）心性善惡

朱熹贊同程子所言的「論性不論氣，不備；論氣不論性，不明」，這裡的「性」其實是理、天地之性，「氣」則是氣質、氣稟。朱熹認爲性、理是純善的，而惡的產生則來源於氣、氣稟，他說：

> 天地間只是一個道理。性便是理。人之所以有善有不善，只緣氣質之稟各有清濁。〔註154〕

> 性則純是善底。〔註155〕

性只是理，而理無不善，故而性亦是純善的。世間之所以有惡，是因爲氣質之稟隨人之命運際遇而各有不同，其間或不免於濁，則遂生出惡。由此可見，惡在朱熹看來，只是善的過或不及之處：

> 惡不可謂從善中直下來，只是不能善，則偏於一邊，爲惡。

〔註156〕

朱熹之所以將惡設定爲善之「偏於一邊」，乃在於他不認可惡具有本體性、根源性，他說：

> 善根之發，迥然無對，既發之後，方有若其情、不若其情而善惡遂分，則此善也不得不以惡爲對矣，其本則實無二也。〔註157〕

> 善是那順底，惡是反轉來底。然以其反而不善，則知那善底自在，故「善惡皆理」也，然卻不可道有惡底理。〔註158〕

從上引史料皆可見出，在本源處、本體處，朱熹堅持惟善獨尊，堅決將惡排除在第一性的本源本體之外。他認爲本根處只有至善，此善根發顯於現實世界則不免於偏蔽，惡亦由此而生。這一切都表明，善是最根本的，惡卻不具根本性，惡只是善「反轉來底」，即是善的反面。源頭處必須先有善，然後才有後來作爲善之反面的惡。而之所以有這反面之惡，是因爲氣、氣稟的關係。朱熹云：

> 荀子但只見氣之不好，而不知理之皆善。〔註159〕

朱熹認爲，荀子只是看到了氣、氣稟中不好的一面，但卻忽視了天理流行、

〔註154〕《朱子語類》卷四，第 68 頁。
〔註155〕《朱子語類》卷五，第 83 頁。
〔註156〕《朱子語類》卷五十五，第 1308 頁。
〔註157〕《晦庵先生朱文公文集》卷四十《答何叔京》，《朱子全書》第 22 冊，第 1822 頁。
〔註158〕《朱子語類》卷九十七，第 2488 頁。
〔註159〕《朱子語類》卷一百一，第 2587 頁。

天地之性的一面，故荀子所得出的人性惡的結論乃是錯誤的、偏頗的。荀子言性惡，但在朱熹看來，性則是純善的，即使是氣質之性也是有善有惡，而並非全惡。其實，荀子言性惡，也只是就情慾之性所可能導致的社會後果而言，他對於知能之性則保持中立的態度，只是朱熹卻沒能深入看到這一點。由前述分析，荀子最終認為情慾之性是惡的，關於這一點，朱熹也認為人之欲與惡有著密切關聯，他說：

> 性者，人所稟於天以生之理也，渾然至善，未嘗有惡。人與堯、舜，初無少異，但眾人汩於私欲而失之，堯、舜則無私欲之蔽，而能充其性爾。〔註160〕

> 龜山「人欲非性」之語自好……蓋天理中本無人欲，惟其流之有差，遂生出人欲來。〔註161〕

朱熹常將人欲與天理對言，在他看來，人欲就是私欲，私欲則是惡的，與天理之善絕不相容。

除討論性與欲之善惡外，朱熹亦論及心之善惡，其云：

> 心之本體未嘗不善，又卻不可說惡全不是心。……心有善惡，性無不善。若論氣質之性，亦有不善。〔註162〕

朱熹認為心之本體是善的，而現實發用之心卻兼有善惡。他所說的純善的心之本體其實就是合性之心，也即道心；而有善有惡的發用之心則是合情之心，也即人心。朱熹云：

> 或問「人心、道心」之別。曰：「只是這一個心，知覺從耳目之欲上去，便是人心；知覺從義理上去，便是道心。人心則危而易陷，道心則微而難著。」……人心是知覺，口之於味，目之於色，耳之於聲底，未是不好，只是危。若便說做人欲，則屬惡了，何用說危？
> 〔註163〕

朱熹此處區分道心與人心、人心與人欲之別，他認為道心純善，人欲純惡，人心則容易流於惡。可見，朱熹將心之善惡分為三個層次：

　　合理之心　善

〔註160〕《孟子集注・滕文公章句上》，《朱子全書》第6冊，第306頁。
〔註161〕《晦庵先生朱文公文集》卷四十《答何叔京》，《朱子全書》第22冊，第1842頁。
〔註162〕《朱子語類》卷五，第86、89頁。
〔註163〕《朱子語類》卷七十八，第2009、2013頁。

　　　　合情之心　危（容易由善而流於惡）

　　　　合欲之心　惡

相對於朱熹而言，荀子亦注意到心的多層次性，概括言之，他亦認爲心可善可惡，他說：「形相雖惡而心術善，無害爲君子也；形相雖善而心術惡，無害爲小人也」〔註164〕，明確指出心術有善惡之分。所謂善的心，就是荀子所說的「心合於道」之心、仁心、學心、公心、平心等心。〔註165〕所謂惡的心，就是荀子所說的「用心躁也」之心、「心如虎狼」之心、詐心、怨疾之心等心。〔註166〕合道之心即是合禮之心，其爲善。荀子還論及心與情之關係云：「說、故、喜、怒、哀、樂、愛、惡、欲，以心異」〔註167〕，這說明心之運用的不同會導致情的各種不同狀態的產生，而與情慾結合的心即是情慾之心，此時的心因爲情慾的關係而如與情慾結合的性一樣亦可能導向惡。故荀子論心之善惡如下：

　　　　合禮之心　　善

　　　　合情慾之心　危與惡

可見在心之善惡的問題上，朱熹以合理之心爲善，荀子以合禮之心爲善，朱熹之理包含禮，但其內涵又比禮要豐富。朱熹將合情之心與合欲之心分別而論，兩者對應心之危與心之惡兩種狀態；荀子則將情慾合論，並將情慾之心設定爲危、惡結合的一個整體。〔註168〕

　　爲了免於情之流於惡，朱熹強調心對於情的主宰作用，他說：

　　　　熹謂感於物者心也，其動者情也，情根乎性而宰乎心，心爲之
　　宰，則其動也無不中節矣，何人欲之有？惟心不宰而情自動，是以
　　流於人欲而每不得其正也。然則天理人欲之判、中節不中節之分，
　　特在乎心之宰與不宰，而非情能病之，亦已明矣。〔註169〕

心要力圖使情規範在一個合理的範圍內，將合情之心轉化爲合性之心而不使其流於合欲之心。而荀子也強調心對於情慾之性的主導、矯正作用，主張通

〔註164〕《荀子・非相》。

〔註165〕分別見《荀子》書中《正名》、《大略》等篇。

〔註166〕分別見《荀子》書中《勸學》、《修身》、《仲尼》等篇。

〔註167〕《荀子・正名》。

〔註168〕前述荀子在論述人性之善惡時，曾指出荀子的人性價值取向論是一個動態的過程，由原初之樸的設定，再到後來逐漸向惡的轉化。此處所述的荀子論情慾之心的價值取向，亦是一個包含由危至惡的動態過程在內的整體。

〔註169〕《晦庵先生朱文公文集》卷三十二《問張敬夫》，《朱子全書》第21冊，第1395頁。

過合道之心來化除情慾之性的惡，以使其達於善。

　　上述在討論荀子人性論時曾言及荀子之困境在於如何解釋善的起源，也即如何爲惡的性找到向善的可能以及如何在性惡的前提下說明禮義的產生。同樣，朱熹以善作爲宇宙人生的根本，在這種善一元論的模式下，又當如何說明惡的起源？也即：惡有沒有自己的根源？如果沒有，惡又爲何會產生？〔註170〕對此，我們可從朱熹與其門人的對白中窺見一二：

　　　謙之問：「天地之氣，當其昏明駁雜之時，則其理亦隨而昏明駁雜否？」曰：「理卻只恁地，只是氣自如此。」又問：「若氣如此，則是理與氣相離矣！」曰：「氣雖是理之所生，然既生出，則理管他不得。如這理寓於氣了，日用間運用都由這個氣，只是氣強理弱。譬如大禮赦文，一時將稅都放了相似，有那村知縣硬自捉縛須要他納，緣被他近了，更自叫上面不應，便見得那氣粗而理微。又如父子，若子不肖，父亦管他不得。聖人所以立教，正是要救這些子。」
　　〔註171〕

問：「性之所以無不善，以其出於天也；才之所以有善不善，以其出於氣也。要之，性出於天，氣亦出於天，何故便至於此？」曰：「性是形而上者，氣是形而下者。形而上者全是天理，形而下者只是那查滓。至於形，又是查滓至濁者也。」〔註172〕

　　門人所問朱熹的，正是惡爲何會在無根的情況下而產生、存在的原因。對此，朱熹以氣強理弱說解釋之。他認爲，氣雖產生於理，但理在生出氣後便管不得氣，氣因而可以在一定程度下自己決定自己的行爲。理雖是純粹至善的，但生出來的氣因爲不全能爲理掌握，故氣亦會生出惡來。也就是說，惡是由氣自己產生的。朱熹的這種解釋顯然是權宜之計，試問，如果理管不得氣，由氣自己作惡，那麼，理還能算是宇宙的本源本體嗎？朱熹這種以削弱理的功能爲代價來換取惡之產生的正當性的做法，實際上並不能從根本上給予惡之產生以合理的說明。與其他理學家一樣，他對善一元論的堅持貫徹於其學問的始終。因而，惡的起源問題就成爲了朱熹及整個理學系統的一塊

〔註170〕朱熹曾說：「若善底非本然之性，卻那處得這善來？」（《朱子語類》卷一百一，第2586頁。）依照朱熹的邏輯，吾人亦可反問朱熹：「若惡底非本然之性，卻那處得這惡來？」
〔註171〕《朱子語類》卷四，第71頁。
〔註172〕《朱子語類》卷五，第97頁。

無法化解的心病。〔註173〕朱熹自己亦云：「人性本善，無許多不美，不知那許多不美是甚麼物事。」〔註174〕可見他面對「許多不美」的惡，也無法最終理清人性善惡之間的奧秘。

（四）心性修養

在荀子的學說體系中，性是有待對治的惡，化性需要後天的偽，而符合禮義的偽又需要在現實中不斷地用心去學習積累。因此，心是對治性之惡的重要保證。但心卻並不是總處於好的狀態，荀子說：「人心譬如盤水，正錯而勿動，則湛濁在下，而清明在上，則足以見鬚眉而察理矣。微風過之，湛濁動乎下，清明亂於上，則不可以得大形之正也。心亦如是矣。」〔註175〕人心如水，然水不能總是波平如鏡，一旦有情慾之風吹過，似水之心就會隨之蕩漾而不清，喪失清明之心對事物的正確映照而陷入混亂。所以荀子強調對心的修養，他提出的修養工夫是虛壹而靜：

> 人何以知道？曰：心。心何以知？曰：虛壹而靜。心未嘗不藏也，然而有所謂虛；心未嘗不兩也，然而有所謂壹；心未嘗不動也，然而有所謂靜。人生而有知，知而有志。志也者，藏也；然而有所謂虛；不以所已藏害所將受謂之虛。心生而有知，知而有異，異也者，同時兼知之；同時兼知之，兩也；然而有所謂一，不以夫一害此一謂之壹。心，臥則夢，偷則自行，使之則謀。故心未嘗不動也；然而有所謂靜，不以夢劇亂知謂之靜。未得道而求道者，謂之虛壹而靜，作之則。……虛壹而靜，謂之大清明。〔註176〕

「人生而有知，知而有志」一句，是說人生來就具有知的能力，知與物相合而藏物於心，〔註177〕形成對此物之認識，但心中所藏的對此物之認識並不會妨礙

〔註173〕黃俊傑先生指出：「朱子把『惡』的來源歸之於『氣』的領域，這固然是解決這個困局的一種方式，但並沒有從理論層次解決何以『理』範疇可以產生『違理』之事物這個問題」（黃俊傑：《中國孟學詮釋史論》，第198頁）。李曉春先生亦言：「既然氣是世界圖式所不可『不備』的基本因素，那麼惡的有根性便不可撼動，這使得理學追求道德價值之善的目的受到了強有力的阻扼」（李曉春：《宋代性二元論研究》，北京：中國社會科學出版社，2006年，第232頁）。他們都指出了朱熹等理學家在解釋惡之起源問題時所陷入的理論困境。

〔註174〕《朱子語類》卷四，第68頁。

〔註175〕《荀子·解蔽》。

〔註176〕《荀子·解蔽》。

〔註177〕冢田虎云：「志音誌，記也。言人有知而所記憶，乃是藏物於心也。」（王天

心再接受、「藏」其他事物；心的這種能在保留舊「藏」的同時而不斷接受新「藏」的能力就是「虛」。「心生而有知，知而有異」一句，是說心能知物，然而物物之間有所差異〔註178〕，可心卻能對各種差異之物同時而兼知；雖然心能同時兼知兩物，但卻不會引起混亂，心的這種能同時兼知多物且使各物之知不會互相混亂的能力就是「壹」。「心臥則夢，偷則自行」一句，是說心常常不能把持自己，陷入夢想放縱之中；雖然心不免於夢、行、謀等逸動〔註179〕，但卻不會因爲這些夢想逸動而妨礙自我對事物的正確認知，心的這種能力就叫做「靜」。荀子將「虛壹而靜」作爲心合於道的修養工夫，強調只要做到「虛壹而靜」，就能達到心的大清明狀態，從而對萬事萬物產生正確的認知，並以此規範自我的思想和行爲，以此化除惡性。爲了更好地做到「虛壹而靜」，荀子強調對師法的尊崇和對學習的堅持：他認爲「學不可以已」〔註180〕，主張通過對事物的不斷學習而達到對禮義的認知；同時又認爲「學莫便乎近其人」、「學之經莫速乎好其人，隆禮次之」，〔註181〕禮義要通過師來傳授，因而主張通過對師的尊崇和倣仿來達到對禮義的實踐。可見，荀子的心性修養主要落實在心上，心的修養工夫通過「虛壹而靜」展開，亦通過對禮義、師法的學習、倣仿而不斷加強，心之修養的最終目的在於識得禮義、化除惡性。

朱熹認爲性純善，心與情有善有惡，又認爲心統性情，可見心是連接性情的樞紐，其心性修養工夫落實在如何控制心以使其合於性，如何使經由心的性在發於情時能保持善而無惡。朱熹曾結合荀子論心之語而言修養工夫：

> 荀子亦言：「心臥則夢，偷則自行，使之則謀。」彼言「偷」者，便是說那不好底意。若曰「使之則謀」者，則在人使之如何耳。謀善謀惡，都由人，只是那偷底可惡，故須致知，要得早辨而豫戒之耳。〔註182〕

曰：「荀子曰：『心臥則夢，偷則自行，使之則謀。』某自十六七讀時，便曉得此意。蓋偷心是不知不覺自走去底，不由自家使底，倒要自家去捉它。『使之則

海：《荀子校釋》，第849頁。）另，陶鴻慶認爲此句中的「人生而有知」應改爲「心生而有知」（王天海：《荀子校釋》，第850頁），「人」、「心」於文意皆可通，不必強改。

〔註178〕王天海云：「有異，言事物之有別也。」（王天海：《荀子校釋》，第850頁。）

〔註179〕王先謙云：「夢、行、謀，皆心動之驗。」（王先謙：《荀子集解》，第396頁。）

〔註180〕《荀子‧勸學》。

〔註181〕《荀子‧勸學》。

〔註182〕《朱子語類》卷十六，第331頁。

謀』，這卻是好底心，由自家使底。」李云：「某每常多是去捉他，如在此坐，心忽散亂，又用去捉它。」曰：「公又說錯了。公心粗，都看這說話不出。所以說格物、致知而後意誠，裏面也要知得透徹，外面也要知得透徹，便自是無那個物事。譬如果子爛熟後，皮核自脫落離去，不用人去咬得了。如公之說，這裡面一重不曾透徹在。只是認得個容著，硬遏捺將去，不知得源頭工夫在。『所謂誠其意者，毋自欺也』，此是聖人言語之最精處，如個尖銳底物事。如公所說，只似個椿頭子，都粗了。公只是硬要去強捺，如水恁地滾出來，卻硬要將泥去塞它，如何塞得住！」……又曰：「佛家看此亦甚精，被他分析得項數多，如云有十二因緣，只是一心之發，便被他推尋得許多，察得來極精微。又有所謂『流注想』，他最怕這個。所以潙山禪師云：『某參禪幾年了，至今不曾斷得這流注想。』此即荀子所謂『偷則自行』之心也。」〔註183〕

朱熹將荀子論心時所言的「使之則謀」解釋為心之好的一面，此時的心能「謀善謀惡」，掌握為善的主動權。同時他將「偷則自行」解釋為心之壞的一面，此時的心是「不知不覺自走去底，不由自家使底」，這樣的心沒有為善的主動權，一切都陷入被動狀況。其門人李燔認為在心「偷則自行」的時候要用強力去收斂它、「捉它」，而朱熹則對此提出批評，朱熹認為，對「偷則自行」之心，不可強行去壓制，應該從根本著手去化解，這種化解方法的「源頭工夫」就是格物、致知，只有識得外在之物的理則、把握外在之物的知識才能算是「從裏面知得透徹」，也因此才能從源頭處化解心隨物流轉而不知所至的無序狀態，掌握為善的主動權。可見，朱熹提出格物、致知的修養工夫，其目的是為了對治「偷則自行」的心之無序、流逸、放縱狀態，規範心之活動以使其合於理。

朱熹所說的致知，本身就包含對心的認識，他說：

> 所謂識察此心，乃致知之切近者，此說是也。然亦須知所謂識心，非徒欲識此心之精靈知覺也，乃欲識此心之義理精微耳。欲識其義理之精微，則固當以窮盡天下之理為期。但至於久熟而貫通焉，則不待一一窮之，而天下之理固已無一毫之不盡矣。〔註184〕

致知包括對心之義理精微的認識，但識心與格物是相為表裏的，向外格物的過程其實就是向內窮理的過程，格物累積到一定程度之後就會自然識得心之

〔註183〕《朱子語類》卷十六，第 337～338 頁。
〔註184〕《晦庵先生朱文公文集》卷五十二《答姜叔權》，《朱子全書》第 22 冊，第 2460 頁。

義理精微。格物的方法有許多，學習是其中至關重要的一環，這一點朱熹與荀子是相同的，並且朱熹還曾言及學習方法云：

> 語敬子曰：「讀書須是心虛一而靜，方看得道理出。而今自家心只是管外事，硬定要如此，要別人也如此做，所以來這裡看許多時文字，都不濟事，不曾見有長進。是自家心只在門外走，與人相抵拒在這裡，不曾入得門中，不知屋裏是甚模樣。這道理本自然，不消如此。如公所言，說得都是，只是不曾自理會得公身上事，所以全然無益。只是硬樁定方法抵拒將去，全無自然意思，都無那活底水，只是聚得許多死水。」〔註185〕

朱熹認爲學習的方法要使心保持虛一而靜，這與荀子用「虛壹而靜」的心之工夫以識道的方法是一致的。只是朱熹的虛一而靜所要表達的是將心從與外在瑣事的膠著糾纏中超脫出來，以使心向內收斂，回復本然的虛靈明覺的心體狀態。〔註186〕這與上述所言的荀子的虛壹而靜有所不同。其一，荀子的虛壹而靜之心中沒有類似朱熹所言的心體的概念。其二，荀子的心之虛壹而靜的修養方法是置放在心與外物的和合關係中而言的，也就是說，荀子是在心對外物的認識中定義虛壹而靜；而朱熹的虛一而靜則力圖將心先從外物中超越出來以回歸到心體虛靜的狀態。

在朱熹與荀子各自的修養論中，「欲」是一個值得關注的問題。朱熹的「人心」指感性欲望〔註187〕而「人欲」則指私利私欲，荀子的「欲」概念其實包括朱熹所言的人心和人欲兩個層次，也就是說，荀子之「欲」兼有感性欲望和私利私欲在內：作爲感性欲望的「欲」即「目好色，耳好聽，口好味……」〔註188〕之欲，作爲私利私欲的「欲」即荀子所言的「以公義勝私欲」〔註189〕之欲。在對待私利私欲問題上，荀子與朱熹都主張革除之。但在對待感性欲望問題上，兩者態度則有所不同。就朱熹而言，他「雖然並不一概排斥或否定人的自然欲望，但他的思想總的傾向是強調把個人的欲望盡可能減低以服從社會的道德要

〔註185〕《朱子語類》卷一百二十，第2884頁。

〔註186〕關於朱熹的「心體」，陳來先生有較爲詳盡的論述，他指出：「對於一般認識主體的心，朱熹十分強調其本體的虛明靈妙。」見陳來：《朱子哲學研究》，上海：華東師範大學出版社，2000年，第217頁。

〔註187〕陳來先生云：「專以個人情慾爲內容的知覺是『人心』」，「人心指感性欲念」（見氏著：《朱子哲學研究》，第227頁）。

〔註188〕《荀子·性惡》。

〔註189〕《荀子·修身》。

求」〔註190〕，而荀子則並不主張減低個人的感性欲望，相反，荀子說：

> 凡語治而待去欲者，無以道欲而困於有欲者也。凡語治而待寡
> 欲者，無以節欲而困於多欲者也。有欲無欲，異類也，生死也，非
> 治亂也。欲之多寡，異類也，情之數也，非治亂也。欲不待可得，
> 而求者從所可。欲不待可得，所受乎天也；求者從所可，所受乎心
> 也。……心之所可中理，則欲雖多，奚傷於治！欲不及而動過之，
> 心使之也。心之所可失理，則欲雖寡，奚止於亂！故治亂在於心之
> 所可，亡於情之所欲。不求之其所在而求之其所亡，雖曰我得之，
> 失之矣。〔註191〕

荀子認為欲望的多少是無關治亂之要的，治亂之要在於「心之所可」，即在於
以心來規範欲望，至於欲望的多寡對於治亂來說則是細枝末節的東西。這裡，
荀子清醒地認識到，「欲」是人性的本質，人的現實存在中是不可能擺脫對欲
望的渴求的，因而他贊同欲望，甚至鼓勵欲望。另一方面，他又看到欲望的
無節制會導致社會的混亂，因而又主張以心來節制欲望、控制欲望。荀子與
朱熹在對待感性欲望問題上的差異在於：朱熹從理學的立場出發，對欲望雖
不一概排斥，但卻嚴於防守，力圖將其壓至最低狀態；相對而言，荀子則在
節制欲望的前提下最大限度地對其表示肯定。〔註192〕

朱熹對荀子心性修養論有一段總括式的點評：

> 或言性，謂荀卿亦是教人踐履。先生曰：「須是有是物而後可踐
> 履。今於頭段處既錯，又如何踐履？天下事從其是。曰同，須求其
> 真個同；曰異，須求其真個異。今則不然，只欲立異，道何由明？」
> 〔註193〕

門人認為荀子之所以言性惡，亦是引導人通過修養、踐履而向善。朱熹則認
為荀子「於頭段處既錯」，因此終不能示人以正確的修養和踐履方法。朱熹所
說的「頭段處」就是性善，他認為荀子將性設定為惡，這樣就從頭錯到底，

〔註190〕陳來：《宋明理學》，第143頁。

〔註191〕《荀子・正名》。

〔註192〕韓德民先生在比較荀、孟時指出：「荀子主張性惡而卻不主禁欲，孟子道性善
卻潛含著導向禁欲主義的更大可能性」（見氏著：《荀子與儒家的社會理想》，
濟南：齊魯書社，2001年，第283頁）。宋代理學家繼承孟子性善論，其中
也隱含了濃厚的禁欲主義傾向。

〔註193〕《朱子語類》卷一百三十七，第3254頁。

不可能有正確的修養方法。

綜上之言，朱熹認爲性本善，因蔽於氣質而有惡，在氣質之中的心與情亦有善有惡，故朱熹強調通過格物致知來達到對心體的把握和對理的識得，最終使心、性、情三者皆爲善；荀子則認爲性惡，因此須通過心的虛壹而靜來學習、識得禮義，再以合禮之心來化除惡性，使心、性皆達至善。兩者因爲存在「以心合性」與「以心治性」的修養路徑之別而不免殊途，但兩者在都強調學習、致知的重要性和都強調心的虛壹而靜工夫上又可謂是同歸。

五、陸九淵視域中的荀子人性論

宋代心學以陸九淵和楊簡爲代表，兩人對荀子人性論均發表過相關議論。朱熹曾云：「江西士風好爲奇論，恥與人同，每立異以求勝。如陸子靜說告子論性強孟子，又說荀子『性惡』之論甚好，使人警發，有縝密之功。」〔註194〕朱熹指出陸九淵認爲荀子性惡論甚好，其實陸氏並未這麼說過，陸氏只說：

> 告子湍水之論，君子之所必辨，荀卿性惡之說，君子之所甚疾。
> 然告子之不動心實先於孟子，荀卿之論由禮，由血氣、智慮、容貌、態度之間，推而及於天下國家，其論甚美，要非有篤敬之心，有踐履之實者，未易至乎此也。今而未有篤敬之心，踐履之實，拾孟子性善之遺說，與夫近世先達之緒言，以盜名干澤者，豈可與二子同日道哉？故必有二子之質，而學失其道，此君子之所宜力辯深詆，挽將傾之轅於九折之阪，指迷途而示之歸也。若夫未有篤敬之心，踐履之實，而遽爲之廣性命之說，愚切以爲病而已耳。〔註195〕

由此處史料可見，陸九淵只是抬高告子與荀子以批評當時學者們存在的浮華學風，指責那些以撿拾孟子之遺說來欺世盜名之徒。在這一過程中，他只是肯定告子與荀子有所謂「篤敬之心，踐履之實」，並藉以議論時人時事，但他並未對告子和荀子的人性論表示肯定和贊同，相反，他一開始就表明態度，認爲告子的性無善無不善論是君子所必須辨明的，荀子的性惡論也是君子所必須批評的。由此可見，陸九淵根本就沒說過「荀子性惡之論甚好」的話，這只是朱熹對陸九淵此段話的誤解而已。〔註196〕其實，在人性論上，陸九淵繼承的是孟子

〔註194〕《朱子語類》卷一百二十四，第 2971 頁。
〔註195〕《天地之性人爲貴論》，《陸九淵集》卷三十，第 347～348 頁。
〔註196〕關於朱熹對陸九淵此語的誤解，張立文先生亦有辨明，參見張立文：《走向心學之路：陸象山思想的足跡》，北京：中華書局，1992 年，第 248 頁。

性善論，他說：「見到《孟子》道性善處，方是見得盡。」〔註197〕又云：「有善必有惡，眞如反覆手。然善卻自本然，惡卻是反了方有。」〔註198〕這其實同朱熹的善惡說沒有本質的區別，與朱熹一樣，陸九淵也將善設定爲本源本體的根本屬性而不承認惡具有根本性，所謂的惡，乃是善的反轉，世界是先有善而後有惡。對於心性善惡的這種設定，是程朱理學和陸九淵心學所共同具有的根本模式，雖然他們各自的理論體系不免有細微的差別，但在都承認本然的心性爲善、善具本根性而惡不具本根性等方面卻是相同的。這是他們與荀子人性論的根本分歧之處，亦是他們對荀子攻之最力之處。

　　雖然都對荀子持批評態度，但陸九淵要比朱熹更爲和緩，他對荀子的態度也多有包容、欣賞的一面，其云：

　　　　蓋孟子所謂集義者，乃積善耳。《易》曰：「善不積不足以成名。」荀卿積善成德之說亦不悖理。若如近來腐儒所謂集義者，乃是邪說誣民，充塞仁義者也。〔註199〕

　　　　所以《論語》有六言六蔽，論後世學者之蔽，豈止六而已哉？所以貴於知其所蔽也。總而論之，一蔽字可盡之矣。《荀子·解蔽篇》卻通蔽字之義。觀《論語》六言六蔽與《荀子·解蔽篇》，便可見當於所字上分諸子百家。〔註200〕

　　　　近日舉及《荀子·解蔽篇》，說得人之蔽處好。〔註201〕

　　陸九淵認同荀子的積善成德之說，這與他排斥性命之學中的浮華之風，強調對性命之學的切實踐履是一致的。他不贊成荀子的人性爲惡說，但卻認同荀子強調的後天努力對成就善德是至關重要的觀點。也就是說，陸九淵雖然於「頭段處」批評荀子，但卻於「身段處」認可荀子。他還稱讚荀子《解蔽篇》對人之「蔽」的分析，認爲荀子說得好。但這些稱讚都是在身段處對荀子的評價，若將其聯繫到頭段處看，則陸九淵又不免批評荀子：

　　　　予舉荀子《解蔽》：「遠爲蔽，近爲蔽，輕爲蔽，重爲蔽」之類，說好。先生曰：「是好，只是他無主人。有主人時，近亦不蔽，遠亦

〔註197〕《語錄上》，《陸九淵集》卷三十四，第410頁。
〔註198〕《語錄上》，《陸九淵集》卷三十四，第400頁。
〔註199〕《與傅子淵》，《陸九淵集》卷六，第77頁。
〔註200〕《孟子說》，《陸九淵集》卷二十一，第266頁。
〔註201〕《語錄上》，《陸九淵集》卷三十四，第404頁。

不蔽，輕重皆然。」〔註202〕

陸九淵批評荀子之心「無主人」，這是批評荀子於本源本體處不能透徹。陸九淵所謂的「主人」，其實就是人之本心，「有主人」就是本心的自主自立。陸九淵非常重視「在個體心靈中建立起道德的自覺性，讓本心良心成為意識的主宰」〔註203〕，他說：

> 自得，自成，自道，不倚師友載籍。

> 人須是力量寬洪，作主宰。〔註204〕

既然要自作主宰，就不須學習師友典籍等外在知識，而只要剝除物欲、存養本心即可，他說：

> 存養是主人，檢斂是奴僕。

> 既知自立，此心無事時，須要涵養，不可便去理會事。〔註205〕

這與荀子強調對外在禮義的學習、實踐和對師長的尊重、傚仿，在修養路徑上存在著一定的差異。在這一點上，毋寧說朱熹的修養工夫因其更強調向外格物窮理而與荀子更為接近，陸九淵則因其更偏重於強調本心的自作主宰而更顯與荀子的殊異。

陸九淵的高徒楊簡亦對荀子有所評點，楊簡云：

> 荀卿子言性惡，而自背馳聽訟，兩詞不同。靜聽久之，而真情
> 自露。荀卿曰：「人之性惡，其善者偽也」，其《大略篇》則曰：「雖
> 桀紂不能去民之好義，然而能使其好義不勝其欲利也」，夫不能去民
> 之好義，則人性之本善驗矣。〔註206〕

楊簡認為荀子的性惡論在思想表述上存在自相矛盾之處，荀子一方面宣稱人性惡，另一方面又認為人有好義之心，並且人們的這種好義之心即使在桀紂當道、社會秩序混亂無常的時代仍然存在，而好義之心的這種常存常在就是人性本善的最好說明。楊簡因此認為荀子一面言性惡，一面又言性善，而其根本還是言人性善，所謂「真情自露」，就是說荀子其實是以人性本善作為人性的真實狀態。楊簡的這一揭示可謂深刻入微，它其實反映了荀子人性論所面臨的一個問題，

〔註202〕《語錄下》，《陸九淵集》卷三十五，第448頁。

〔註203〕陳來：《宋明理學》，第156頁。

〔註204〕《語錄下》，《陸九淵集》卷三十五，第452、453頁。

〔註205〕《語錄下》，《陸九淵集》卷三十五，第450、454頁。

〔註206〕《慈湖遺書》卷十四。見（宋）楊簡：《慈湖遺書》，民國四明叢書本；並見《慈湖先生遺書》，明嘉靖四年刻本。

即人之向善的道德根源問題。荀子亦以人之欲善來反證性惡，那麼，既然人性為惡，人的這種向善的意欲又從何而來呢？這是荀子所不注重回答的。毋庸諱言，在荀子的人性論視域中，他更為關注的是如何在現實中矯正、引導人們向善，而並不像孟子和宋儒那樣重視對道德根源的形上探求，這一點確實是荀子人性論中相對缺乏的一個視角。也正是因為這一視角的缺失，學者們才可以對荀子人性論做出多樣的解讀，比如楊簡就認為荀子的性惡恰恰說明的是性善〔註207〕。楊簡的這一觀點不僅是他立足於心學立場對荀子做出的重新審視，也同樣因為荀子人性論中潛藏著多樣詮釋的可能性使然。

第四節　對荀子人性論的別樣解讀

本節所謂對荀子人性論的「別樣解讀」，主要有兩類：其一，有些學者選取荀子人性論與佛老之關係作為論述之切入點，視角頗顯獨特；其二，從以上宋代理學對荀子人性論的評論中可以看出，理學家們對荀子人性論大都持批評態度，偶而有較為婉轉的些許肯定，亦是在批評的大前提下進行的，在此氣氛中，另有一些學者能直抒己見，起而為荀子辯護，表達了與理學家不同的看法。

一、荀子與佛老

對荀子人性論，許多宋儒持批評態度，但其批評的角度卻各不相同，即使那些對荀子人性論表示贊同的學者，其論述視角亦不必完全相同。有些宋儒從荀子對人性的論述中找尋與佛老相聯繫的一面進行評述，這無疑是較為新穎的一個視角。

與朱熹同時的項安世〔註208〕在對荀子人性論的態度上，雖然亦尊孟批荀，認為荀子以性惡之說非議思孟是過當之舉，但他同時肯定荀子人性學說中包含著批評佛老的思想資源：

> 荀卿子之攻孟子也，其說曰「性善則去聖王、息禮義矣，性惡

〔註207〕近現代學者王恩洋先生亦從荀子性惡論中看到其所具的性善因素，進而指出「荀子之主張性惡即其具有善性之證」，參見王恩洋：《荀子學案》，載《王恩洋先生論著集》第八卷，成都：四川人民出版社，2001年。

〔註208〕項安世，字平父，曾因寧宗朝時朱熹離職一事上書力勸留任朱熹，因而獲罪當時權貴，後又被列入慶元黨籍，可見他與理學頗有淵源。詳見《宋史》卷397。

則貴聖王、興禮義矣」。嗟乎！荀卿子此言，誠乃釋、老氏之學之病
矣，特施之孟子、子思，則爲過耳！孟子、子思，其於遵先王之法、
服禮義之教，至明且習也！彼荀卿子者，習聞其說而未讀其書，輕
於立論，勇於毀人，而不知並其天地父母之性而自毀之也。然其所
謂「性善則去聖王、息禮義矣」，則足以一言而蔽釋、老之學，而後
之儒者欲攻二氏者，皆莫之及也。嗟乎！卿亦豪傑矣哉！〔註209〕

項安世舉荀子所言的「性善則去聖王、息禮義矣」爲證，認爲荀子此言實乃
一針見血地揭示出了佛老之學的通病。正是釋、老之學空言性善的思想特質，
使得他們忽略了尊王崇禮的現實禮教。前述歐陽修試圖提倡孟子性善論以抵
禦佛教性善之說對儒學名教的衝擊，在此情況下，歐陽修對荀子人性論提出
了批評。此處，項安世在正視荀子人性論的前提下，找出其中所蘊涵的批評
佛老的思想資源，這無疑比歐陽修在面對佛教衝擊時對荀子人性論所作的簡
單批評更深一層地理解和把握了荀子人性論及其與佛教之間的關係。

　　與陸游等人同時的宋代詩人章甫〔註 210〕對荀子人性論亦有自己的獨特
見解：

　　　　吾自讀書，知孟子爲聖人也。孟子曰性善，荀子曰性惡，楊子曰
善惡混，韓子曰有性有情，蘇子曰有性有才，歐陽子曰性非學者之所
急也。吾從孟子，不得不與諸子辨。荀子曰性惡，荀子果肯爲惡乎？
楊子曰善惡混，楊子之爲善也，其爲惡者果安在乎？韓子曰有性有
情，韓子之爲善者，其性乎？其情乎？蘇子曰有性有才，蘇子之才，
其非性乎？歐陽子曰性非學者之所急也，歐陽之學，何等事乎？……
後讀佛書，以眞如性爲如來藏，從本以來，唯有過恒沙等諸淨功德，
一切煩惱皆是妄有。性自本無，故曰淨無垢識。爲無明所薰習，一變
而爲含藏識，闇然無記，楊子之所謂善惡混者。再變而爲執受識、我
愛、初生，荀子之所謂惡者。三變而爲分別意識，好惡交作，韓子之
所謂情也。四變而爲支離五識，視聽亦具，蘇子之所謂才也。學道者
復以眞如薰習無明轉四識而四智，其一曰大圓鏡，其二曰平等性，其

〔註209〕《孟子道性善》，《項氏家說》卷七。見（宋）項安世：《項氏家說》，清刻武
　　　　英殿聚珍版叢書本。
〔註210〕章甫，字冠之，自號易足居士，鄱陽人，徙居眞州。少從張孝祥遊，豪放飄
　　　　蕩，不受拘羈。見《宋人傳記資料索引》第三冊，第 2073 頁。

　　三曰妙觀察，其四曰成所作初無增減，故號爲如來。特人昧其性耳！

　　性何負於人哉！此孔子所謂性相近、習相遠也，唯上智與下愚不移。

　　吾即佛所謂阿賴跋與闡提非了義也。〔註211〕

章甫認同孟子性善論，而對荀子、揚雄、韓愈、蘇軾、歐陽修等諸子之性論皆有所批評。值得注意的是，他聯繫佛教之說以論性，並將諸人之說連貫於其中，以求一圓通的理解。在章甫看來，人之本性爲「無」，人在此本然階段的認識爲「淨無垢識」。章甫雖以佛教之說將人性比爲「無」，但這與他認爲的人性本善並不矛盾，「無」並不是指價值屬性的虛無，而是指未經塵世污染的淨狀，而這恰恰是性善得以成立的可能條件。本然之性一旦進入塵世，繼而爲無明薰染，遂變爲善惡混。再變則爲惡。復變則「好惡交作」，情遂得以生。最後變而爲支離。這四種變化又對應生出含藏識、執受識、分別意識等四種知識，學者若能修道以復性，則能由惡變善，四種俗知亦能轉爲智慧。章甫將荀子性惡論與佛教聯繫，把惡看作是「眞如性」外化的一個階段，認爲性本身是善的，惡只是世俗界的人們對於本性的暫時遮蔽，學道者就是要除去種種蔽障，回歸原初善性。這種聯繫佛教來理解荀子人性論的做法，無疑是較爲獨特而新鮮的。

　　上述項安世、章甫二人，項安世是從荀子對性善論的批評中找尋應對佛老的理論資源，章甫則是將荀子的性惡論收攝化歸爲佛教性論中的一個環節。雖然兩者都是從荀子與佛老這一視角來探討問題，但前者是以荀子來對抗佛老，後者則以佛老來收攝荀子。可見即使是從同一視角看問題，由於思想取向的不一，也會得出完全不同的結果。

二、孟荀同臭馨

　　宋儒特別是理學家大多取孟子性善論而對荀子人性論持批評態度，但其中亦有學者能直視孟荀人性論之間的聯繫，並賦予二者以同等的地位。戴埴〔註212〕即是其中的一位，他在評價人性之善惡時云：

　　　　世之論性者二，善惡而已。人往往取孟而鬪荀。予合二書觀之，

　　　　孟子自天性見所謂善，必指其正大者，欲加持養之功，《大學》「誠

〔註211〕《雜說二》，《自鳴集》卷六。見（宋）章甫：《自鳴集》，民國豫章叢書本。
〔註212〕戴埴，字仲培，鄞縣（今寧波）人，理宗嘉熙二年（1238）進士。參見（清）
　　　　陸心源：《儀顧堂題跋》卷四《新修鄞縣志跋》，清刻潛園總集本。

其意」之謂也。荀卿自氣性見所謂惡，必指其繆戾者，欲加修治之功，《中庸》「強哉矯」之謂也。氣性與天性不同，苟非上聖，得無過與不及之病！荀卿於是名之爲惡，曰柔膽猛戾也，曰齊給便利也，曰庸眾駑散也，或柔之以調和，或一之以易良，或輔或節，或抗或劫，力指其用力之要。然則孟子之學，澄其清而滓自去；荀子之學，去其滓而水自清；有補於後覺則一。〔註213〕

戴埴針對世人多取孟子性善之論而棄荀子性惡之說的現狀，認爲其中存在著對荀子的偏見和誤解。他採用理學式的氣性（氣質之性）與天性（天地之性）概念來解釋荀子性惡論與孟子性善論，認爲孟子是就天性立論，因而看到人性無不善的一面，而荀子則是就氣質之性立論，因而看到人性中惡的一面。戴埴指出，孟子與荀子皆符合儒家人性論的眞諦，他將孟子性善比爲《大學》的「誠意」而將荀子性惡比爲《中庸》的「強矯」，賦予荀子性惡論與孟子性善論以同等重要的地位。在戴埴看來，孟學是「澄其清而滓自去」，即從人性善的一面用工夫來保持善，以使惡自不生；荀學則是「去其滓而水自清」，即從人性惡的一面用工夫來消除惡，以使善不斷累積，及其淨盡處，則有善而無惡。戴埴認爲孟、荀兩人的人性論雖然形態各異，但卻殊途同歸，具有相同的功能與價值。戴埴在採用理學家的解釋模式的基礎上，能換一種眼光看待荀子人性論，窺見荀學所具有的內在價值，因而超越了理學家對荀子人性論採取的單向度批評的態度，這在當時的思想背景下是非常難能可貴的。

與戴埴相似，南宋江湖詩人陳宗遠〔註214〕亦云：

天地不硊立，人爲天地心。世無經濟學，何以任彌綸。沛興園綺隱，淵啓?髯驚。漢唐造草昧，數子留其名。我非煙霞徒，息養離世氛。我非雲水客，眼空觀劫塵。有身必有用，用世非榮身。善性自孟子，惡性由荀卿。氣質誠有駁，良心乃其純。荀卿言治氣，孟子言養心。治如治稊稗，惡去善自生。養如養佳穀，善長惡亦忘。善善而惡惡，孟荀同臭馨。安用泥口耳，紛紛爭異名。寥寥數千載，塵跡汙簡青。麟死不可作，紀例存其文。世無公是非，安得眞勸懲。西漢豈無人，氣節冰雪清。東漢豈無人，長厚性質淳。特立違時好，

〔註213〕《性善惡》，《鼠璞》卷下。見（宋）戴埴：《鼠璞》，宋咸淳百川學海本。
〔註214〕陳宗遠，字巽齋，著有《寒窗聽雪集》。其生平可參見費君清：《詩工命窮——論南宋江湖詩人的悲劇人生》，載《浙江大學學報（人文社會科學版）》2005年第6期。

　　　　心事竟埋堙。紛紛瀾倒徒，空贏身後名。〔註215〕

在這首詩中，陳宗遠將孟子性善解為「良心乃其純」，將荀子性惡解為「氣質誠有駁」，這也是採用了理學家論性的模式。但陳宗遠進一步指出，孟子的性善論是「善善」、「善長惡亦忘」，立足於保持人性之善，其惡自然消亡；荀子的性惡論是「惡惡」、「惡去善自生」，立足於化除人性之惡，其善自然增長。陳宗遠認為，孟子的「善善」與荀子的「惡惡」有著同等的價值和功能，世人厚此而薄彼、尊孟而貶荀的思想做派是錯誤的、不可取的。由此可見，陳宗遠與戴埴一樣，也是在採用理學解釋模式的基礎上又超越了理學對荀子人性論的偏狹態度，在更廣闊的視域中給予荀子人性論以新的評價。陳宗遠對荀子的這種新的理解態度，或許與他長期棲身「江湖」的現實生活閱歷與思想經驗分不開，作為一名江湖詩人，他抱持著「有身必有用，用世非榮身」的入世情懷，提倡「經濟之學」，其思想特色具有強烈的現實性、實用性。在他看來，既然孟、荀人性論有著同等的功能和作用，那就應當給予兩者以同等待遇。他和戴埴一樣，都是立足於學說的現實功能和實際作用而給予荀子人性論以肯定。

三、故事的重構

　　除上述戴埴與陳宗遠二人外，筆者還發現了一篇有趣而又發人深思的史料，這則史料以李斯與荀子對話的故事展開：

　　　　李斯問於荀子曰：「孟子道性善，言必稱堯舜；告子曰性無善無不善也；或曰性可以為善、可以為不善，是故文武興則民好善，幽厲興則民好暴；或曰有性善有性不善，是故以堯為君而有象，以瞽叟為父而有舜，以紂為兄之子且以為君而有微子啓、王子比干。今曰性惡，然則彼皆非歟？」荀子曰：「乃若其情，則可以為惡矣，乃所謂惡也。若夫為善，則天之降才爾殊也。惻隱之心，人皆無之；羞惡之心，人皆無之；辭讓之心，人皆無之；是非之心，人皆無之。無惻隱之心，非仁也；無羞惡之心，非義也；無辭讓之心，非禮也；無是非之心，非智也。仁義禮智，皆由外鑠我也，聖人之教也。或學而知之，或困而學之，或勉強而行之，豈固有之哉！是以聖人言

〔註215〕《有感》，《江湖後集》卷十三《陳宗遠》。見（宋）陳起：《江湖後集》，清文淵閣四庫全書本。

學不言命，言習不言性。孔子曰：『我非生而知之者，好古，敏以求之者也。』豈惟民哉！麒麟之於犬狼，鳳凰之於梟鴉，芝蘭之於荊棘，珠玉之於泥沙。天下之善人少而不善人多，或相倍蓰，或相什百，或相千萬而無算，子比而同之，以其少者信其多者，奚可哉！《詩》曰：『德輶如毛，民鮮克舉之。』孔子曰：『爲此詩者，其知道乎。我未見好仁者，我未見好德如好色者也。』」〔註216〕

該篇史料後附有一位道人的跋，其云：

> 余往歲遊潭柘，於闇僧架上抽一帙，蠹蝕已盡，視之名曰《謨觴雜錄》，中多漫漶不可讀，惟《侮聖言》一篇，多述孔孟成語，可以意識，因命侍兒錄出。之詞甚詭謬，不著作者姓名，疑是宋末遺民或隨文山而北者流寓燕中，鄙當時之所爲，遂激而言之。子輿氏自稱好辨，乃更逢此敵手。以子之矛，攻子之盾，遂爾洞穿七箚，能令讀者欷歔流涕，真有狐狸猵貉啗食殆盡之懼，所謂將此深心奉塵剎，是則名爲報佛恩，非歟？其以《侮聖》名篇者，蓋自懺也。
>
> 時丙戌十月誰道人跋。〔註217〕

「誰道人」何許人，已無從詳考，然根據誰道人的這篇跋，可知此篇《侮聖言》很可能作於宋末，出自於當時跟隨文天祥之人筆下。至於這篇文章的寫作目的是否亦如「誰道人」所說的是寫作者的自我懺悔之言，亦未可知。其實，依筆者愚見，此篇文章很可能是作者對以性善論爲代表的整個宋代人性觀念的一個總括性的批評反思，其以《侮聖》名篇，或許只是一種事實陳述，用來表示其對以性善論爲代表的傳統人性論的反思。這篇文章乃是根據《孟子‧告子上》中孟子與公都子的一段對白而來，爲方便比較，特將《孟子》原文引出：

> 公都子曰：「告子曰：『性無善無不善也。』或曰：『性可以爲善，可以爲不善；是故文武興，則民好善；幽厲興，則民好暴。』或曰：『有性善，有性不善；是故以堯爲君而有象，以瞽瞍爲父而有舜，以紂爲兄之子且以爲君而有微子啓、王子比干。』今曰『性善』，然則彼皆非歟？」孟子曰：「乃若其情，則可以爲善矣，乃所謂善也。若夫爲不善，非才之罪也。惻隱之心，人皆有之；羞惡之心，人皆

〔註216〕《侮聖言》，《無他技堂遺稿》卷十五。見（明）蔣臣：《無他技堂遺稿》，清康熙四十九年刻本。

〔註217〕《侮聖言》，《無他技堂遺稿》卷十五。

有之；恭敬之心，人皆有之；是非之心，人皆有之。惻隱之心，仁
也；羞惡之心，義也；恭敬之心，禮也；是非之心，智也。仁義禮
智，非由外鑠我也，我固有之也，弗思耳矣。故曰，『求則得之，捨
則失之。』或相倍蓰而無算者，不能盡其才者也。《詩》曰，『天生
蒸民，有物有則。民之秉彝，好是懿德。』孔子曰：『為此詩者，其
知道乎！故有物必則；民之秉彝也，好是懿德。』」〔註218〕

將《孟子》中此段對白與《侮聖言》比較，可以發現《侮聖言》幾乎句句
針對《孟子》而發，處處與其唱反調。孟子對公都子的回答主要圍繞性善
展開，是孟子論述性善的主要筆墨，而《侮聖言》中作者虛擬設計的荀子
對李斯的回答則主要圍繞性惡展開，並對性善論有所評介。孟子以心論性，
認為人心先驗地具有四端，此四端擴而充之即為四德，因而孟子認為四德
並非外在，而是道德主體內在具有的。孟子將心性之善設定為不證自明的
先驗原則，認為是「弗思耳矣」，也就是說，這個道理根本不需要思考就能
夠明白。針對孟子此番論述，《侮聖言》的作者偏偏要對孟子所設定的人性
善的先驗原則進行反省和質疑，他借荀子之口指出惻隱、羞惡等心是人本
來沒有的，仁、義、禮、智四德也是在後天教化過程中才形成的，並非如
孟子所言的都是「我固有之」。針對孟子引《詩》及孔子之言以助論，《侮
聖言》亦引《詩》及孔子之言以助論。兩者所引之《詩》與言，皆有所根
據，從某種程度說，《侮聖言》所引孔子之言見於《論語》而孟子所引則不
見，就此而論，《侮聖言》較之《孟子》或更甚一籌。拋開這些外在的引用
不論，《侮聖言》的意義在於，它提出了對性善論的質疑，這種質疑不僅是
表面立場的簡單宣佈，更是對性善論之論證依據的深層反思。孟子對性善
的論證採取的是先驗手法，如上所言是「弗思耳矣」，除此之外，還有以「見
孺子入井，人皆有怵惕惻隱之心」〔註219〕的人之情來論證人心人性之善。
《侮聖言》正是針對這種論證方法提出質疑：首先，先驗論證的手法其實
就是希圖能以不證來達到自明，但這種不證明的方法卻不能作為合理的論
證依據。你孟子說人心天然具有惻隱等四端，可這是不能證明的，既然不
能證明，我為何不能說人心天然不具有四端呢？我說人心天然不具有四
端，也可以採取先驗的手法，認為這是不證自明的，而你同樣無法反駁我，

〔註218〕《孟子‧告子上》。
〔註219〕《孟子‧公孫丑上》。

因為我們所用的論證手法是一樣的，得出的結論也一樣具有合法性。其次，你以人之情來論證性善，其實只是看到了人之情的好的一面，並將這一面擴大為全部，而我看到的人之情則是壞的一面、惡的一面，那麼，你孟子憑什麼只用情來論證性善而不用它來論證性惡呢？也就是說，我用情來論證性惡，同樣是成立的。由此可見，《侮聖言》借荀子之口批評孟子性善論，揭示性善論之論據的不完全性，並在此基礎上來論證性惡論的成立。雖然性惡論的成立可能也是不完全的，但《侮聖言》卻提醒我們注意糾正宋儒那種視性善論為天經地義而性惡論為旁門邪說的偏狹思想。或許《侮聖言》並不試圖給予性惡論以絕對的支持和贊同，但它起碼試圖從根本處入手來喚起人們較為完整的論性思維。它對孟子性善論的反思（包括對荀子性惡論等傳統人性論的反思）無疑是深刻的，在它詼諧辛辣的筆調下潛藏著的是對傳統人性論種種的批評與反省，即使在今天看來，它所提出的批評思路仍然值得我們深思與揣摩。

第五節　師徒糾結：荀子與李斯、韓非之間

荀子是先秦儒家的代表人物，而其徒弟李斯與韓非則屬於法家。對於荀子的這兩個徒弟，儒生們素來是持批評態度的，特別是李斯，秦漢以降的儒生多將秦朝的焚書坑儒歸罪於他。李斯、韓非既然師出荀子，那麼他們所犯下的過錯難道與荀子沒有任何關係嗎？荀子該不該為徒弟們的錯誤罪行負責？如果該負責，荀子的思想中又有哪些因素會促成徒弟之過？自從晉代仲長敖作《覈性賦》以來，儒者們多將李斯、韓非與荀子聯繫起來，並認為韓、李二人的法家思想受到的正是荀子性惡論的影響。面對仲長敖開創的將韓、李二人的法家思想歸結為受到荀子性惡論之影響的這一思想傳統，宋儒做出了怎樣的繼承、批駁及新的詮釋？本節即來論述宋儒對此問題的看法。

一、卿言性惡，罪歸荀卿

對於荀子與韓非、李斯師徒之間的關係，以蘇軾、朱熹等為代表的宋儒認為韓非、李斯之過錯應該直接或間接地歸罪於荀子，且具體而言，應歸罪於荀子之性惡論。關於荀子與李斯的關係，蘇軾有言：

昔者常怪李斯事荀卿，既而焚滅其書，大變古先聖王之法，於

其師之道，不啻若寇讎。及今觀荀卿之書，然後知李斯之所以事秦
者皆出於荀卿，而不足怪也。荀卿者，喜爲異說而不讓，敢爲高論
而不顧者也。其言愚人之所驚，小人之所喜也。子思、孟軻，世之
所謂賢人君子也。荀卿獨曰：「亂天下者，子思、孟軻也。」天下之
人，如此其眾也；仁人義士，如此其多也。荀卿獨曰：「人性惡。桀、
紂，性也。堯、舜，僞也。」由是觀之，意其爲人必也剛愎不遜，
而自許太過。彼李斯者，又特甚者耳。〔註220〕

蘇軾最初認爲李斯與荀子背道而馳，因而李斯之過不當歸於荀子，但後來蘇
軾改變了這種觀點，認爲正是荀子好爲異說、敢爲高論的肆無忌憚的風格影
響了李斯的性格。他又說：

彼李斯者，獨能奮而不顧，焚燒夫子之六經，烹滅三代之諸侯，
破壞周公之井田，此亦必有所恃者矣。彼見其師歷詆天下之賢人，
以自是其愚，以爲古先聖王皆無足法者。不知荀卿特以快一時之論，
而荀卿亦不知其禍之至於此也。〔註221〕

這裡也闡述了荀子對李斯的影響，蘇軾認爲荀子肆無忌憚地對諸子百家進行
大批判的不羈言行導致了李斯認爲「古先聖王皆無足法」，進而促使李斯做出
毀滅井田制、焚書坑儒的罪行。這表明，李斯的罪過是荀子所直接造成的，
荀子應該對此負全責。雖然如此，蘇軾也還是爲荀子留了點後路，他認爲荀
子只是逞一時口舌之快，其自己也不知道自己的放肆言行會導致如此禍害，
這實際上是爲荀子說了一點點開脫的話。但蘇軾的大主旨還是在於強調李斯
之罪當歸於荀子的，他說：

其父殺人報仇，其子必且行劫。荀卿明王道，述禮樂，而李斯
以其學亂天下，其高談異論有以激之也。〔註222〕

師徒之間有如父子，父親殺人，兒子也必定行劫；同理，徒弟有罪，必定是
師傅引起的，因而李斯之過也必當歸於荀子。並且，由上所引可見，蘇軾認
爲荀子的言論中有兩點最能代表其剛愎放肆的性格特點，其一是非議思、孟，
其一是判人性爲惡。蘇軾認爲這兩點恰恰最能影響李斯，使其最終走上了一
條與儒家背道而馳的不歸路。

〔註220〕《荀卿論》，《蘇軾文集》卷四，第101頁。
〔註221〕《荀卿論》，《蘇軾文集》卷四，第101頁。
〔註222〕《荀卿論》，《蘇軾文集》卷四，第101頁。

高宗朝狀元張九成亦將李斯與荀子聯繫，其云：

> 荀卿有性惡禮僞之説，此亦學不精微、思不深眇、雷同苟簡之病也。不知其説一行，其弟子李斯祖述之，得志於秦，以性爲惡，乃行督責之政；以禮爲僞，乃焚六經之籍，坑天下之儒，荀卿亦豈謂其學遂至於此哉！故罪嬴秦者，當罪李斯；而罪李斯者，當罪荀卿；罪荀卿者，當罪其學不精微、思不深眇、遽立名言以亂天下。〔註223〕

張九成認爲正是荀子的性惡禮僞論導致了李斯犯下滔天罪行，因而秦之罪當歸於李斯，而李斯之罪當歸於荀子，荀子之罪當歸於其自身之性惡禮僞論。張九成在秦（焚書坑儒）、李斯、荀子、性惡論之間建立起一個完整的因果鏈條，而這一鏈條的終極罪因就是荀子的性惡論。

朱熹在這一問題上也主張李斯之過與荀子有關，他說：

> 如世人說坑焚之禍起於荀卿。荀卿著書立說，何嘗教人焚書坑儒？只是觀它無所顧藉，敢爲異論，則其末流便有坑焚之理。〔註224〕

朱熹認爲李斯焚書坑儒的罪行應當追索至荀子，同蘇軾一樣，他也認爲是荀子「敢爲異論」、「逞快胡罵亂罵」〔註225〕的放肆風格教壞了李斯。但朱熹也注意區分了其中的一些細節，他認爲荀子並沒有故意、明確地教人焚書坑儒，只是順其學說的「末流」則必有焚書坑儒之理。這裡的區分，好似故意犯罪與過失犯罪、直接犯罪與間接犯罪的分別一樣。也就是說，荀子雖然是犯罪，但他是過失犯罪、間接犯罪，與李斯的故意犯罪和直接犯罪不同。李斯與荀子之間，雖然罪因歸於荀子，但荀子的罪行還是相對較輕的。朱熹認爲荀子犯罪的原因在於「學要爲不醇粹」〔註226〕，即其學問不醇粹，雜糅黃老、法家等思想，並非純正的儒學。結合前文有關論述，我們可以知道，朱熹認爲荀子最大的不醇粹就在於他對人性的認識不清，因而荀子犯罪的最後原因也就是他提出的性惡論。這一點朱熹與張九成是一致的。

宋末的陳仁子〔註227〕亦云：

〔註223〕《告子章句上》，《張狀元孟子傳》卷二十六。見（宋）張九成：《張狀元孟子傳》，四部叢刊三編景宋本。

〔註224〕《朱子語類》卷一百三十七，第3256頁。

〔註225〕《朱子語類》卷一百四，第2619頁。

〔註226〕《楚辭後語》卷一《成相》，《朱子全書》第19冊，第223頁。

〔註227〕陳仁子，字同俌，一作同甫，博學好古，咸淳十年漕試第一，不仕於元，

> 　　李斯、韓非，同北面於荀卿之門。卿言人性惡，夫人皆惡也，
> 是不可語善也，故教化不施而刑罰爵賞之是尚。凡所以繩束其下，
> 嚴如束濕，民皆重足立，而卿並軻、思仁義之說皆嗤之。非相韓，
> 斯相秦，刻核不少貸，皆以惡者疑之也。斯貽坑焚之禍，非不幸
> 使秦，乃為斯所忌而殺，若非不死，安知不又一斯也。非之書行
> 世五十五篇，大抵任術不任理，知有事之利害，不知有義之是非，
> 平日師友間蓋不知「何必曰利」之說。是以利在使秦，則非使秦；
> 利在賣友，則斯殺非。嗚呼！是果性惡之咎耶！世人胸中無理義
> 以為主，而計較於利害之術，其流往往若此。荀卿一言誤其徒，
> 亦甚！〔註228〕

陳仁子指出李斯、韓非的思想主旨和現實施政方針都受到荀子人性惡論的影響。他認為荀子判人性為惡，這就喪失了道德主體自我為善的能力，那麼自我的為善必須靠外在的聖王禮義的灌輸才得以成立，因而荀子實際上不重教化而重刑賞，這與法家把人作為實現利益之工具的觀念沒有兩樣，所以才會造成李斯為了自我利益而對韓非的同門殘殺及其在秦國的焚書坑儒。簡言之，李斯與韓非的一切罪行，都是由於荀子的性惡論造成的。平心而論，陳仁子對荀子的分析有一定的合理之處，荀子的確不重道德主體的自我為善能力而重視外在禮義對人性的規約力量，但這並不表示荀子不重教化而只重刑賞，與陳仁子的推論恰恰相反，正是由於荀子看重禮義對人性的矯治作用，他才更為重視推行禮義對人的教化，才更為重視教師對人的引導作用，這與法家一斷於法、一切以利為本的觀念還是有很大區別的。陳仁子將李斯、韓非的罪行歸於荀子，又將荀子的過因歸於他的性惡論，這與宋代理學諸儒的看法是相同的。

二、師徒有別，荀卿無罪

　　與蘇軾、朱熹等人有別，還有一些宋代學者認為荀子與李斯、韓非有所區別，不應將徒弟之過歸罪於其師。南宋學者韓元吉〔註229〕云：

> 營別墅於東山，市人因呼東山陳氏。見《宋人傳記資料索引》第三冊，第
> 2557頁。
> 〔註228〕《讀韓非子》，《牧萊脞語》卷十三。見（宋）陳仁子：《牧萊脞語》，清初景
> 元鈔本。
> 〔註229〕韓元吉（1118～1187），字無咎，號南澗。

夫孔孟之說，其於當世不翅如水火之殊科、方圓之異鑿也，惟
其所守不爲天下所移，而亦不務於求合，此後世之士跂望而不可及
也。若夫荀卿子之書，其亦未免於求合者歟！何則？卿所負者儒術
也，所遭者戰國也。戰國之時，非富不安，非強不立，非兵不雄也，
故世之遊士，持是三者以要諸侯，曰「吾足以富爾國，吾足以強爾
國，吾足以用兵決勝而謀爾國」，戰國之君非是三者亦莫之聽焉，而
卿之書皆有之。卿之意，以爲吾所謂富國者，非彼之所謂富國者也；
吾所謂強國者，非彼之所謂強國者也；吾所謂用兵者，非彼之所謂
用兵者也；由吾之說亦足致富強而善用兵矣。故富國之說曰：「節用
裕民，而善藏其餘」，強國之說曰：「道德之威，成乎安」，強用兵之
說曰：「兵，要在乎附民而已」。卿之言非不正也，其所以爲言者，
將以求合也。彼其見戰國之士以是得君，則亦懼其言之不入也，飾
仁義之說以附於三者焉。然其論雄深而辯博，此其所以使李斯之徒
學之而失其所後先哉！〔註230〕

韓元吉指出，孔、孟堅持儒家學問的眞精神，並且不求合於俗世。殆至戰國，
因時事格局進一步的轉變，因而荀子對世俗君王「未免於求合」。不過，荀子
雖表面上求合，但其學說卻繼承了儒家的眞精神，他的求合只是爲了使戰國
君王採納自己的學說而做出的權宜之舉，並非一味媚合於世。可是荀子之徒
李斯卻誤解了其師，顚倒了荀子學說的本末，捨棄了儒家仁義精神之「本」
而追逐媚合世主之「末」。韓元吉筆下暗含之意是：李斯之過最終是因其自己
對荀子學說的誤解造成的，李斯之過不應歸於荀子。韓元吉師從尹和靖，思
想亦受到理學影響，但他卻能站在較爲客觀的立場上爲荀子「洗脫罪過」，這
種做法與一般理學家是有所區別的，也因此而更顯得難能可貴。

南宋趙汝談，字履常，宋太宗八世孫。《宋史》載其：

嘗論議韓非、李斯皆有荀卿之才，惟其富貴利欲之心重，故世
得而賤之，惟卿獨能守其身，不苟希合，士何可不自重哉。所著有
《易》、《書》、《詩》、《論語》、《孟子》、《周禮》、《禮記》、《荀子》、
《莊子》、《通鑒》、《杜詩》注。〔註231〕

〔註230〕　《荀子論》，《南澗甲乙稿》卷十七。見（宋）韓元吉：《南澗甲乙稿》，清刻
　　　　　武英殿聚珍版叢書本。
〔註231〕　《宋史》卷413，第 12396 頁。

可見，趙汝談喜好荀子之爲人，還專爲《荀子》作過注。在荀子與李斯、韓非的關係上，他認爲李斯、韓非雖有荀子之才，但人品卻不及荀子。這也是將荀子與他的這兩個徒弟進行區分，以便爲荀子正名。

南宋著名學者王應麟亦力求爲荀子洗脫罪名，他說：

　　　　善教者，使人繼其志。弟子累其師，李斯、韓非之於荀卿也。

　　弟子賢於師，盧植、鄭玄之於馬融也。

　　　　荀卿之門有三人焉，李斯、韓非不能玷其學也。

　　　　《荀子》曰：「非其人而教之，齎盜糧借賊兵也。」獨不知李斯、

　　韓非乎？〔註232〕

王應麟雖然埋怨荀子收李斯、韓非爲徒是荀子的不明智之舉，但他主要還是著力指出荀子與李斯、韓非的差別及其各自的獨立性。在王應麟看來，不管弟子不及老師還是賢於老師，老師終歸是老師自身，弟子終歸亦只是弟子自身，老師並不會因爲弟子的拖累就渺小，亦不會因爲弟子的賢良就偉大。因而，荀子雖然有李斯和韓非這樣的徒弟，但他自己的學問並不應因此而受到損害，他仍然可以保持自我的獨立品格。並且，王應麟又云：

　　　　荀卿《非十二子》，《韓詩外傳》引之，止云十子，而無子思、

　　孟子。愚謂：荀卿非子思、孟子，蓋其門人如韓非、李斯之流，託

　　其師說以毀聖賢。當以《韓詩》爲正。〔註233〕

王應麟從文獻學的角度將《荀子》中的《非十二子》與《韓詩外傳》比較，指出《韓詩外傳》中對諸子的批評只限十人，而無對子思、孟子的批評，他由此認爲《非十二子》中那些對子思、孟子的批評言論是韓非、李斯附加上去的，並不是荀子的原作。宋儒歷來對荀子非議思、孟的言論痛加鞭笞，王應麟將《荀子》中批評思、孟的這部分言論推給韓非、李斯，其說乃旨在爲荀子洗刷非議思、孟的這項罪名。考之《韓詩外傳》，其批評的是范睢、魏牟、田文、莊周、愼到、田駢、墨翟、宋鈃、鄧析、惠施十人〔註234〕，而《荀子·非十二子》中批評的是它囂、魏牟、陳仲、史鰌、墨翟、宋鈃、愼到、田駢、惠施、鄧析、子思、孟軻十二人；對比兩書，除去子思、孟軻之外，兩者所批評的其他對象亦並非完全相同。由此，如果依《韓詩外傳》中的記載爲準，

〔註232〕分別引自王應麟：《困學紀聞》，卷五、卷六、卷十。

〔註233〕《困學紀聞》卷十。

〔註234〕見（漢）韓嬰：《韓詩外傳》卷四，四部叢刊景明沈氏野竹齋本。

那麼《非十二子》中對其他十人的批評亦當有所改動；這麼一來，依王應麟的邏輯，整個《非十二子》篇應該不都是荀子所作了。其實，王應麟此說未必可信，依筆者推測，《韓詩外傳》作者此處對十子的批評只是以《荀子》書中的《非十二子》爲藍本，並結合《荀子》中的其他篇章而綜合言之，其之所以略去荀子對子思、孟子的批評，可能是受到當時漢代孟子已尊的思想風氣的影響而刻意不論。不過，不管王應麟此說是否成立，從他的這一解釋可以清晰地看出他爲荀子洗脫種種罪名的期求和努力。

第四章　外王事業：荀子外王學在宋代之新詮

荀子的外王學以禮論爲中心，涉及周公論、《春秋》論、刑論、兵論、術論等多個方面。荀子之禮論與其人性論直接相關，先王因人性之惡而必然爲之起而制禮，以使眾人收攝無盡之欲而歸於合理中節，由此來保證社會秩序的安定。因而，荀子的禮是逆著人性而生出的，其產生是要對治人性之惡。就禮與天之關係而言，荀子強調割斷天、禮之間的形上聯結，力圖將禮從形上之天的籠罩下解脫出來。荀子雖然將天地作爲禮之一本，但此「本」並非形上的本源本體義，而是制禮所應依據的現實對象。荀子強調天、人之分，故而亦強調天、禮之別，認爲禮非自天而出，天不是禮的形上本源本體。在論禮的同時，荀子選取制禮作樂之典型代表的外王人物周公爲對象，對周公進行了全新的詮釋與塑造。在荀子眼中，周公重視賢才、急於求人，這實際上與荀子的重視賢人的思想相互貼合。[註1] 對於周公與成王之間的權力地位變化之關係，荀子亦創新解釋之，他認爲周公對天子之位的得而後失以及成王對天子之位的失而復得不是禪讓、革命或繼承的關係，而是一種基於成王對周公完全信任之下的暫託代理與周公對成王極度忠誠自律之下的權力返還關係；正是基於這一解釋模式，荀子承認周公踐天子之位的真實性與合理性。除此之外，荀子還突破傳統恭儉觀念的限制來重新塑造周公，他認爲周公不拘於恭儉，主張從超越世俗傳統的目光給予周公以新的打量。對於《春秋》，

〔註1〕 荀子説：「明主急得其人」（《荀子・君道》），「學之經莫速乎好其人，隆禮次之」（《荀子・勸學》）。

荀子多引其言以助論，並從自身的理論視角給予相關事件以評價，例如荀子對「齊侯、衛侯胥命於蒲」給予高度讚揚，稱之爲「《春秋》善胥命」。荀子其實讚揚的是對誓約的相互重視，更深一層，荀子讚揚的是那些在實際事務中言行一致、言必有信的人。在對待刑罰的態度上，荀子緊握禮與刑軟硬兩手，認爲治世不僅要依靠禮義作爲教化保障，亦必然要依靠重刑作爲治理保障。荀子提倡重刑，但同時又強調刑稱其罪，絕不主張刑罰的濫用無度與傷及無辜。在用兵論方面，荀子認爲用兵之本在於民心一致、民眾歸服，強調統治者應以「壹民」、「附民」爲己任。在論及將帥用兵之法時，荀子提出六術、五權、三至的思想，實際上講述的是將領在用兵時應考慮、權衡、遵循的原則；荀子之「術」論，乃儒術、道術之論，與世俗所謂權謀奸詐之術甚無關聯。

以上所述的諸方面，以禮學爲核心與主軸，其餘爲禮學之展開、涉及的多個側面，它們共同構成了荀子外王學的基本架構。宋儒對荀子外王學的上述諸方面皆有所品評，從宋儒對荀子外王學的解讀和重新詮釋中，我們可以見出宋儒的思想旨趣與荀學的異或同，亦可以進一步窺探出宋儒所持思想背後的社會政治環境及其對宋儒荀學觀的影響。

第一節　禮論

一、禮與天、性

在禮與天的關係上，荀子認爲禮非產生於天。他倡導人們要「明於天人之分」〔註2〕，天不是產生禮的終極依據，與之相反，禮乃是聖王依據人間社會自身的內在原則而制作的產物。在禮與性的關係上，荀子認爲禮的產生是爲了化除、對治、矯正人之惡性，禮與性之間乃是相對待、相剋服的關係。

〔註2〕《荀子·天論》。廖名春先生針對有學者用「天人相分」來概括荀子「天人之分」說的觀點，指出兩者的不同：「荀子的『天人之分』說許多人喜歡用『天人相分』來概括。事實上，這樣來概括荀子的觀點是不準確的，且易發生誤解。照這樣理解，『分』就成了動詞，是分離的意思。好像荀子在主張天與人是完全間隔的二物或者是互不相關的兩個不同的領域，二者具有完全不同的規律。……但荀子從來沒有說過『天人相分』，只是講『天人之分』。」（廖名春：《荀子新探》，第 189 頁。）在此，無論用「天人之分」還是用「天人相分」來概括荀子天人論，都說明了荀子意圖斬斷禮與天的關係，還原禮所具的人間品格。

因而，在禮與天、性的關係方面，荀子是將禮安置在與天、性相對立的一面進行論述的：禮的產生與天相對，禮的施行與性相對。

對於荀子的這種禮與天性相對的解釋模式，宋儒大多是無法接受的。宋儒多從孟子的理論體系出發，認為禮根植於人心人性之中，是人性在現實社會中的表現；且人性與天相通、來源於天，因而禮亦源出於天。在宋儒的視域中，禮與天、性處於相因、相合、相順的關係模式中。荀子的解釋模式因與其多有牴牾而屢遭宋儒之批評，這種批評不僅包括理學一系的人物，也包括李覯、王安石、晁說之等非理學人物在內。

宋初大思想家李覯對禮十分重視，其云：「聖人之所以作，賢者之所以述，天子之所以正天下，諸侯之所以治其國，卿大夫士之所以守其位，庶人之所以保其生，無一物而不以禮也。窮天地，亙萬世，不可須臾而去也。」〔註3〕可見李覯將禮視為治理天下國家的根本措施，這一點其與荀子是相通的。但在禮與性之關係方面，李覯卻選擇了與荀子不同的解釋路向，他說：

> 聖人率其仁、義、智、信之性，會而為禮，禮成而後仁、義、智、信可見矣。……賢人者，知乎仁、義、智、信之美而學禮以求之者也。禮得而後仁、義、智、信可見矣。〔註4〕

天下之善，無非內者也。聖人會其仁、義、智、信而為法制，固由於內也。賢人學法制以求仁義，亦內也。謂藍之青，朱之赤，固其質也。布帛之青赤則染矣。然染之而受者，亦布帛之質也，以染鐵石則不入矣。是故賢人學法制以求仁義，亦內也。〔註5〕

在李覯看來，聖人與賢人有所不同：聖人先體悟到仁、義、智、信之性，再由此性表現為禮；賢人先學禮，禮成而後領悟到性。但不管是聖人的先性後禮，還是賢人的先禮後性，都是出於內在所具的善質：聖人是先領悟到內在善質，而後開發善質並將其轉化為禮；賢人雖先學禮而後才能領悟到內在善質的存在，但其之所以能最終領悟善質，也正說明其善質本有，非由外入。這樣，賢人看起來是先禮後性，其實仍然是先性後禮，只是其自覺不自覺罷了。因此，李覯對性、禮關係的解讀，其思路仍是由性推出禮。

〔註3〕 《禮論第六》，《李覯集》卷二。見（宋）李覯著；王國軒校點：《李覯集》，北京：中華書局，1981年，第19～20頁。

〔註4〕 《禮論第四》，《李覯集》卷二，第11頁。

〔註5〕 《禮論後語》，《李覯集》卷二，第25頁。

目前，學界多將李覯之學的核心視爲禮，但卻忽視了李覯亦有極爲重視仁義之性的一面，其云：

富貴浮雲畢竟空，大都仁義最無窮。一千八百周時國，誰及顏回陋巷中？〔註6〕

這種對仁義之性的注重，又與周敦頤等宋代理學家對孔顏樂處的關注是一致的。所以，李覯雖重禮，但亦重性，且在性、禮關係上認爲禮生於性，這與荀子的禮非產生於性的觀點有著根本的不同。

如果說李覯只是自陳己見的話，王安石則明確對荀子提出批評，其云：

嗚呼，荀卿之不知禮也！其言曰「聖人化性而起僞」，吾是以知其不知禮也。知禮者貴乎知禮之意，而荀卿盛稱其法度節奏之美，至於言化，則以爲僞也，亦烏知禮之意哉？故禮始於天而成於人，知天而不知人則野，知人而不知天則僞。聖人惡其野而疾其僞，以是禮興焉。今荀卿以謂聖人之化性爲起僞，則是不知天之過也。然彼亦有見而云爾。凡爲禮者，必詘其放傲之心，逆其嗜欲之性。莫不欲逸，而爲尊者勞；莫不欲得，而爲長者讓；擎跽曲拳以見其恭。夫民之於此，豈皆有樂之之心哉？患上之惡己，而隨之以刑也，故荀卿以爲特劫之法度之威，而爲之於外爾，此亦不思之過也。〔註7〕

王安石認爲禮源出於天而形成於人，是天人相合的產物，他認爲在只知天而不知人和只知人而不知天這兩種情況下言禮是不可能把握禮之眞諦的。他針對荀子將禮視爲後天之僞的觀點，批評荀子是「知人而不知天」，認爲荀子這種妄圖以天人之分的視角來窺探「禮之意」的做法是不可能成功的。這裡，王安石亦認同禮有人爲強制的特徵，但他同時卻又認爲禮還有對人性加以引導、教化的一面，反對將禮看作完全外在化、客觀化、強制化的存在。總體而言，王安石批評荀子禮論遺失了與天相合的一面。接著，王安石批評荀子對禮、性關係的解讀，他說：

夫斫木而爲之器，服馬而爲之駕，此非生而能者也，故必削之以斧斤，直之以繩墨，圓之以規，而方之以矩，束聯膠漆之，而後器適於用焉。前之以銜勒之制，後之以鞭策之威，馳驟舒疾，無得自放，而一聽於人，而後馬適於駕焉。由是觀之，莫不劫之於外而

〔註6〕《自遣》，《李覯集》卷三十六，第432頁。
〔註7〕《禮論》，《王文公文集》卷二十九，第337頁。

服之以力者也。然聖人捨木而不爲器，捨馬而不爲駕者，固亦因其
天資之材也。令人生而有嚴父愛母之心，聖人因其性之欲而爲之制
焉，故其制雖有以強人，而乃以順其性之欲也。聖人苟不爲之禮，
則天下蓋將有慢其父而疾其母者矣，此亦可謂失其性也。得性者以
爲僞，則失其性者乃可以爲眞乎？此荀卿之所以爲不思也。〔註8〕

由此段引文可見，王安石認爲禮雖有強制性，但卻是順人之性的結果，並非
是與人性相對立的存在。需要指出的是，荀子與王安石之所以對性、禮關係
有著不同的見解，乃是兩者對性之理解不同使然。王安石立足於孟子，認爲
「人生而有嚴父愛母之心」，這是看到人性好的一面，與性善說不相悖，正因
如此，王安石才認爲禮是聖人因順人性而制作的，禮與性是順合的。與王安
石相反，荀子則將人性視爲惡，他設定禮的終極目的是爲了化除人之惡性，
因而也就將禮擺在了與性相對立的位置上。因此，我們不僅要看到王安石對
荀子性、禮關係的批評，還要看到這種批評背後所隱藏的兩者思想路向的不
同。

就荀子之禮與天、性的關係，王安石綜括批評之曰：

夫狙猿之形非不若人也，欲繩之以尊卑而節之以揖讓，則彼有
趨於深山大麓而走耳，雖畏之以威而馴之以化，其可服邪？以謂天
性無是而可以化之使僞耶，則狙猿亦可使爲禮矣。故曰禮始於天而
成於人。天而無是，則人欲爲之者，舉天下之物，吾蓋未之見也。

〔註9〕

猿猴之形雖與人相似，但猿猴終究不能被禮義所化者，乃在於猿猴根本沒有
與禮相合的天性依據。王安石通過這一寓言試圖表達的是：有此天性，方有
此禮；無此天性，雖後天強力作爲，亦終不能有此禮。也就是說，禮與天性
是相通相合的，人性正因爲與天相通而有此禮，故而能爲禮所化、循禮而行。
如果天性中無此禮，則人終究亦不能制作禮、遵循禮。

與王安石從禮與天、性的視角對荀子進行批評相似，晁說之亦從禮與性、
學的關係入手對荀子展開批評。他指出：

學焉者，無所假也，鷙鳥之習其羽，豈取筋力之勞哉！……荀
卿論乎假舟楫與馬，則學與性分爲二端矣。學以光明乎？光明遂志

〔註8〕《禮論》，《王文公文集》卷二十九，第338頁。
〔註9〕《禮論》，《王文公文集》卷二十九，第338頁。

敏行者非邪？二子之蔽無它，不知克己復禮之爲學乎！……荀卿之
知此益明，其言曰：學至乎禮而止矣，夫是之謂道德之極；禮之敬
文也，樂之中和也，《詩》《書》之博也，《春秋》之微也，在天地之
間者，畢矣。其言厚乎禮，而薄乎己，卒以禮爲舟楫輿馬，將見其
一日捨之，尚何所克哉！〔註10〕

晁說之以「克己復禮」作爲爲學的根本原則，他理解的「克己」就是通過約
束自我的視聽言動而達到對人性的節制，「克己復禮」爲學，說明學與性（「克
己」）、禮三者之間有著不可分割的內在聯繫：由性而達禮，性禮相合而爲學。
晁說之認爲荀子將禮視爲外在於人性的存在，割裂了性、學、禮三者之間的
內在關聯。他舉荀子舟楫、輿馬之說爲例。荀子的原話是：「假輿馬者，非利
足也，而致千里；假舟楫者，非能水也，而絕江河。君子生非異也，善假於
物也。」〔註11〕荀子認爲君子善於借助外在之物而達到更好的功效，如借助
車馬就能日行千里，借助舟楫就能橫渡江河。晁說之認爲荀子的這一比喻是
「以禮爲舟楫輿馬」，也就是說，他認爲荀子將禮看作外在之物，雖讚揚禮（「厚
乎禮」），但卻不知禮不外於性、由性以達禮的道理（「薄乎己」），因而將性與
禮、學三者關係作了相互外化的割裂處理。

至於理學家對荀子禮論的批評，前文已論及之，通過張載、徐積等人對
荀子禮論的批評可以見出理學系統與荀子對禮與天、性關係的不同理解。此
處以楊時爲例，更申說明之。據史料記載：

薛宗博請諸職事會茶曰：「禮豈出於人心，如此事本非意之所
欲，但不得已耳。老子曰：『禮者，忠信之薄』，荀子曰：『禮起於聖
人之僞』，眞個是。」因問之曰：「所以召茶者何謂？」薛曰：「前後
例如此，近日以事多與此等稍疏闊，心中打不過，須一請之。」曰：
「只爲前後例合如此，心中自打不過，豈自外來，如云『辭遜之心，
禮之端』，亦只是心有所不安，故當辭遜，只此，是禮非僞爲也。」
〔註12〕

薛宗博贊同荀子「禮起於聖人之僞」說，認爲禮並非出於內在之人心，而是

〔註10〕《志學》，《嵩山文集》卷十四。
〔註11〕《荀子·勸學》。
〔註12〕《南都所聞》，《龜山先生語錄》卷四。（宋）楊時：《龜山先生語錄》，四部叢
　　　　刊續編景宋本。

生於後天之人為。楊時則轉而對其引導而力辨之，楊時承接孟子的「辭讓之心，禮之端也」，據此而批評荀子禮偽之說。楊時認為禮本非外，禮根植於人心深處，是人性的一部分，因而禮不是源自外在的、後天的人為，而是來自於內在的、先天的心性。

通過以上論述，宋儒與荀子對禮與天性的關係有著各自不同的理解，簡而言之，宋儒認為禮與天性是內在的關係，而荀子則認為禮與天性是相互外在的。宋儒對荀子的批評與質疑，歸根結底是他們認為荀子之禮缺乏道德形上學的依據，這樣的禮是無根的、不具永恆性的。荀子則力圖將禮從道德形上學意義上的天、性的籠罩下解脫出來，在他看來，禮的存在不需要有什麼道德形上學依據，完全立足於人世間的禮一樣具有永恆性，並且這樣的禮對於治療人性之惡更具功效。荀子與宋儒的不同，顯示的是兩種思維方式的不同，至於這兩種思維方式孰優孰劣，則是仁者見仁、智者見智的問題了。如果說兩者都有優點又都有缺陷的話，那麼，荀子的優點在於他敢於扯斷禮與天性的糾纏，將禮從道德形上學乃至神學的謎團中解放出來，這樣的禮更加生活化，與現實世界亦更為貼近；其缺點在於這樣的禮由於缺少了形上支撐而變得易於耗散，也由於沒有了道德根源，從而在說明禮對治人性的理論必然性上顯得更加困難。

二、禮與師、法

（一）禮與法

荀子哲學的一個特色在於他援法入禮，將法引入禮之中，在肯定禮之治世化性作用的同時亦注重法的治理功能。但在理想層面，荀子又認為禮尊法卑、禮優法劣，最終又將兩者區別開來。宋代以降，儒者多對荀子的援法入禮持批評態度，如前所述，朱熹就認為荀子「全是申韓」，與法家沒什麼兩樣。在這種對荀子援法入禮的批評思潮下，亦有少數儒者能正視荀子禮、法之別，看到荀子統合禮、法的良苦用心，南宋的常挺〔註13〕就是這之中的一員。常挺云：

> 法度立於君道，禮樂出於師道，君師之道並行，此三王之法度
> 禮樂所以為盡善也歟。三王、法度、禮樂，請申荀卿之論。……吾

〔註13〕常挺（？～1268），字方叔，號東軒，連江人。嘉熙二年進士，為御史。進拜參知政事，封合沙郡公，咸淳四年卒。見《宋人傳記資料索引》第三冊，第2688頁。

固知法度者，君道之所由立也。至於禮樂者，果鐘鼓云乎哉？果玉帛云乎哉？求之《六經》格言，禮一順也，樂一和也，和順之外無禮樂。禮樂者，誠師道之所自出也。然則禮樂與法度二歟？曰：禮樂固與法度二，而法度自禮樂出，則一也。何者？聖人以一身而任君師之責，君道、師道會於聖人之一身，法度、禮樂安得岐而二之？大抵禮樂者，人心和順之本也，本此和順，則法度可以行；有禮樂則有法度。失此和順，則法度雖欲行而不可。無禮樂則無法度。先王立法議制，將於人心而強矯之耶？將於人心而和順之耶？此君道所以待師道而並行也。故自吾師道之立也，先立師道，教之以禮樂。以是禮而導人心於至順，以是樂而導人心於至和，人心安於和順之天，知有禮樂則知有法度，然則師道立而君道亦至矣。……荀卿子謂：言味者予易牙，言音者予師曠，言治者予三王。吁！法度、禮樂，三王豈有他技巧哉？蓋以盡君師之道而已！〔註14〕

常挺認為禮樂出於師道而法度出於君道，師道與君道、禮樂與法度相互維繫，君師之道、禮樂法度統一於聖人之一身，聖人制禮樂、做法度，且禮樂先於法度而存在，有禮樂而後法度自立。這裡，常挺一方面將禮、法分開，指出兩者之別在於君、師之異；另一方面又認為禮、法緊密相連，兩者統一於聖人，是互相促進、相互依存的關係。這是在荀子援法入禮的基礎上，對禮法關係做出的新詮釋。其中，指出禮、法之統一繼承了荀子援法入禮的一面，認為禮樂先於法度則繼承了荀子禮尊法卑的一面，而以君、師之道詮釋禮、法不同則屬於常挺的新見解。但常挺又云：「是故禮，人心之禮也；樂，人心之樂也。」〔註15〕這種禮樂根於人心的觀點是孟子式的，它與荀子的禮樂觀有所區別，也是常挺的禮樂論不合於荀子之處。

（二）禮法與君師

與常挺注意區分禮與法不同，劉安節和方逢辰將禮法視為統一體，並探討了禮法與君、君師之間的關係。

劉安節，字符承，元符三年（1100）進士。他發揮荀子之禮論云：

君師者，所以化人於道者也。故荀卿以為治之本，而列諸天地先祖之後，以為禮之三本，善乎其推明之也！竊嘗謂人生於天地之

〔註14〕《三王法度禮樂如何》，《論學繩尺》卷一。
〔註15〕《三王法度禮樂如何》，《論學繩尺》卷一。

間，其不能無群也久矣！羽毛不足以禦寒暑，爪牙不足以供嗜欲。
雪霜風雨之苦暴於外，則必挽草木、治宮室、緝絲麻以成之；饑渴
男女之欲役於外，則必鑿井泉、布黍稷、合夫婦以成之。力不能兼
通也，必有士農工商以成之。智不能獨任也，必有鄉黨朋友以成之。
夫以一人之身，而與是數者之眾，相與為群於天下，紛紛藉藉，未
易以億萬計，於斯時也，法度不立，則力強者亂，兵強者叛，智強
者譎，幾何而不趨於亂乎！仁義不明，則居迷於所為，行迷於所之，
冥然無知，以蹈禍機，幾何而不底於悔乎！禍亂並作，顧雖有天地
之功、父母之恩，亦將無可奈何。則夫秉法度之權，修仁義之教，
以相班治，以相訓迪者，是乃所以輔天地不全之功，成父母不及之
恩。君師之法，豈不大哉！〔註16〕

荀子曾提出「禮有三本：天地者，生之本也；先祖者，類之本也；君師者，
治之本也」〔註17〕的思想，將君師視為禮之本、治理天下之本。劉安節肯定
荀子的這一思想，指出君師具有與天地、父母同等重要的功能，君師的這種
功能體現在他能為處身於人間社會中的紛雜繁複的人、事、物理清秩序，讓
它們各司其職、並行不悖，共同展開和諧的現實生活。這其實也是繼承了荀
子的群論思想。荀子云：

人生不能無群，群而無分則爭，爭則亂，亂則離，離則弱，弱
則不能勝物；故宮室不可得而居也，不可少頃捨禮義之謂也。……
君者，善群也。群道當，則萬物皆得其宜，六畜皆得其長，群生皆
得其命。〔註18〕

君者，何也？曰：能群也。能群也者，何也？曰：善生養人者也，善班治人
者也，善顯設人者也，善藩飾人者也。〔註19〕

在荀子看來，人之所以能成為萬物之首就在於人能夠結為群體，以使其
力量發揮至最大；而君之所以為君，即君道，就在於君能夠幫助人們結為群
體，形成合理的群體秩序。也就是說，君道就是群道，並且這種君道的具體
表現就在於能解決人民的基本衣食問題、能使人民分等級而治理、能將賢人

〔註16〕 《君師治之本》，《劉左史文集》卷三。見（宋）劉安節：《劉左史文集》，清
乾隆四十四年鈔本。
〔註17〕 《荀子·禮論》。
〔註18〕 《荀子·王制》。
〔註19〕 《荀子·君道》。

提拔至顯要之位、能通過文飾而凸顯上下之別〔註20〕。對比上引劉安節之文，可以清晰見出他對荀子群論思想的繼承。劉安節之所以特別注重對荀子群論思想的傳續，乃在於他爲了以此凸顯出君師的偉大及人民對君師所應抱持的忠心，他說：

> 禮有三本，其道一也。事君無可去之禮，而孔子於魯則去之；
> 事師無可逃之理，而孟子乃使夷之逃墨。何也？蓋父母者，天之合，
> 以形言也，形可逃乎？君師者，以道言也，苟非其道，則其所資以
> 爲治者，已亡其本矣，何禮之有！是故君道然耶？而高克去其君，
> 是孔子之罪人也；不然，則孔子亦將去魯矣！師道然耶？而陳相背
> 其師，是孔子之罪人也；不然，則孟子方且使夷之逃墨矣！〔註21〕

劉安節認爲，禮雖有天地、祖宗、君師三本，但對於人民而言，其中則有一貫之道，此道即是對禮之三本的尊崇和忠心。落實於現實血緣倫理社會，父因給予兒女以生命而應受到兒女之禮敬、君因治理社會而應受到臣民之服從、師因開啓教化之門而應受到學生之尊崇，三者乃禮之大端，不可輕忽。劉安節還指出，孔子之離開自己的父母之邦魯國、孟子之勸導夷之離開其原來奉行的墨家，這些看似不忠於其君其師的例子，其實並非是對君師的不尊。要瞭解其中的原委，就要深究君道與師道。如果君與師符合君師之道，那麼就一定要對其忠心尊奉；如果君師不符合君師之道，則可以對其勸說乃至離棄。孔子、孟子、夷之的上述行爲，因其離開的乃是不合君師之道的君師，所以他們不能算是對君師之道的背棄，他們的行爲恰恰是從另一面彰顯、弘揚了君師之道。劉安節的這一思想無疑是深刻的，這與荀子遵行的「從道不從君」〔註22〕的思想其實是一致的，他們所表達的都是在專制社會中臣民所應負起的責任。從君師之道而不從君師，這是劉安節在宋代所發出的思想之光，這道思想之光與數千年前荀子發出的思想之光遙相輝映，共同交織出對專制皇權的抵制之聲。

〔註20〕 關於「善生養人」，久保愛曰：「生養，興其利，除其害，使民衣食給足也。」
　　　　 關於「善班治人」，王天海云：「班治，分等級而治。」關於「善顯設人」，王
　　　　 天海云：「顯設，猶言置人於顯要之位。」關於「善藩飾人」，久保愛云：「稱
　　　　 其位班而加文飾，使上下有別也。」以上引文見王天海：《荀子校釋》，第544
　　　　 ～545頁。
〔註21〕 《君師治之本》，《劉左史文集》卷三。
〔註22〕 《荀子‧臣道》。

南宋後期的方逢辰從「分」的角度探討了禮法與君之關係。針對荀子有關「禮法之大分」〔註23〕的言論，方逢辰云：

> 論天下綱常之大，當自人君立。其大者基之。夫禮，莫大於分，分莫大於君。君不能自有其大，則禮法蕩矣。生民之初，人未知有君之尊也，先王憂焉，爲之辨上下、別等殺而爲截然之法。法立而禮行，禮行而君尊。夫爲君者盍？曰：吾之所以獨尊於天下者，僅有此分耳。使吾一日失此，則不能自有其大。君失其大，則禮法能獨存乎？世降叔末，此分不明久矣。不知先王所以爲是禮法者，正爲君尊地也。吾處其大，可不思有以守其大乎？云云禮法之分安在乎？曰：君臣也，父子也，兄弟也，皆分也。求其分之大者，則同室之分莫大於父，同與之分莫大於兄。雖然，又有大者焉。統乎人倫之上而居分之至尊者，非君歟？夫以四海之廣，兆民之眾，受制於一人，雖有絕倫之力、高世之智，莫不奔走而服役者，豈非分之至大哉！〔註24〕

方逢辰指出，禮最本質的核心是「分」，而掌管「分」的最核心的人物是君。他認爲，人類社會初期，先王爲初民制定禮法，爲的是讓人民知曉上下等級之別，而之所以能制定禮法，就在於先王掌握著「分」的職權，方逢辰將之稱爲「大」。君王之所以能治理社會，全依賴「分」的力量，而正是「分」這一大權的旁落導致了君權衰微，君王凌弱。方逢辰的這一思想與荀子的分論是一致的。荀子云：

> 辨莫大於分，分莫大於禮，禮莫大於聖王。〔註25〕

> 人何以能群？曰：分。分何以能行？曰：義。故義以分則和，和則一，一則多力，多力則強，強則勝物；故宮室可得而居也。故序四時，裁萬物，兼利天下，無它故焉，得之分義也。〔註26〕

> 人之生，不能無群，群而無分則爭，爭則亂，亂則窮矣。故無分者，人之大害也；有分者，天下之本利也；而人君者，所以管分之樞要也。〔註27〕

〔註23〕《荀子・王霸》。
〔註24〕《禮法之大分如何論》，《蛟峰集》文集卷七。見（宋）方逢辰：《蛟峰集》，清順治刻本。
〔註25〕《荀子・非相》。
〔註26〕《荀子・王制》。
〔註27〕《荀子・富國》。

荀子看到了「分」對於君王的重要性，認爲人君就是掌管天下之分的樞紐，只有分才能使人們群居和一。值得注意的是，荀子說「分莫大於禮」，將禮視爲分的原則，而方逢辰則說「禮莫大於分」，將分視爲禮之確立與施行的原則。其實，分與禮是互相確立的關係，故兩說皆有其理，只是兩者論說的側重點不同而已，荀子之說側重於說禮，而方氏之說則側重於言分。方氏又云：

> 爲天子者盍？曰：先王制禮，所以爲是差次焉者，正以成吾之尊也。吾處至尊之分，而不能自有其尊，得乎？士大夫分職，自我分之可也，如晉之六卿、魯之三家，則分陵矣。諸侯建國分土而守，自我建之可也，如韓魏以請命而侯，則分僭矣。三公分命總方而議，自我命之可也，如畀虢貳鄭之事，則又自壞其分矣。分不克守，則失其爲君之大。君失其大，如禮法之陵蕩何，《春秋》皆此類也，況荀卿之時乎！卿也起視四顧，無一可人意，著書立言而有禮法大分之語。卿之意深矣！楊倞不足以知此，以任人職分釋之，吁！卿之意或者正爲名分憂，豈在區區分守乎！〔註28〕

方氏繼續申說「分」對於君王治國的重要性，他認爲「分」的權力出於君王則可，出於臣下則不可，這其實是孔子「禮樂征伐自天子出」〔註29〕的翻版。方逢辰還批評楊倞對荀子「禮法大分」之「分」的注解，考之楊倞注，其對上引荀子「禮法之大分」一句注解云：「禮法大分在任人，各使當其職分也。」〔註30〕方逢辰認爲楊倞沒有領悟到荀子提出禮法大分思想的深意在於「正名」以達治，即通過辨正名分來恢復時已衰頹的天下政治秩序；反觀楊倞，只知以「任人職分」的「分守」之說來解釋荀子的禮法大分，這就將荀子此說的深意遮蔽了。然細察其實，楊倞的「分守」說與方逢辰的「名分」說，在實質上是一致的，因爲「正名」的基礎就在於形成有序的「分守」，而各人的「分守」一旦確立，整個社會也就自然合於「正名」。因此，兩者之說本質乃一，不必強分高下。

在對荀子禮法大分之說表示肯定和讚賞的同時，方逢辰又對其有所批評，其云：

> 雖然，大分一語，卿言是矣，然載之《王霸》之篇，君子不無

〔註28〕《禮法之大分如何論》，《蛟峰集》文集卷七。
〔註29〕《論語・季氏》。
〔註30〕王天海：《荀子校釋》，第 498 頁。

遺論焉。夫禮法之廢，正爲五伯壞之耳，卿方欲過頹瀾，不能尊王
抑霸，顧以《王霸》並稱而名篇，不觀筆削之經乎？子拒父者罪之，
而父子之分明；庶奪敵者貶之，而兄弟之分明；臣召君者諱之，而
君臣之分明。然則《春秋》一書，其禮法之大宗乎！此見《春秋》
者，有周禮盡在魯之歎，而後儒亦曰《春秋》爲一王法。〔註31〕

方逢辰將禮法大分秩序的破壞歸咎於當時的五霸，並且他認爲荀子以「王霸」
名篇，乃是將霸擺在與王同等的地位上，這就說明荀子「不能尊王抑霸」，不
能對五霸破壞禮法大分秩序的行爲提出有效批評。最後，方逢辰以《春秋》
爲參照，認爲荀子混言王霸的做法不能繼承《春秋》筆削褒貶、微言大義、
慎用言辭的精神，因而荀子雖倡導禮法之大分，卻不明白禮法統一於君王、
王不當與霸雜而言之的道理。可見，與上述劉安節強調「從君師之道而不從
君師」中所包含的相對自由精神相比，方逢辰無疑更爲倡導君主集權及對君
主的絕對歸服。

與方逢辰繼承荀子禮法之分的思想相似，北宋呂陶亦云：

荀卿子著書力言治道，至於分義之際，未嘗不丁寧焉，其說
曰：「辨莫大於分，分莫大於禮」，又曰：「分者義之別」，又曰：「禮
者，法之大分」，與戴記之說皆相表裏，而深明夫聖人制禮之本意
歟！〔註32〕

前述呂陶以性善論批評荀子人性論，但對於荀子禮論等外王學方面的內容，
呂氏則頗爲稱許。呂陶贊同荀子的分論，並且精闢地指出荀子著書的宗旨在
於「力言治道」，肯定荀子在外王學方面做出的貢獻，對荀子的禮論、分論給
予了很高的評價。

第二節　周公論〔註33〕

周公是包括孔子在內的歷代儒者心目中典型的大儒形象，他輔助武王、
成王，平定天下而又制禮作樂，開姬周一代盛世，一生功成名遂，被歷代儒
者視爲心中的楷模和追尋目標。本節以外王事業臻於頂峰的周公形象爲切入

〔註31〕《禮法之大分如何論》，《蛟峰集》文集卷七。
〔註32〕《聖人制富貴論》，《淨德集》卷十七，第 180 頁。
〔註33〕本節內容筆者已發表，拙文見《宋儒視域中的〈荀子〉周公論》，《社會科學
　　　　戰線》2010 年第 2 期。

點，通過分析宋代儒者對《荀子》周公論的解讀，來闡釋宋儒在新的政治文化環境下對周公及荀子的評價，並以此窺見宋儒自身的思想情態。

一、待士之道

《荀子‧堯問》中記載，周公之子伯禽被封於魯，在初次前往之際，周公向伯禽的師傅詢問其子之德如何，伯禽之師對之以「爲人寬，好自用，以慎」三德，而周公則以爲三德皆惡。在回應伯禽所具的「以慎」之德時，周公特別借助待士之道而闡釋反駁之。根據楊倞的注解：

> 彼伯禽之慎密，不廣接士，適所以自使知識淺近也。〔註34〕

周公認爲慎密之德並非好事，它會使人造成閉目塞聽的弊病。接著，周公又現身說法，例舉自己接士待士之道，他說：「我要拿著禮物去求見的人有十個；回頭拿著禮物再來見我的人有三十個；我所用禮貌接待的人有一百多；願意向我進言，我就請他們儘量說完的人，有一千多。在這些人中，我卻僅得到三個眞正有能力的士人」，「人人都以爲我破格地愛好儒士，所以儒士都到我這裡來了。」〔註35〕從周公的這段言語中，荀子所要著重表達的是上層管理者要拋開固閉自封的待士態度，做到求賢若渴，廣泛接納天下之人，並在其中選擇對國家有用的人才。

荀子的上述言論乍看無恙，但王安石卻針對此番言論提出批評，他說：

> 甚哉，荀卿之好妄也，……是誠周公之所爲，則何周公之小也！
>
> 夫聖人爲政於天下也，初若無爲於天下，而天下卒以無所不治者，
>
> 其法誠修也。〔註36〕

王安石認爲荀子對周公的這番描述實際是貶低了周公的能力，如果周公要靠自己這麼殫精竭慮的去接人求士的話，那麼周公又怎能與儒者心目中那個「無爲而治」、從容不累的周公形象相符呢？在王安石看來，周公接續堯、舜、禹的治道精華，「無爲於天下」，根本不需要這麼辛苦勞累地去選賢接士，荀子的這種描述與三代治道的根本精神是不相合的。這種三代治道的根本精神，其實就是王安石所說的「立善法」、「其法誠修」，通過立法、施法來保證社會秩序的良性運行。很顯然，這與王安石一直倡導的變法精神是相通的，他這

〔註34〕 王先謙：《荀子集解》，第549頁。
〔註35〕 楊柳橋：《荀子詁譯》，濟南：齊魯書社，1985年，第876頁。譯文有所改動。
〔註36〕 《周公》，《王文公文集》卷二十六，第302頁。

裡試圖將荀子筆下那個重視求賢待士的周公轉變為重視立法施法的周公，他認為周公不應在求人上花工夫，而應在立法上花工夫。

　　王安石還對荀子描繪中的其他細節進行批評，其云：

>　　且聖世之事，各有其業，講道習藝，患日之不足，豈暇遊公卿之門哉？……且周公之所禮者，大賢與，則周公豈唯執贄見之而已，固當薦之天子，而共天位也。如其不賢，不足與共天位，則周公如何其與之為禮也？……又曰：「仰祿之士猶可驕，正身之士不可驕也。」夫君子之不驕，雖闇室不敢自慢，豈為其人之仰祿而可以驕乎？〔註37〕

王安石此處從三個細節入手批評荀子。其一，荀子上述言論中有「還贄而相見者」一句，這是說因歸還見面禮而被周公接見的人，也說明有些人因主動請求周公的接見而遊於周公之門。王安石則認為周公之世，人人皆安於其事業，根本無暇得遊於公卿之門，荀子所謂的那些遊公卿之門以期獲得公卿禮遇之人往往是戰國時期的奸民行徑，不可能發生於周公之世。其二，周公如果真有執禮相見之人的話，則必定是大賢之人，而得到賢人就應該向當時作為天子的成王推薦，又怎能私自相見且禮遇之呢？其三，荀子筆下的周公說：「對於一味求取俸祿的儒士尚可以向他們驕傲，但對於端正自身德行的儒士卻不可以向他們驕傲」〔註38〕，王安石則認為君子無時無刻都不應自驕及施驕於他人，作為群儒表率的周公就更不可能說出這種容忍驕傲的話來。王安石對荀子的這些細節批評，第一點指出荀子不知周公之世的職業情態，第二點指出荀子不明周公與成王之間有著君臣之分的大義，第三點指出荀子不曉周公的君子人格。王安石對荀子筆下的周公形象進行的批評，其核心是要凸顯出立法、變法相對於求人、接士的重要性。在他看來，高層管理者的待士之道應該是將士納入到「法」的軌道中，而非如荀子所說的用士來管理「法」。

二、為臣之道

　　王安石批評荀子筆下的周公形象，指出周公與成王之間存在的君臣之分，實際上是希望以此來重申以君為尊的臣道思想。關於這一點，程頤亦有

〔註37〕《周公》，《王文公文集》卷二十六，第302～303頁。
〔註38〕楊柳橋：《荀子詁譯》，第876頁。譯文有所改動。

所議論，這從他與學生的問答中即可見出：

> 問：「世傳成王幼，周公攝政，荀卿亦曰：『履天下之籍，聽天
> 下之斷。』周公果踐天子之位，行天子之事乎？」曰：「非也。周公
> 位冢宰，百官總己以聽之而已，安得踐天子之位？」〔註39〕

對於《荀子·儒效》所言的周公「履天子之籍，聽天下之斷，偃然如固有之」，
王念孫云：

> 籍者，位也。謂履天子之位也。〔註40〕

荀子認爲武王去世之後，成王尙且年幼，周公因怕天下不服成王而先自我踐
履天子之位，待成王成年之後再將天子之位返歸於成王。可程頤面對學生提
問，則認爲周公是臣子，只是協助天子管理百官，始終都沒有踐履天子之位。
對照荀子的本意，程頤此處顯然是對荀子筆下的周公做了另一種解釋，而他
之所以會堅持周公未踐天子之位，是因爲他認爲君臣大義、等級秩序不能混
亂。在程頤眼中，《荀子·儒效》中所言的「以枝代主而非越也，以弟誅兄而
非暴也，君臣易位而非不順也」完全是不可被承認的，君就是君，臣就是臣，
君臣怎可輕言易位？況且作爲後儒表率的周公，更不可能想像他會不顧君臣
等級秩序而越過成王以代其位。

其實，對於周公越過成王而踐天子之位，荀子也曾有過相應的解釋，他說：

> 周公無天下矣，鄉有天下，今無天下，非擅也；成王鄉無天下，
> 今有天下，非奪也；變勢次序節然也。〔註41〕

荀子認爲周公踐天子之位而後又將其位返還給成王的做法並非是禪讓，成王年
幼時無天子之位而成年後又得到天子之位亦並非是爭奪，這一切都是時勢變遷
的內在次序使然。也就是說，在傳統的以禪讓、革命、繼承這三種傳承天子之
位的模式之外，荀子開創出了一種新的解釋模式用以理解周公與成王之間的這
種天子之位的變遷關係，他認爲周公對天子之位的得而後失以及成王對天子之
位的失而復得不是禪讓、革命或繼承的關係，而是一種基於成王對周公完全信
任之下的暫託代理與周公對成王極度忠誠自律之下的權力返還關係。正是基於
這一解釋模式，荀子認爲周公踐天子之位既合情，又合理。程頤則對荀子的這
一新的解釋模式不予認可，他從傳統的權力繼承思維出發，嚴守君臣之分這一

〔註39〕《二程遺書》卷十八，第 287 頁。
〔註40〕王先謙：《荀子集解》，第 114 頁。
〔註41〕《荀子·儒效》。

傳統的君臣大義，因而堅決否認周公曾踐履過天子之位。

上述王安石和程頤都表達了君臣之間應該嚴格遵循君臣之分的等級理念。王安石和程頤皆依據其自我思想以及在歷史中長期積澱下來的周公形象為標準而對荀子進行批評，在他們看來，無論如何周公都是成王的臣，都要接受成王的領導。這樣的批評其實是難以服荀子之心的，因為雙方的周公都活在各自的思想世界和生活世界中，反映的是不同時代下的各自思想。至於程頤對荀子所言的周公踐天子之位的說法不認可，這一方面反映出宋儒嚴守君臣之分的思維方式，另一面也反映出相對於荀子而言，宋儒在權力傳承問題上解釋創造力的逐漸凋零和對新觀點之接受能力的日益萎縮。

三、恭儉問題

《荀子·儒效》有一段關於周公之恭儉的言論，認為周公在武王逝世、成王尚幼的情況下，踐履天子之位，以天子的身份接受諸侯的朝見，周公又對誰恭敬呢！封立七十一個國家，其中周王室成員就佔了一大半，周公又怎能說儉樸呢！針對荀子的此番言論，宋儒孔文仲對其提出批評，他說：

> 嗚呼！荀子之不知周公也，……夫恭者，不侮之謂也。儉者，
> 不奪之謂也。〔註42〕

孔文仲批評荀子對周公不恭不儉形象的塑造，並重新對恭、儉進行定義，他認為：所謂恭就是「不侮」，即不做侮辱別人的事情；所謂儉就是「不奪」，即不侵凌、掠奪、剝削別人的財產。接著，孔文仲例舉多項事實來論證周公具有恭儉之德：周公對於來朝見的諸侯皆禮遇之，明於君臣上下之分，且將諸侯與天子之關係維繫得當，可謂對別人不侮；周公封土建國立侯皆有一定禮數依據，從不以損壞人民財產、破壞人民的生活秩序為代價，可謂對他人不奪；因此，周公可謂是既恭且儉。接著，孔文仲又云：

> 周公之分同姓，可以為仁；朝諸侯，可以為義。非恭儉之足以
> 名也。〔註43〕

孔文仲認為周公分封同姓、朝見諸侯的做法非但恭儉可以形容之，直應以仁義之名而稱之乃可。

〔註42〕《周公論》，《孔文仲集·史論》。見（宋）孔文仲，孔武仲，孔平仲著；孫永選校點：《清江三孔集》，濟南：齊魯書社，2002年，第25頁。
〔註43〕《周公論》，《孔文仲集·史論》，第25～26頁。

　　細觀上述孔文仲之論，他這種將「恭」、「儉」定義爲「不侮」、「不奪」的做法是否準確恰當，是值得商榷的。且荀子其實並沒有說周公不恭不儉的意思，荀子只是強調世俗的恭儉概念不足以理解周公的外王事業，荀子要表達的是：周公的外王事業超越恭儉，但並非處於與恭儉對立的背離恭儉之境地。因此，從這兩個方面看來，孔文仲其實並未深刻理解荀子話語的眞實涵義，而只是停留於表面理解來大做文章，所以他對荀子的這種嚴加苛責未免有深文周納之嫌。

　　從上述王安石、程頤、孔文仲諸人對荀子周公論的批評及論述來看，其中存在著有將荀子筆下的周公形象簡單化、表面化的傾向，甚至對荀子及荀子筆下的周公有所誤解與曲解。除此之外，我們還可看到宋儒批評荀子周公論的背後所存在的個人的思想性格與時代的政治特徵，比如王安石基於他個人側重變法的思想性格而批評荀子及其筆下的周公對求賢接士的側重；又比如程頤以嚴於君臣上下等級之分的觀念來批評及重新詮釋荀子對周公踐天子之位的描述，這實際上說明了宋代中央集權、君權高漲的政治基因對儒者君臣觀念的滲透〔註44〕，儒者們思想世界中嚴於君臣之分的觀念可謂是宋代政治特徵的直接反映。從宋儒對荀子筆下周公形象的詮釋與批評可以看出，由於受到自我思想性格和時代政治形勢的影響，宋儒對荀子的理解往往停留於外層，不能深入把握荀子思想的精髓；而且宋儒往往以自我思想爲準繩來衡量、批評荀子思想，這也存在著視域狹小化的危險。其實，荀子借助周公所傳達的是一個不拘世俗傳統、敢於承擔、敢於應變創新、有能力實現偉大外王事業的大儒形象。荀子筆下的周公同樣尊君，懂得君臣大義，但卻能夠不拘於小節、不死守傳統而最終求得外王事業的成功。平心而論，較之宋儒嚴守君臣大義的思想觀念，荀子的思想視野顯得更爲開闊、思想創新能力更強，其在外王學方面的氣象和魄力也更爲宏大。這也從一個側面反映出，雖然宋儒在建構內在心性之學的領域開創了新境界，取得了極大進展，但在外王學方面反而有所拘泥與限制，相比於先秦時期原始儒家而言，宋儒在外王學方面又不免欠缺了原始儒家的創造活力與自由思索的精神氣息。

〔註44〕黃俊傑云：「中央集權、君權高漲以及重文輕武三端實構成宋代政治發展之重要現象，三者互爲因果，交互影響，而造成北宋以降皇權之日趨高漲，使君主在政治中之主體性地位至宋而達於一高峰。」見黃俊傑：《中國孟學詮釋史論》，第120頁。

第三節 《春秋》論

《春秋》一書多被認爲是孔子所作，《莊子・天下篇》云：「《春秋》以道名分」，可見《春秋》是借助敍述魯國編年史來界定、釐清名分的一部著作，它對不符合名分的人、事、物採取的是一種貶斥暗諷的敍事方法。就荀子與《春秋》的關係而言，《荀子》書中多次引用《春秋》之言以助論，正如司馬遷所說的：「荀卿、孟子、公孫固、韓非之徒，各往往捃摭《春秋》之文以著書，不可勝紀」〔註45〕。荀子對《春秋》的重視與引用，也從一個側面反映出荀子外王學的特點。本節通過分析宋人對荀子《春秋》論的評價，來窺見宋人的思想情態及以《春秋》爲側面的荀子外王學在宋代的新遭遇。

一、「《春秋》善胥命」

荀子云：「不足於行者，說過。不足於信者，誠言。故《春秋》善胥命，而《詩》非屢盟，其心一也。」〔註46〕這段話的意思是：「不能踏踏實實去做的人，必定是誇誇其談的；不能堅守信用的人，說話必定裝出很誠懇的樣子。所以，《春秋》贊成胥命，而《詩經》反對屢盟，它們所講的道理是同樣的。」〔註47〕關於荀子此處所說的「胥命」，《春秋・桓公三年》記載爲：「夏，齊侯、衛侯胥命於蒲。」桓公三年之夏，齊僖公與衛宣公在蒲地進行不歃血設盟的相互約定。《左傳》云：「夏，齊侯、衛侯胥命於蒲，不盟也。」〔註48〕指出此次胥命的特點爲口頭約定，並不歃血爲盟，但《左傳》未表現出對此次胥命持褒揚或其他何種態度。《公羊傳》云：

> 胥命者何？相命也。何言乎相命？近正也。此其爲近正奈何？
> 古者不盟，結言而退。〔註49〕

按《公羊傳》的說法，胥命乃是「近正」，即接近於中正。這表明《公羊傳》對此次胥命事件持褒揚態度。之所以褒揚，因爲《公羊傳》認爲它符合古時候不舉行盟誓而只進行口頭約定的規則。可見，荀子贊同胥命的態度，與《公羊傳》是相通的。

〔註45〕《史記》卷十四《十二諸侯年表》，第510頁。
〔註46〕《荀子・大略》。
〔註47〕譯文采北大注釋組：《荀子新注》，第461頁。
〔註48〕李夢生：《左傳譯注》，上海：上海古籍出版社，2004年，第59頁。
〔註49〕王維堤，唐書文：《春秋公羊傳譯注》，上海：上海古籍出版社，2004年，第56頁。

宋代蘇軾對荀子所持的「《春秋》善胥命」之說有過專門的議論，蘇軾云：

> 謹按《桓三年》書「齊侯、衛侯胥命於蒲」，說《春秋》者鈞曰近
> 正。所謂近正者，以其近古之正也。古者相命而信，約言而退，未嘗
> 有歃血之盟也。今二國之君，誠信協同，約言而會，可謂近古之正者
> 已。何以言之？春秋之時，諸侯競騖，爭奪日尋，拂違王命，糜爛生
> 聚，前日之和好，後日之戰攻，曾何正之尚也。觀二國之君胥命於蒲，
> 自時厥後，不相侵伐，豈與夫前日之和好、後日之戰攻者班也。故聖
> 人於《春秋》止一書胥命而已。荀卿謂之善者，取諸此也。〔註50〕

觀此段之議論，蘇軾對荀子所言的「善胥命」之說有所贊同，他認為在春秋時
期，能做到如齊僖公和衛宣公這樣只靠口頭約定就能付諸實踐，從此不再相互
侵佔攻伐的事例是極少的，相比於那些視誓約如兒戲、視戰爭攻伐重於和平誓
約的人來說，齊侯和衛侯的這次胥命的確算是「善」了。但是，蘇軾又云：

> 然則齊也，衛也，聖人果善之乎？曰，非善也，直譏爾。曷譏
> 爾？譏其非正也。《周禮》大宗伯掌六禮以諸侯見王為文，乃有春朝、
> 夏宗、秋覲、冬遇、時會、眾同之法，言諸侯非此六禮，罔得逾境
> 而出矣。不識齊、衛之君，以春朝相命而出耶？以夏宗相命而出耶？
> 或以秋覲相命而出耶？以冬遇相命而出耶？或以時會相命而出耶？
> 眾同相命而出耶？非春朝、夏宗、秋覲、冬遇、時會、眾同而出，
> 則私相為會耳。私相為會，匹夫之舉也。以匹夫之舉，而謂之正，
> 其可得乎？宜乎聖人大一王之法而誅之也。然而聖人之意，豈獨誅
> 齊、衛之君而已哉，所以正萬世也。荀卿不原聖人書經之法，而徒
> 信傳者之說，以謂「《春秋》善胥命」，失之遠矣。且《春秋》二百
> 四十二年間，諸侯之賢者，固亦鮮矣，奚特於齊、衛之君而善其胥
> 命耶？信斯言也，則奸人得以勸也，未嘗聞聖人作《春秋》而勸奸
> 人也。〔註51〕

蘇軾引《周禮》中有關諸侯朝見天子之禮的規定，認為諸侯朝見天子只有春
朝、夏宗、秋覲、冬遇、時會、眾同這六種情況〔註52〕，諸侯也只有在這六

〔註50〕 《論齊侯衛侯胥命於蒲》，《蘇軾文集》卷三，第70頁。

〔註51〕 《論齊侯衛侯胥命於蒲》，《蘇軾文集》卷三，第70～71頁。

〔註52〕 《周禮・春官・大宗伯》云：「春見曰朝，夏見曰宗，秋見曰覲，冬見曰遇，
時見曰會，殷見曰同。」其中的「殷見曰同」，鄭玄注云：「殷，猶眾也」，故
蘇軾此處稱之為「眾同」。

種朝見天子的情況下才能越境而出，否則即被視爲非禮的不正當行爲。可反觀《春秋》中對此次齊侯和衛侯胥命行爲的記載，他們二人並不是去朝見天子，而在並非朝見天子的情況下私自越境而會〔註53〕，這就是「私相爲會」，不是正當的會見，其行爲類似於一般老百姓的庸俗無禮之舉。蘇軾從此點出發，認爲《公羊傳》以「近正」來評價《春秋》中的此次「胥命」是錯誤的，至於荀子「《春秋》善胥命」的說法就更是錯誤。蘇軾認爲，《春秋》崇尚的是一王大法，以尊周天子爲最高精神原則，而既然尊崇周天子，那又怎麼會褒揚齊侯和衛侯的這次私自相會之舉呢？因此，《春秋》之所以書寫此次「胥命」，其實質意義是對齊侯與衛侯的批評，是對此次胥命行爲的批評，而不是對其的褒揚。就這樣，蘇軾從《春秋》一王大法出發，認爲《春秋》實際上是批評「胥命」的，這就與荀子所得出的「《春秋》善胥命」的說法恰恰相反。

究竟蘇軾與荀子兩人對《春秋》中胥命行爲的理解誰對誰錯，這很難下判定，因爲兩者都有一定的依據，都能在經典文獻中找到一定的支撐。歸根到底，兩者得出不同的結論只是兩者看問題的視角不同引起的。荀子著眼於將齊侯、衛侯的此次胥命與當時其他許多不守信諾、嗜於征戰的諸侯進行比較，他看到的是胥命行爲中遵守諾言、謹守和平之約這一好的方面，因此他讚揚胥命，認爲《春秋》對胥命是持褒揚態度的。相對而言，蘇軾則著眼於將齊侯、衛侯的胥命與周天子的絕對權威進行比較，他看到的是胥命行爲中潛藏著的對一王大法的破壞這一壞的方面，因此他貶斥胥命，認爲《春秋》實際上對胥命持批評態度。由此可見，荀子與蘇軾的結論並不存在絕對衝突，他們只是在不同視角下對同一問題做出不同的觀照而已。相對於荀子，蘇軾更加側重對《春秋》一王大法的挖掘與解讀，這也說明在宋代君權高漲的政治環境下，儒者們更加注重的是從君權至上的視角來看問題。〔註54〕而在戰國時期，荀子之時，周天子早已衰微，眞正對天下政治有影響的是那些手握實權的諸侯們，荀子處身於其中，思維方式更容易從諸侯與天下秩序的關係這一視角看問題，而非處處從周天子與天下秩序的關係來看問題；而這，更是可以理解的。

〔註53〕蒲地在衛，這至少說明齊僖公發生了越齊的行爲。

〔註54〕比如孫復所作的《春秋尊王發微》，其書即重在深度闡發《春秋》所蘊涵的尊王大義，以凸顯君權的至尊地位。有關更多的宋人對《春秋》尊王意蘊的闡發，可參見李建軍先生的博士學位論文《宋代〈春秋〉學與宋型文化》之第二章《宋代〈春秋〉學與政治》，四川大學，2007年。

二、復古之制與一王之法

　　宋代以《春秋》爲視角對荀子展開詳細評介的學者，其中以胡銓〔註55〕爲代表。胡銓的討論範圍主要集中在荀子的復古論，他認爲荀子的復古論違背了《春秋》一王之法的精神實質，是對聖人作《春秋》主旨的背離。胡銓說：

　　　　荀卿知有三代而不知有一王之法，知天之無王而不究尊王之義，知矯革時弊而適以啓天下之紛紛。嗚呼，卿乎！以《春秋》之義責之，則不免爲罪人也。卿之復古之說曰：「道不過三代，法不貳後王」。謂復古當以三代爲準也，謂天下之無王可閔也，是直以矯革時弊自任，亦有意乎《春秋》而作也。愚謂卿之意則善，而其說則疏也。夫隆虛談者不濟實用，古今之通患。士大夫立人之朝，高言大論，誰不自期以皋陶、稷契？亦誰不許其君以堯舜三代？言則高矣，其尚論古人則善矣，幸而偶合古人之塵跡，亦足以聳動時主之觀聽矣。然鹿豕魚鱉，世所珍者，人子誰不欲獻於親，而居山者不能致魚鱉，居澤者不能致鹿豕於其所，不能致，而必曰「吾須此爲吾親之養」，孰若？即吾所居，以求可致之物，常不闕於孝養哉。是則堯舜信古也，三王信古也，勢若不可行，則徒膠空文，無益復古之實效也。爲是說者，是未得《春秋》尊一王者之法之說。〔註56〕

胡銓圍繞荀子提出的「道不過三代」的復古論，指出荀子亦有悲憫天下無王之心與匡正時弊之意，這一點與《春秋》精神還是相合的。但是，荀子雖有此善心善意，其說卻不免流於空疏無用。之所以會如此，在於荀子雖言「三代」，卻「不知有一王之法」，既然不知一王之法，因此亦不曉《春秋》「尊王大義」。胡銓所說的「三代」指堯、舜、禹三代治道，而「一王之法」指的則是周天子的治道。他認爲荀子「道不過三代」的復古論未能觸及「一王之法」這一《春秋》精神，其云：

　　　　曰：「然則先儒稱《春秋》之道亦通三王，則《春秋》豈無取於古歟？」曰：「爲此說者何休也。仲尼無此言也，晉鑄刑鼎，仲尼專以唐叔之法度責之，不聞其通稱三王也。季孫問田賦，仲尼專以《春

〔註55〕　胡銓（1102～1180），字邦衡，號澹庵，南宋建炎二年（1128）進士。事蹟見《宋史》卷374。

〔註56〕　《復古王者之制論》，《古文集成前集》卷三十九。見（宋）王霆震輯：《古文集成前集》，清文淵閣四庫全書本。

秋》之典責之，不聞其通稱三王也。屬刑，古良法，紂行之則弊；
肉刑，古良法，漢行之則弊；井田，古良法，唐行之則弊；三代法，
非本弊也，後世不能復三代也，故仲尼嘗論夏商損益之理矣。至《春
秋》則一以周典斷之，謂其欲興覆文武之緒，不當雜以異代也，故
其書不告朔，猶朝於廟者，幸其猶朝於廟以存周之遺典也。是未嘗
不尊一王之法也。謂《春秋》必通於三王者，此僻儒之迂論也，以
是又知卿言之謬也。」〔註57〕

胡銓認爲孔子作《春秋》，其精神實質乃是「一以周典斷之」，也即一概遵循
周天子的治道法則，一概以周王爲尊，這就是「一王之法」。胡銓以此批評那
些將《春秋》之道理解爲貫通夏、商、周三王的儒者，他認爲《春秋》只取
周王一尊，而「不聞其通三王」，不認可其餘世代之王者及其治道。胡銓這種
既否認《春秋》通「三王」，又否認《春秋》以「三代」爲準，而一切只以周
王、周代爲是的做法，使得他對荀子「道不過三代」的復古論進行嚴厲的批
評。其實，荀子所說的「三代」未必如胡銓所理解的指堯、舜、禹三代，正
如楊倞所注：「論王道不過夏、商、周之事」〔註58〕，可知荀子「三代」亦可
解爲夏、商、周三代。但是，無論是荀子對堯、舜、禹三代的認可，還是對
夏、商、周三代的肯定，都不符合胡銓「一王之法」的《春秋》精神。

從以上論點入手，胡銓還對荀子的復古論提出具體批評，其云：

曰：「吁！子責卿亦甚矣！卿非不知國家自有制度也，謂『凡非
雅聲者舉廢也，凡非舊文者舉變也，凡非舊器者舉毀也』，以是爲可
以復三代也。」愚則曰：「聲非雅聲，未害也；色非舊文，未害也；
械用非舊器，未害也。《春秋》所最害者，正謂兵暴而非古，刑煩而
非古，賦斂用度之非古。故凡書伐某、侵某、戰於某者，謂某兵暴而
非古也；書放大夫、殺大夫者，謂其刑煩而非古也；書初稅畝、作丘
甲者，謂其賦斂用度之非古也。不聞書曰『廢某聲，變某色，毀某器，
然後爲復古也』，必如卿言，是猶饑渴濱死而投以大羹元酒。」〔註59〕

胡銓認爲荀子片面強調雅聲、舊文、舊器，但《春秋》所贊同的「古」，是與

〔註57〕《復古王者之制論》，《古文集成前集》卷三十九。
〔註58〕王先謙：《荀子集解》，第158頁。北大注釋組本亦云：「三代：夏、商、周。」
（見北京大學《荀子》注釋組：《荀子新注》，北京：中華書局，1979年，第
123頁。）
〔註59〕《復古王者之制論》，《古文集成前集》卷三十九。

「兵暴而非古，刑煩而非古，賦斂用度之非古」相對應的「古」，而不是荀子所言的「廢某聲，變某色，毀某器」的復古。也就是說，胡銓所理解的「復古」應該回復古代那種沒有兵荒暴亂、沒有刑罰煩雜、沒有賦斂沉冗的「古」，而不是荀子所說的回復古代之聲樂、色彩、器械的「古」。我們在對胡銓此處對荀子的批評進行再評價之前，先對荀子之說做一申述。荀子云：「王者之制，道不過三代，法不二後王。道過三代謂之蕩，法二後王謂之不雅。衣服有制，宮室有度，人徒有數，喪祭械用，皆有等宜。聲，則非雅聲者舉廢；色，則凡非舊文者舉息；械用，則凡非舊器者舉毀。夫是之謂復古，是王者之制也。」〔註60〕荀子在《王制篇》中從多方面論述了王者為政之治道，其中包括論及王者之人、王者之制、王者之論、王者之法等等，此處荀子對王者之制的論述，主要是對王者為政所應採取的各種具體器物之制度而發起議論〔註61〕。因此，荀子在此處所言的聲樂、色彩、器械上的復古是具體針對王者為政之器物制度而言的，並不涉及其他方面的論述。而胡銓則以其他方面的復古論來質疑、批評荀子此處有關具體器物方面的復古論，這實際上是未明荀子本意，沒有在荀子的論說範圍內對其展開批評，兩者的論說範圍並不相同，因此胡銓的這一批評對荀子構不成有效批評。至於胡銓批評荀子「道不過三代」的說法違背了《春秋》「一王之法」，這更是不能成立。《春秋》固然尊周王、周典，但周王與夏、商之王乃至與堯、舜、禹可謂一脈相連，何以尊周王就不能同時尊堯、舜、禹？何以尊周朝就不能同時尊三代？胡銓對荀子的這一批評未免過於嚴苛矣！

在上述以《春秋》批評荀子的基礎上，胡銓總結云：

> 《春秋》非惡夫異代也，惡夫崇飾前古之虛荒誕幻，以棄滅當代之舊制者也。……世之好為譎怪者，往往慕義皇之高蹤，蔑視祖宗之制度，不啻脫屣。今日變某事，明日復某政，改削更革，略無顧藉，遂使先朝百年之基業為之一空。……嗚呼！荀卿閔天下之無王，似亦有意乎《春秋》之作者，而復古之論迂闊如此，後世執其說以敗亂國家者十常八九。且如襃賞一功臣，直引周公錫山土田以為故事，至用兵則直援《春秋》車戰以為法，翹然遠追遐想，撥取

〔註60〕 《荀子・王制》。
〔註61〕 北大注釋組本云：「制：這裡指各種具體器物的制度」（見《荀子新注》，第123頁）。

　　古人空談，以欺其君，漫不知何許有得，所謂終日食龍肉而未嘗一
　　飽者，良亦可笑。然竊怪李斯師事荀卿，既而焚滅其書，於其師反
　　眼若不相識。及觀斯之相秦，奮不顧患，焚燒夫子之六經，則變古
　　也；暴滅三代之諸侯，則變古也；列都會而廢封建，則變古也；破
　　壞周公之井田，則變古也；是必嘗用荀卿復三代之說，高而難行，
　　遂至大壞先王之法以甘心焉。其父殺人，其子且必行劫。李斯師事
　　荀卿，而遂亂天下，亦卿之詭辭怪說有以激之也。吁！《春秋》必
　　謹始，蓋重夫始爲患者也。卿其始作俑者乎！愚故曰：以《春秋》
　　之義責之，則不免爲罪人也。嗚呼！惜哉！〔註62〕

在胡銓看來，荀子由於未領悟《春秋》眞諦而導致其立說偏駁不正，帶來了
嚴重的負面影響：其一，後人往往借由荀子復古論爲藉口，無視當代時政而
一味追尋上古，脫離時代，此種好古非今的態度會導致現世法政基礎的削弱；
其二，荀子的弟子李斯正是受到荀子復古三代之說的影響，才造成了焚書坑
儒的慘景，其責任應由荀子負擔。胡銓這裡對荀子的批評，主要集中於其復
古論方面的負面影響，但是能否將好古非今所帶來的負面影響一律讓荀子負
責，這是有待進一步商榷的；而且復古之論亦不是只有壞的影響，復古亦可
以有好的一面，歷代大儒皆以三代治世爲理想，希望恢復三代治道，這難道
不算是復古嗎？難道不說明復古也有好的一面嗎？將復古完全理解爲壞的方
面，並且讓這壞的方面完全由荀子的復古論來承擔，這無論如何都是難平荀
子之口、眾人之心的。更爲重要的是，荀子的思想體系中並不只是關注復古
的一面，相對而言，荀子更注重的是對現實政治局面的關注，他所多次提及
的「法後王」，就是立足現實而發的言論，而這一思想也充分說明了荀子對周
代賢王的高度重視和尊崇〔註63〕。胡銓忽略荀子在表述復古論時提出的更爲

〔註62〕　《復古王者之制論》，《古文集成前集》卷三十九。
〔註63〕　荀子云：「欲觀聖王之跡，則於其粲然者，後王是也。彼後王者，天下之君也。
　　　　　捨後王而道上古，譬之是猶捨己之君而事人之君也」（《荀子・非相》）；「道不
　　　　　過三代，法不貳後王」（《荀子・王制》）；「至治之極復後王」（《荀子・成相》）。
　　　　　楊倞認爲後王指「近時之王」，劉台拱、王念孫等則認爲後王指周文王和周武
　　　　　王，劉師培認爲後王「均指守成之主言，非指文、武」（以上三說見王天海：
　　　　　《荀子校釋》，第 179 頁），廖名春認爲後王「應是周文王、周武王之後、當
　　　　　今之王以前的周代的賢王」（廖名春：《荀子新探》，第 170 頁）。由以上各說，
　　　　　雖然不能斷定荀子所言的後王具體何指，至少可以認爲他的後王指的是周代
　　　　　的有關賢王。

重要的法後王思想並以此對荀子大加指責，這種以偏概全的批評方式更讓人對其難以信服。

第四節　刑兵術合論

與前述禮論、《春秋》論等一樣，刑論、兵論與術論亦是荀子外王學理論體系中的重要部分。本節試圖通過分析宋人對荀子刑、兵、術論的闡釋與見解，以期揭明荀子刑、兵、術論在宋代儒學中的新發展及面臨的新問題，並結合荀子的相關論說來審視宋儒的有關觀點。

一、用刑論

荀子對「刑」的態度，集中體現在下面一段話中：

> 世俗之爲說者曰：「治古無肉刑，而有象刑。墨黥；慅嬰；共，艾畢；菲，對屨，殺、赭衣而不純。治古如是。」是不然。以爲治邪？則人固莫觸罪，非獨不用肉刑，亦不用象刑矣。以爲輕刑邪？人或觸罪矣，而直輕其刑，然則是殺人者不死，傷人者不刑也。罪至重而刑至輕，庸人不知惡矣，亂莫大焉。凡刑人之本，禁暴惡惡，且懲其未也。殺人者不死，而傷人者不刑，是謂惠暴而寬賊也，非惡惡也。故象刑殆非生於治古，並起於亂今也。治古不然，凡爵列官職賞慶刑罰皆報也，以類相從者也。一物失稱，亂之端也。夫德不稱位，能不稱官，賞不當功，罰不當罪，不祥莫大焉。昔者武王伐有商，誅紂，斷其首，縣之赤旆。夫征暴誅悍，治之盛也。殺人者死，傷人者刑，是百王之所同也，未有知其所由來者也。刑稱罪則治，不稱罪則亂。故治則刑重，亂則刑輕。犯治之罪固重，犯亂之罪固輕也。《書》曰：「刑罰世輕世重。」此之謂也。〔註64〕

這段話集中體現了荀子的刑論思想，從中可以看出，荀子不贊成「治古無肉刑而有象刑」之說。所謂象刑，就是對犯罪者只做象徵性的、無傷肉體的懲罰，比如「用黑布蒙頭來代替臉上刺字塗墨的刑罰、用繫草帽帶來代替割鼻子的刑罰、用割去上衣前袍來代替宮刑、用穿麻鞋來代替斬腳之刑」〔註65〕等等。荀子認爲依靠象刑不可能治理好社會，象刑之說只是處於亂世中的今

〔註64〕《荀子・正論》。
〔註65〕楊柳橋：《荀子詁譯》，第 478 頁。譯文有所改動。

人爲開脫己罪而找的藉口而已〔註66〕。社會的治理靠的是嚴刑峻法以及刑稱其罪：嚴刑峻法保證人們畏懼做惡而不敢輕易以身試法；刑稱其罪保證人們在法律面前公平公正，以使法律不枉殺無辜，造成不公平的暴政。因此，荀子的刑論不主張象刑，但也不一味要求重刑，而是主張重刑與刑稱其罪的有機結合。對於荀子的刑論，宋初的張方平〔註67〕提出評介云：

> 王者法天之震曜殺戮而爲威獄刑罰，法天之生殖長養而爲溫慈惠和，此德刑之本然。而刑罰世輕世重、惟齊非齊，故《周官》有三典之法，《呂刑》有五罰之用，隨時立制，固不同道。而荀卿之言「犯治之刑固重，犯亂之刑固輕」，其義何耶？請得論之。荀卿之發此論也，蓋言象刑之事，以爲治世不當有象刑爾，故其言曰：「治古不用刑邪？是象刑固不用矣。治古猶有犯刑者耶？則是殺人者不死，傷人者不刑，乃非所以爲治之道也。」愚以爲象刑之說，固不可以爲訓，荀卿之言，抑未足以折中，是皆過猶不及之辭也。治古之不當有象刑則明矣，而荀卿以爲犯治之刑固重，亦不察矣。〔註68〕

張方平贊同荀子提出的治古無象刑之說，認爲象刑之說不足爲據，但他同時反對荀子所說的「犯治之刑固重」，即治世所用刑罰固然爲重。張方平稱荀子的治世刑重說是「過猶不及之辭」，也就是說，荀子否定象刑之說固然沒錯，但爲了否定象刑而提出治世刑重之說，就顯得矯枉過正了。那麼，在張方平看來，什麼才是合理的說法呢？他說：

> 夫先王之致理也，議事以制，不爲刑辟，懼民之有爭心也。故禮以立其本，信以行其令，仁以全其恕，義以斷其宜。訓之以廉讓，成之以節文，故爲冠婚嘉事之制，以重其成人之禮；爲之祭祀共養之道，以長其孝愛之心；爲之貴賤等級采章文物之數，以嚴其奉上之誠；爲之聘享宴好揖讓登降之儀，以篤其交接之義；爲之鄉射辭讓之法，以序其恭睦之分；爲之歌樂儀節之則，以保其和易之性；是故君子無物而不在禮矣。有一不由此者，且得謂之治世乎？猶懼

〔註66〕 如淳在注解《漢書》中引用荀子之言「象刑非生於治古，方起於亂今也」時說：「古無象刑也，所有象刑之言者，近起今人惡刑之重，故遂推言古之聖君但以象刑，天下自治。」見（漢）班固撰：《漢書》卷二十三《刑法志第三》，清乾隆武英殿刻本。
〔註67〕 張方平（1007～1091），字安道，號「樂全居士」，其品德文章爲蘇軾所稱讚。
〔註68〕 《治亂刑重輕論》，《樂全集》卷十六。見（宋）張方平：《樂全集》，清文淵閣四庫全書本。

民之未盡至於善也。故求聖哲之上，明察之官，慈惠之師，忠信之長，以臨牧之，以訓導之，是故百姓無動而不遇於善矣。有一不由此者，且得謂之治世乎？夫如是，又何重刑之有！故夏有亂政，而作禹刑；商有亂政，而作湯刑；周有亂政，而作九刑；皆在叔世三辟之興也，非治古之事也。《舜典》曰「象以典刑」，《益稷》曰「皋陶方施象刑惟明」，皆爲法象之意，又何墨懞、艾韠、澡嬰、菲履、赭衣不純之謂哉！自漢武公孫平準、劉向皆引以爲言，何亦不思之甚乎！而荀卿先矯其說，抑未能折之以中，故不行於漢氏諸儒。故愚曰：二家之說，過猶不及者也。其爲是乎？〔註69〕

張方平認爲，治古以禮治爲主，因此不當有「重刑」。治古沒有重刑的原因還在於先王畏懼人民有爭奪之心，因而不願示之以重刑重罰。可是根據荀子的看法，重刑之所以設立，就在於對人民產生畏懼作用，讓他們不敢輕易犯罪觸法；而張方平則是看到設立重刑所帶來的負面效應，重刑會讓人們失去羞恥之心，從而「置之死地而後生」般的自暴自棄，以致最終徹底墮落。因此，張方平更強調治世以禮治爲主，而對刑罰的討論則變得無關緊要；且他認爲禮治社會不當有重刑的存在，否則就不配稱爲治世。在批評荀子治世刑重說的同時，張方平亦對象刑做出了新的解釋，他認爲「象」乃「法象」之意，所謂象刑就是傚仿、取法「天之震曜殺戮」、「天之生殖長養」而生成的法律規則。張方平的這一解釋其實是其來有自，《漢書》中即云「所謂『象刑惟明』者，言象天道而作刑」〔註70〕，將象刑理解爲取法天道而作刑法。張方平採用這種對象刑的重新理解來批評荀子，認爲荀子既不懂得象刑的眞正含義，又不懂得治世不當有重刑的道理。

由上可見，張方平認爲刑罰亦是取法天道而成，承認其在社會中的存在意義，但他又認爲治世充滿禮治，否定治世有重刑之說。而荀子則認爲治世除了有禮治，還應有嚴刑峻法與之相配，方能造就安定和諧的社會秩序。荀子云：「聽政之大分：以善至者待之以禮，以不善至者待之以刑」〔註71〕，「治之經，禮與刑，君子以修百姓寧」〔註72〕，可見在荀子的心目中，治理國家要有軟硬兩手，對待懷著好意的人就用禮來管理，對待不懷好意的人則用刑

〔註69〕《治亂刑重輕論》，《樂全集》卷十六。
〔註70〕《漢書》卷二十三《刑法志第三》。
〔註71〕《荀子・王制》。
〔註72〕《荀子・成相》。

罰來懲戒，只有禮刑並用、軟硬兼施，才能收到良好的管理效果，達到社會安定的大治之境。相比於荀子，以張方平爲代表的那些一味強調禮治的儒者，其理論學說反而缺失了現實性、可操作性的一面。因此，在用刑論方面，不能不說荀子的思想比他們要更全面，在現實中的可操作性也顯得更勝一籌。

二、用兵論

宋儒劉子翬有一段評價荀子兵論的語言，其云：

> 書生輕議兵，自荀卿發之，三至、五權、六術，雖略本仁義，然聖人不輕議兵。夾谷之會，田常之討，勇往直前，無如我夫子者。至於衛公求由之問，皆深閉固拒，不假以辭色，非沮之也，愼之也。卿談之何容易乎？末世乃有長嘯卻虜，圍棋破敵，揮扇靖煙塵，投筆取封侯，抵掌談笑，橫槊賦詩，視聖人之所甚愼，翹然輕肆焉。使書生讀之，激昂歆羨，袖書公卿之門，飛奏雲天之陛，莫不撫髀歎息，恨其試已之晚，是則鼓之舞之，荀卿爲之罪人也。〔註73〕

劉子翬認爲荀子論兵的行爲開啓了後世「書生輕議兵」的不良局面，他舉孔子爲例，認爲孔子愼言兵，而荀子則輕議兵，荀子的這種論兵態度與聖人是不符的。並且，劉子翬還批評荀子之兵論只是「略本仁義」，言下之意是荀子兵論思想中摻雜了許多「仁義」之外的權術的內容，這種行爲不符合儒家思想的正統。考之《荀子》，其兵論思想主要集中於《議兵篇》，在此篇中荀子與臨武君在趙孝成王面前辯論用兵之術，荀子針對臨武君所言而提出「用兵攻戰之本在乎壹民」、「善附民者，是乃善用兵者也，故兵要在乎善附民而已」〔註74〕的用兵要術，主張將民心一致、民眾歸服視爲用兵之本。在回答孝成王和臨武君提山的「請問爲將」的問題時，荀子提出了六術、五權、三至思想：「制號政令，欲嚴以威；慶賞刑罰，欲必以信；處舍收臧，欲周以固；徙舉進退，欲安以重，欲疾以速；窺敵觀變，欲潛以深，欲伍以參；遇敵決戰，必道吾所明，無道吾所疑；夫是之謂六術。無欲將而惡廢，無急勝而忘敗，無威內而輕外，無見其利而不顧其害，凡慮事欲孰而用財欲泰，夫是之謂五權。所以不受命於主有三：可殺而不可使處不完，可殺而不可使擊不勝，可殺而不可使欺百姓，夫是之謂三至。」〔註75〕這裡的「六

〔註73〕 《送翁德功序》，《屏山集》卷五。見（宋）劉子翬：《屏山集》，明刻本。
〔註74〕 《荀子·議兵》。
〔註75〕 《荀子·議兵》。

術」指六種戰術原則，即：「軍隊中的各種制度命令要威嚴；賞罰要堅決而有信用；修築營壘、收藏財物要周密而堅固；進退行動要安全而穩重、緊張而迅速；偵查敵情及其變化要祕密而深入，要反覆分析和驗證；與敵方決戰時要按照我方所瞭解清楚的情況去行動，不要按照未瞭解清楚的情況去行動」；所謂「五權」指在用兵中存在的五種值得權衡的情況，即：「不要只想到保住自己將帥的地位而唯恐其失去；不要急於求勝而忘記失敗的可能；不要只注重內部政令而輕視外敵；不要只看到事物的有利方面而不顧其有害方面；凡是考慮事情需要深思熟慮，而在用財物實行獎賞的時候不要吝嗇」；所謂「三至」指將領在用兵中三條不可逾越的極限〔註76〕，即：「寧可被殺，但不可使守備的地方不完備；寧可被殺，但不可讓軍隊去打無把握之仗；寧可被殺，但不可使軍隊去欺騙百姓。」〔註77〕由此可見，荀子此處所言的六術、五權和三至乃是將領在用兵打仗時所應考慮、權衡、遵循的原則，與世俗所說的用兵論中的奸詐權謀沒有絲毫關係，因此劉子翬對荀子的批評是毫無道理的。而且劉子翬認為書生不當輕易討論用兵，這亦是一偏之見，試問，書生為何就不能議兵？難道書生只能躲在角落裏注經撰文而可以置與國家百姓休戚相關的軍事兵論於不顧？如果承認書生有著懷抱天下蒼生的宏偉心態的話，那麼書生議兵也是他這種心懷天下安危、心繫黎民百姓之心態的自然表現，是書生對其思想意識中固有的外王學理想的自然追求。劉子翬批評荀子及書生輕議兵，這只能說明劉氏思想深處的固步自封，而劉氏的這種思想也可能與宋代重文輕武的政治文化背景有關。

　　相比於劉子翬對荀子兵論的批評，陳造則更為傾向於理解、認肯荀子兵論，他說：

> 荀卿，儒者也。其論兵以附民為主，而孝成王、臨武君為之屈。
> 卿亦言之爾，使其一試之，其能有濟乎！陳餘亦不肯用詐謀奇計。
> 意！二子用不用殊故，荀言為至論。〔註78〕

陳造贊同荀子將「附民」作為兵論的核心思想，他認為荀子兵論中沒有所謂「詐謀奇計」的成分，雖然荀子之說不見用於其世，但荀子的用兵之論仍不失為至理名言。這樣，陳造就對荀子的用兵論給予了極大的肯定。

〔註76〕 王天海云：「三至，三極也。此謂三條極限而不可逾越也。」見王天海：《荀子校釋》，第622頁。

〔註77〕 以上對「六術」、「五權」、「三至」的譯文，皆採用北大組本的翻譯注釋，見北大注釋組：《荀子新注》，第238～239頁。

〔註78〕 《武舉策問十首》，《江湖長翁集》卷三十三。

三、行術論

「術」，許慎將其解為「邑中道也」〔註79〕，其本義應為城邑中的道路。《漢書》中有「除山川沈斥，城池邑居，園囿術路，三千六百井」一句，如淳注曰：「術，大道也」〔註80〕，更說明「術」的原義為道路。其後，「術」又引申為方法、法律。《戰國策》中外黃徐子對魏太子申云「臣有百戰百勝之術」〔註81〕，此「術」即指方法。《禮記・文王世子》載：「公族之罪，雖親，不以犯有司，正術也，所以體百姓也。」鄭玄注云：「術，法也。」〔註82〕這裡的「術」乃是法律、法令的意思。可見，「術」字的本義及其原初引申義均不含有與儒家的價值理想相對立的成分。「術」之所以成為問題，乃是經過法家的申不害、韓非等人對其內涵的轉變而成為問題的。韓非云：「人主之大物，非法則術也。法者，編著之圖籍，設之於官府，而布之於百姓者也。術者，藏之於胸中，以偶眾端而潛御群臣者也。故法莫如顯，而術不欲見。」〔註83〕韓非將「術」視為與「法」對等的君主必備之物，兩者之間，「法」是公諸於眾、人人皆知的，而「術」則是隱秘萬分、只有君主一人可知。這裡的「術」已經衍變為君主控制臣民的權謀，因而它是權術。法家這種重視陰謀權術的思想歷來為儒家所不齒，從來就不入儒家的法眼，「術」因此經過法家對其內涵的轉變而走向了儒家價值理想的對立面。〔註84〕正因為此，宋儒對「術」多有所不言，持警惕、批判態度。

（一）吳如愚對「術」義的辨正

在宋人對「術」戒備有加的思想背景下，吳如愚〔註85〕則有另一番理解，

〔註79〕《說文解字》卷二下。見王貴元編著：《說文解字校箋》，上海：學林出版社，2002 年，第 78 頁。

〔註80〕（漢）班固撰：《漢書》卷二十三《刑法志第三》，清乾隆武英殿刻本。

〔註81〕（西漢）劉向集錄：《戰國策》，上海：上海古籍出版社，1978 年，第 1155頁。

〔註82〕（清）孫希旦撰；沈嘯寰，王星賢點校：《禮記集解》，北京：中華書局，1989年，第 576 頁。

〔註83〕《韓非子・難三》。

〔註84〕牟宗三先生云：「前期的法家應社會之客觀事業而提出『法』，所以沒有人反對。但是當它形成一套 ideology（意底牢結）時，法家就變壞了，關鍵就在申不害提出『術』這個觀念。」見牟宗三：《中國哲學十九講》，上海：上海古籍出版社，2005 年，第 134 頁。

〔註85〕吳如愚（1167～1244），字子發，錢塘人。《四庫總目提要》言其文「大抵皆研究理學之文」，「用功致力，實以體用兼備為主，而不墮於虛無」。

他說：

> 人不可以亡術，人而亡術，則是為不學之人。後世學者多言術
> 非聖門之所尚，殊不知術之名一也，而義則有二焉。有法術之術，
> 術之可為法者也；有技術之術，術之見於技者也。《鄉飲酒義》曰：
> 「古之學術道者，將以得身也，是故聖人務焉」，《王制》曰：「樂正
> 崇四術，立四教，順先王，詩書禮樂以造士」，此法術之見於《禮記》
> 者也。孟子治儒術之道，所治者正此道術，而謂聖門不以術為，尚
> 可乎？蓋自秦人焚滅經術，而術之可為法者遂致湮微。漢世之君不
> 知有帝王之術，而或惟方術是好，由是技術興焉。技術既興，而術
> 之名斯不美矣，則亦宜乎後之學者於術無所取也。〔註86〕

在吳如愚看來，術有兩義：法術和技術。法術亦可稱為儒術、道術；技術亦
可稱為方術。可見，吳如愚所說的「法術」並不是法家的法與術，也不是法
律、法令，他所言的「法術」實際上是「一切以儒術為法」之意，實質也就
是儒家的道術、儒家之道。吳如愚所說的「技術」也與今天所理解的技術不
同，他用來指稱歷代皇帝所樂於追求的神仙方術，並藉以指稱一切不合儒家
之道的「旁門左道」。吳如愚指出，術並非一概不好，術亦有法術、儒術的好
的一面，只是此儒術為秦火所滅，遂至不傳於世，從漢代開始，又因為皇帝
喜好神仙方術，因而逐漸導致了法術微而技術興這一局面的產生。後世儒者
對術進行批評，其所應該批評的是技術，但儒術並沒有錯，非但無錯，反而
應該大力弘揚，所以吳如愚指責那些不分技術與法術而一併對術持批判態度
的儒者，認為在批評技術的同時還應提倡法術。吳如愚云：「然嘗即孟子言術
者參之曰『是乃仁術』，曰『觀水有術』，曰『教亦多術』，無非明法術之意」
〔註87〕，這裡，吳如愚將孟子所言之術的意涵皆視為法術，以此來為他的提
倡法術之說提供經典依據。

吳如愚接著說道：

> 惟其術有不同，故孟子又有「術不可不謹」之言，而荀子亦有
> 「論心不如擇術」之語。是知術之在人，固不容無所患者，擇之不
> 謹，而術非其術，則非徒無益，而又害之。《繫辭》載：「『藉用白茅，？

〔註86〕《術說》，《準齋雜說》卷下。見（宋）吳如愚：《準齋雜說》，清墨海金壺本。
〔註87〕《術說》，《準齋雜說》卷下。其中所引孟子之言分別見《孟子·梁惠王上》、
《孟子·盡心上》、《孟子·告子下》。

咎。』子曰：『苟錯諸地而可矣，藉之用茅，何咎之有？慎之至也。
夫茅之爲物薄，而用可重也。慎斯術也以往，其無所失矣。』」由此
觀之，則知聖人未嘗不以術教人，學者誠能謹斯術而至於無所失，
則又何術之嫌哉！〔註88〕

吳如愚所引的孟子之言其原文爲：「矢人豈不仁於函人哉？矢人唯恐不傷人，
函人唯恐傷人。巫、匠亦然。故術不可不慎也。」〔註89〕孟子認爲相對於造
甲之人，造箭之人並非刻意不仁，只是兩者對職業的不同選擇造成了他們各
自所從事的事業之價值內涵不同。按照焦循的疏解，孟子這裡的術指的是「人
之所習」的「藝術」〔註90〕，也就是人們所從事的職業生涯、職業道路。吳
如愚所引荀子的「論心不如擇術」〔註91〕一語，楊倞注云：「術，道術也」〔註
92〕，按照楊倞之注，荀子這句話是說：對心進行討論不如選擇正確的儒術作
爲心的依託。上述無論是孟子所強調的作爲職業道路的術，還是荀子所強調
的作爲心之依託的術，在吳如愚看來，都應該與儒家的道術相符合，因此，
他認爲孟、荀所提及的這些術都是值得弘揚的概念。

　　《荀子》一書中多言及「術」，其中最容易引起誤解的是下面幾種「術」：

　　　　持寵、處位、終身不厭之術：主尊貴之，則恭敬而傅；主信愛
之，則謹慎而嗛；主專任之，則拘守而詳；主安近之，則慎比而不
邪；主疏遠之，則全一而不倍；主損絀之，則恐懼而不怨。貴而不
爲誇；信而不處謙；任重而不敢專；財利至則善而不及也，必將盡
辭讓之義然後受；福事至則和而理，禍事至則靜而理；富則廣施，
貧則用節；可貴可賤也，可富可貧也，可殺而不可使爲奸也；是持
寵、處位、終身不厭之術也。

　　　　求善處大重、任大事，擅寵於萬乘之國，必無後患之術：莫若好
同之，援賢博施，除怨而無妨害人。能耐任之，則慎行此道也；能而
不耐任，且恐失寵，則莫若早同之，推賢讓能，而安隨其後。如是，
有寵則必榮，失寵則必無罪。是事君者之寶而必無後患之術也。

〔註88〕　《術說》，《準齋雜說》卷下。
〔註89〕　《孟子‧公孫丑上》。
〔註90〕　《孟子正義》卷七。見（清）焦循撰；沈文倬點校：《孟子正義》，北京：中
　　　　　華書局，1987年，第240頁。
〔註91〕　《荀子‧非相》。
〔註92〕　王先謙：《荀子集解》，第72頁。

> 天下之行術，以事君則必通，以爲仁則必聖。立隆而勿貳也，然
> 後恭敬以先之，忠信以統之，愼謹以行之，端愨以守之，頓窮則疾力
> 以申重之。君雖不知，無怨疾之心；功雖甚大，無伐德之色；省求多
> 功，愛敬不倦；如是則常無不順矣。以事君則必通，以爲仁則必聖，
> 夫之謂天下之行術。〔註93〕

對於這幾種術，後世學者多是輕蔑、批評的。譬如郭沫若先生，他認爲「荀
子也深深沾染了戰國術士的習氣，無怪乎他的門人裏面有法術專家的韓非出
現」，「那些『術』，讀起來有些實在太卑鄙，太鄉愿了」，簡直是「一片妾婦之道」。
〔註94〕面對荀子的這些術的思想，本著爲荀子「開脫」的原則，郭沫若先生認爲
「那些言『術』的卑鄙不堪的思想，不一定出於荀子。照歷史發展的情形看來，
要漢文、景以後才有發生那種方術的苗床，或者就是董仲舒之流所揣摩出的也說
不定。」〔註95〕其實，細觀上述幾術，無論是「持寵、處位、終身不厭之術」、「求
善處大重、任大事，擅寵於萬乘之國，必無後患之術」還是「天下之行術」，都
是針對當時的群臣所應樹立的奉君行事的臣道而言，其中沒有任何像法家之術的
那種陰謀詭計的奸詐權術成分，這和《臣道篇》所說的人臣當立之道是一致的。
如果說有什麼區別，只能說荀子此處描述臣道時所用的字眼更爲俗化，可能正是
這種表面上的「持寵」、「擅寵」等言辭讓人誤以爲荀子的這些術都如妾婦爭寵之
道。其實，若能撥開表面言辭上的迷霧，深入到荀子言論的核心，我們就能看到
荀子言論的正統性，它沒有半點對儒家之道的偏斜。之所以會用這樣讓人覺得「曖
昧」的言辭，是因爲作爲荀子言說對象的時臣們都是一些入世過深之人，如果一
味地用純正嚴屬的口吻對他們進行勸說，未必能打動他們的思想，而這裡採用表
面符合他們心意的言辭進行勸說，更容易引起他們的注意，因此接受的可能性也
就會更大。所以，荀子的這些術只是因人制宜地使用了一些看似媚俗的言辭，但
實質上其內涵都是純正的儒家之道。由此，無論是對荀子之術的上述批評還是在
此基礎上試圖對荀子所作的「開脫」，都是不必要的。〔註96〕值得一提的是，郭

〔註93〕以上三條引自《荀子·仲尼》。
〔註94〕郭沫若：《十批判書》，北京：東方出版社，1996 年，第 255～256 頁。
〔註95〕郭沫若：《十批判書》，第 257 頁。
〔註96〕針對郭沫若先生對荀子之術所作的批評和開脫，龐樸先生也不贊同：「郭沫若
曾一度出於仁心，想方設法寫了大段的考辨文章，說這些『奸術』和荀子思
想不符，『可能是董仲舒之流所揣摩出的』，等等。我倒覺得，郭老的這番工
夫，不僅錯怪了董仲舒之流，而且也埋沒了荀子其人。」見龐樸：《荀子發微》，
載廖名春選編：《荀子二十講》，第 230 頁。

沫若先生爲了替荀子洗清這些術所帶來的罪名，他通過分析「禮」字在《荀子》書中只有《仲尼》和《宥坐》兩篇不見，從而「斷定《仲尼篇》也是『弟子雜錄』」〔註97〕，主張將《仲尼》一篇從荀子親筆之作中刪去。筆者認爲這一做法未免有欠周全，原因在於：其一，《仲尼篇》雖沒有直接說「禮」，但篇中所說的「彼非本政教也，非致隆高也，非綦文理也」，其中的「政教」就是禮教，「隆高」就是「禮」〔註98〕，「文理」就是禮義制度〔註99〕；可見《仲尼篇》並非不言禮，只是未直接說出「禮」這個字罷了，其主旨還是圍繞「禮」展開王道、臣道的論述。其二，以是否有「禮」字作爲評價是否爲荀子親筆之作的依據，這一標準是有待商榷的；如果說有「禮」字就是荀子親筆所作，那麼《大略篇》、《子道篇》、《法行篇》、《哀公篇》、《堯問篇》皆有「禮」字，且《大略篇》出現 57 次之多，何以不將它們視爲荀子親筆而只將其看作弟子雜錄？退一萬步來說，就算《仲尼篇》是弟子雜錄，但弟子雜錄中並不一定就沒有荀子自己的話，我們又何以斷定《仲尼篇》中那些言術的語辭不是荀子本人所說的呢？因此，無論從文本自身，還是從評價標準，我們都不能證明《仲尼篇》中言術的那些說法不是荀子所爲。通過上述的分析，我們可以看出，荀子的術雖然在言辭上有時不免近於世俗，但其本質仍是儒家之道，這也就是吳如愚所提倡的「法術」、儒術。

（二）呂祖謙對《非相》的非議

對於那些有悖於儒家之道的「術」，荀子不遺餘力地展開批評，這從荀子在《非相》中對相術及相士的批判即可知曉。所謂相術，楊倞注云：「相，視也，視其骨狀以知吉凶貴賤也」〔註100〕，可見相術就是通過對人之容貌、形體、骨態等的觀察來預測人之吉凶禍福的一門「學問」。荀子對相術嗤之以鼻，他說：「相形不如論心，論心不如擇術。形不勝心，心不勝術。術正而心順之，則形相雖惡而心術善，無害爲君子也；形相雖善而心術惡，無害爲小人也。君子之謂吉，小人之謂凶。故長短、小大、善惡形相，非吉凶也。古之人無有也，學者不道也。」〔註101〕荀子指出，人的形體相貌與其吉凶運命並無必

〔註97〕郭沫若：《十批判書》，第 257 頁。

〔註98〕久保愛曰：「隆高，謂禮也」，北大注釋組本亦云：「隆高，指推崇禮義」（見王天海：《荀子校釋》，第 242 頁）。

〔註99〕北大注釋組本曰：「文理，指禮義制度完備」，王天海亦指出：「文理，《荀書》中共十六見，多指禮文儀節」（見王天海：《荀子校釋》，第 242 頁）。

〔註100〕王天海：《荀子校釋》，第 159 頁。

〔註101〕《荀子·非相》。

然之關係，形貌雖然不美，但只要心術爲善，就不妨礙他成爲君子；相反，形貌雖美，但只要心術爲惡，也無損其墮落爲小人。荀子因此批評相術是沒有學理依據的一門荒謬之學，相術之士亦爲正道學者所不齒。荀子對相術的批評，本來是沒有問題的，看起來也符合儒家的人文精神，但宋儒呂祖謙卻另有高見，他對荀子批評相術這一做法表示不滿，其云：

> 勢相敵而後訟，未有非其敵而訟焉，則大者喪其爲大矣。公卿之於皁隸也，巨室之於竁民也，儒者之於卜祝也，邈乎其勢之不相敵也。親屈公卿之貴，而與皁隸訟；親屈巨室之富，而與竁人訟；親屈儒者之重，而與卜祝訟；勝之不武，不勝爲笑，適以自卑而已矣。荀卿以大儒，而著《非相》之篇，下與卜祝較，何其不自愛也！彼挾相術以苟衣食者，卑冗凡賤，廁跡於巫醫優伶之間，仰視儒者，如斥鷃望大鵬於羊角扶搖之上，敢有一毫爭衡之心乎？荀卿忽降尊貶重，譊譊然與相師辨，連簡累牘而不已。是書一出，相師之氣坐增十倍，互相告語以謂：「我何人也？卜祝也。彼何人也？儒者也。我何足以致彼之爭？彼亦何苦於我爭也？今彼乃明目張膽，極其辨而與我爭，曲直恐不勝者，是必我之道可以與彼抗也。」由是，卜祝之流，人相勸、家相勉，支分派別，相形之術遂蔓延於天下矣。然則荀卿之於相術，將以排之，適以助之；將以抑之，適以揚之。《非相》之篇，吾恐未免爲《是相》之篇也。……至勞聖人與之辨，必其道可與聖人抗，殆將有陷溺而從之矣，是不能爲吾道損一異端，反爲吾道增一異端也。天下本未嘗以異端待相術，荀卿強斥以爲異端而與之辨，無故而爲吾道增一異端，非卿之罪耶？〔註102〕

呂祖謙認爲實力形勢相當的兩方遇到矛盾才相互辯難，如果雙方實力過於懸殊，那就沒有相互辯難的必要。就好像公卿和奴隸、世家大族和貧寒小民之間存在著很大差別一樣，儒者與相術之士亦有天壤之別。既然有如此大的差別，那麼儒者就沒有必要屈尊而與相術之士辯難。荀子以大儒之尊而向相術之士爭辯問難，這不僅不會削弱相術之士的銳氣，還會助長他們的囂張氣焰；不僅不會爲儒家打落一個對手，反而會爲儒家增添一個對手。因此，呂祖謙認爲荀子實在不該低下儒者的高姿態而去和卑微的、不入流的相士們喋喋不休，這樣做的後果不但不會有助於儒者，反而會讓對方借助儒者對其的批評

〔註102〕《左氏博議》卷十六。見（宋）呂祖謙：《左氏博議》，清文淵閣四庫全書本。

而「炒作」，這樣反而幫對方樹立了名聲。這樣看來，荀子的《非相》篇不但達不到批評相術的效果，反而會幫助他們提高知名度，成就他們的事業，那《非相》也就不是《非相》，而應改名爲《是相》了。呂祖謙接著道：

> 吾觀孔子周遊於天下，鄙夫陋人每以區區相術而窺之，有曰「顙類堯也」，有曰「項類皋陶也」，有曰「肩類子產也」，孔子與門弟子聞之，不過付之一笑耳，豈非曲伎小術，初不足與論是非耶？乃若吾夫子之門自有相書，殆非卜祝所誦之相書也。「申申夭夭」，即孔門相容貌之術；「誾誾侃侃」，即孔門相言語之術；「躩如翼如」，即孔門相步趨之術；「勃如怡如」，即孔門相顏色之術。一部一位，一占一候，毫釐不差。季咸、康譽、許負之術，至是皆敗矣。曾子傳此相書以相人，故發而爲動容貌之論；子思傳此相書以相人，故發而爲動乎四體之論；孟子傳此相書以相人，故發而爲眸子瞭眊之論。荀荀卿得孔門之相書，將心醉服膺之不暇，何暇非他人之相書耶？〔註103〕

呂祖謙將荀子的非相行爲與孔子比較，認爲孔子對於相術僅付之一笑而不與之辯〔註104〕，這是孔子不給相術之士們抬高自我身價的機會，也是孔子明智的地方。呂祖謙認爲孔子亦有自己的「相術」，他將《論語·鄉黨》中記載的孔子日常行爲中展現的形體姿態詮釋爲孔門特有的「相術」，並認爲自孔子而後，曾子、子思、孟子皆能傳承此孔門「相術」，而至荀子則不能繼承之，以致荀子只知與世俗相術之人辯難而已。

綜觀呂祖謙對荀子「非相」的非議，呂祖謙將孔子不與相士辯難與荀子的「非相」行爲比較，認爲後者不及前者，這樣，荀子的「非相」反而變得不應該、無必要。但筆者認爲呂氏的這一論斷是不公平的。在孔子之時，相術或許不甚流行於世，故孔子不需急與之辯。但荀子之世，相士則甚囂塵上，對俗世生活和現實政治皆造成許多影響，故荀子不得不辯之甚切。《莊子·應帝王》中亦載有壺子破「神巫」季咸之相術，可見相術在戰國後期對現實社會有著很大的影響。面對相術之士對世俗生活的嚴重干涉，荀子作爲一介大

〔註103〕《左氏博議》卷十六。
〔註104〕呂氏所引出自《史記·孔子世家》：「孔子適鄭，與弟子相失，孔子獨立郭東門。鄭人或謂子貢曰：『東門有人，其顙似堯，其項類皋陶，其肩類子產，然自要以下不及禹三寸，累累若喪家之狗。』子貢以實告孔子。孔子欣然笑曰：『形狀，末也。而謂似喪家之狗，然哉！然哉！』」（《史記》卷四十七，第1921～1922頁。）由此看出，孔子欣然笑對鄭人對自己形相的評價，並認爲形貌是「末」，即不重要的。

儒，起而與之辯難，這並無任何不妥之處。至於呂氏所言的荀子不該屈尊與之辯，這更是呂氏頭腦中本有的儒者自我優越感在其思想層面的反映。試想，當相術已深入人民生活乃至上層管理者的政治生活時，面對這一殘酷嚴峻的現實，儒者怎麼還能袖手旁觀呢？怎能仍然自我感覺良好而對現實置若罔聞呢？在這個時候，任何一個有良知、有責任感的儒者，都會起而與之辯難，都不會自居於儒者的「尊貴」身份而甘於養尊處優。這不僅是呂氏不理解荀子的地方，亦是其不理解原始儒家那種敢於面對現實且敢於在現實中通過辯難而不斷爭取自我理想之實現的行為方式的地方。

第五節　荀子與宋代政治

在宋代士大夫的政治生涯中，存在著彼此之間的政見之爭，而這些政見之爭中有時也閃爍著荀子的影子。他們有的或借用荀子之說以助己論，或以荀子之說為批駁的靶子，其目的都是為了論證自己的政見是正確的。本節即欲闡述宋代政治論爭中與荀子有聯繫的部分，並經由這一闡述來揭明荀子對宋儒政治思想的影響。

一、「有治人，無治法」之爭

荀子有云：「有亂君，無亂國；有治人，無治法。羿之法非亡也，而羿不世中；禹之法猶存，而夏不世王。故法不能獨立，類不能自行，得其人則存，失其人則亡。法者，治之端也；君子者，法之原也。故有君子，則法雖省，足以遍矣；無君子，則法雖具，失先後之施，不能應事之變，足以亂矣。不知法之義而正法之數者，雖博，臨事必亂。故明主急得其人，而闇主急得其勢。」〔註105〕荀子這段話圍繞「有治人，無治法」展開論述，其核心思想在於點明：君子賢人是比法更為根本、更為重要的治國因素。荀子認為，法不能獨立於人之外而自動施行，法必須借助人才能發揮其治國威力；如果一個社會，其法律暫時不夠完善，但其中有君子賢人進行駕馭管理的話，那麼社會還是可以被治理得周全安定的，可是，如果一個社會雖然法律齊全，但其中沒有賢人君子進行駕馭管理的話，那麼社會仍然會陷於混亂。另外，法律條文永遠不可能達至完備，在法律暫時規定不到的情況下如何能保證處事的公正公平，這就要依賴君子賢人的通達智慧來處理才行。這一切都表

〔註105〕《荀子・君道》。

明，君子賢人比法律法令更爲根本，因此明君應該以急於求人作爲執政的首
要任務。

　　荀子所提出的這一「有治人，無治法」的思想，在宋代被司馬光借用以
申述己見。史料記載有一段司馬光與宋神宗之間的對話，其內容如下：

　　　　熙寧二年十一月庚辰，司馬光讀《資治通鑒・漢紀》，至曹參代
　　蕭何爲相國，一遵何故事。因言參以無事，鎮撫海內，得守成之道，
　　故孝惠、高后時，天下晏然，衣食滋殖。上曰：「使漢常守蕭何之法，
　　久而不變，可乎？」光曰：「何獨漢也！夫道者，萬世無弊，夏、商、
　　周之子孫，苟能常守禹、湯、文、武之法，雖至今存可也。武王克
　　商：『乃反商政，政由舊』，雖周，亦用商政也。《書》曰：『毋作聰
　　明，亂舊章』，然則祖宗舊章，何可變也？漢武帝用張湯之言，取高
　　帝法紛更之，盜賊半天下。宣帝用高帝舊法，但擇良二千石使治民，
　　而天下大治。元帝初立，頗改宣帝之政，丞相衡上疏曰：『臣竊恨國
　　家釋樂成之業，虛爲此紛紛也。』陛下視宣帝、元帝之爲政，誰則
　　爲優？荀卿曰：『有治人，無治法』，故爲治在得人，不在變法也。」
　　上曰：「人與法，亦相表裏耳。」光曰：「苟得其人，則無患法之不
　　善。不得其人，雖有善法，失先後之施矣。故當急於求人，而緩於
　　立法也。」〔註106〕

司馬光向神宗進言，認爲漢代的曹參之所以成爲賢相、宣帝之所以成爲明君並獲
得天下大治的安定局面，其原因就在於他們能遵守「祖宗舊章」、「舊法」；而漢
武帝、漢元帝時期之所以天下有所不安，其原因乃在於他們隨意更改祖宗舊法。
司馬光引用荀子的「有治人，無治法」之說，並將其詮釋爲「爲治在得人，不在
變法」，這樣，荀子的這句話意思就變爲：治國之本在於得人而不在於變法。司
馬光引荀子此語則重在說明：苟有賢人，可無變舊法。可是，結合上述荀子思想，
荀子此言之本意在於論述人比法更重要、法須依人而行，荀子未明言在得人的情
況下有無變法的必要。可見，司馬光這裡對荀子的原意做了某種程度的延伸及轉
變。司馬光之所以要將荀子所言的「無治法」解釋爲「爲治不在變法」，其動機
很可能是針對當時正在大行變法改革之實的王安石而發的。司馬光與宋神宗的這
一對話發生在熙寧二年（1069）的十一月，就在同年七月和九月，王安石推行了

〔註106〕《司馬溫公》，《宋朝事實類苑》卷十五。見（宋）江少虞編撰：《宋朝事實類
　　　　苑》，清文淵閣四庫全書本。

均輸法、青苗法等變法條令﹝註107﹞，將其變法主張化爲實際行動，而作爲王安石改革行動的思想基礎之一就是「祖宗不足法」、祖宗之法不足守的變法信念﹝註108﹞；正是因爲反對王安石的改革實踐及其實踐背後潛在的變法信念，司馬光才在與宋神宗對話時申述他的祖宗舊法不可變的主張，也正是基於這一立場，他也才在引用荀子的「有治人，無治法」時對其注入了新的理解。

荀子此言，胡宏亦有所引用，其云：

> 荀子曰：「有治人，無治法。」竊譬之欲撥亂反之正者。如越江湖，法則舟也，人則操舟者也。若舟破楫壞，雖有若神之技，人人知其弗能濟矣。故乘大亂之時必變法。法不變而能成治功者，未之有也。﹝註109﹞

胡宏也是引用荀子的「有治人，無治法」這句話，但他卻將荀子之言詮釋爲：人須待法以致治，然法不可常恃，故大亂之時必須變法。這裡，「無治法」被詮釋爲「沒有一成不變之法」。雖然胡宏此處未明確言及司馬光與王安石兩者的變法與守舊之爭，但其彰顯變法的思想旨趣無疑更爲接近於王安石。

二、「有聽從，無諫爭」之論

荀子在論述爲臣之道時說過這樣一段話：

> 事聖君者，有聽從無諫爭；事中君者，有諫爭無諂諛；事暴君者，有補削無撟拂。迫脅於亂時，窮居於暴國，而無所避之，則崇其美，揚其善，違其惡，隱其敗，言其所長，不稱其所短，以爲成俗。《詩》曰：「國有大命，不可以告人，妨其躬身。」此之謂也。﹝註110﹞

荀子認爲，侍奉聖明的君主，只需要聽從而不需要諫爭；侍奉中等資質的君主，只需要諫爭而不需要阿諛奉承；侍奉暴烈的君主，只需要暗裏彌補其過失、削去其罪惡，而不需要明目張膽地違抗他、悖逆他。其所引《詩》的意思是：國家有重大決策，不可以告知別人，以防惹禍上身。荀子的這段話，

﹝註107﹞ 張祥浩、魏福明：《王安石評傳》，南京：南京大學出版社，2006年，第230、234頁。

﹝註108﹞ 參見鄧廣銘：《北宋政治改革家王安石》，石家莊：河北教育出版社，2000年，第123～129頁。

﹝註109﹞ 《知言·事物》。見（宋）胡宏著；吳仁華點校：《胡宏集》，北京：中華書局，1987年，第23～24頁。

﹝註110﹞ 《荀子·臣道》。

在於申明幾種情境下的爲臣之道，從中我們可以明顯感受到荀子話語中所存在的臣在盡臣道時應盡可能保全其自我生命的主張。

對於荀子這段話中的「有聽從無諫爭」一語，宋人不免有所指責。時臣李光曾上奏宋徽宗云：

> 臣聞帝王之美，莫大於詢謀。治安之時，尤先於警戒。歷觀前代有爲之君，雖聰明有餘，而切直之言不絕於耳；雖天下大治，而幾微之慎不忘於懷。恭惟皇帝陛下，以睿知寬仁之資，膺祖宗積累隆平之業，勞心求治，幾三十年，華夏乂安，天地交泰，符瑞之應，史不絕書，所謂太平盈成之期，實在今日。陛下所當憂勤宵旰，虛己以聽納；群臣所宜精白勉勵，夙夜以進戒。而近歲以來，士大夫狃於因循，宴安寵祿，諂佞成風，至妄引荀卿「有聽從，無諫爭」之說，以杜塞言路，多士盈庭，莫敢開說。是陛下有容納之德，而群臣進拒絕之計，朝政之闕失，臣下之姦邪，生民之利病，海内之休戚，何由盡聞乎？〔註111〕

據趙汝愚《諸臣奏議》記載，李光此次上奏時間在宣和六年（1124）三月，是時李光任司封員外郎。〔註112〕李光的這篇奏議，主旨在於批評當時朝臣只知諂佞因循、苟且偷安而不知廣開言路、進言於上的不良作風，他建議宋徽宗向天下士人求言問策，爲天下人的進言疏通渠道、提供平臺，李光認爲只有這樣才是長治久安之道。在奏議中，李光筆涉荀子「有聽從，無諫爭」之言，對當時朝臣妄引荀子此言提出批評。由李光之言可知，當時一些苟且因循之朝臣將荀子的「有聽從，無諫爭」之言作爲自己的護身符，爲自己諂佞偷安的處世之道辯護。李光雖對其提出批評，但終因不敵因循苟且派的強大勢力而見貶〔註113〕。

除李光外，宋儒黃徹亦對荀子此語有所論議，其云：

> 岑參《寄杜拾遺》云：「聖朝無闕事，自覺諫書希。」退之《贈

〔註111〕《乞開言路箚子》，《莊簡集》卷八。見（宋）李光：《莊簡集》，清文淵閣四庫全書本。並見（明）黃淮、楊士奇編：《歷代名臣奏議》卷二百《求言》，清文淵閣四庫全書本。
〔註112〕趙汝愚編：《諸臣奏議》卷十九君道門《廣言路下》，宋淳祐刻元明遞修本。
〔註113〕《宋史》載：「（李光）除太常博士，遷司封。首論士大夫諂佞成風，至妄引荀卿『有聽從，無諫諍』之說，以杜塞言路；又言怨嗟之氣，結爲妖沴。王黼惡之，令部注桂州陽朔縣」（見《宋史》卷363，第11335頁），可知李光因此次上奏而被王黼所貶。

崔補闕》云:「年少得途未要忙,時清諫疏尤宜罕。」皆謬承荀卿「有
聽從無諫諍」之語,遂使阿諛姦佞,用以藉口。以是知凡造意立言,
不可不預爲天下後世慮。〔註114〕

黃徹批評岑參和韓愈的言論中存在著貶抑進諫的語辭,並認爲這都是他們錯
誤地繼承了荀子「有聽從無諫諍」之言造成的。上述李光和黃徹在行文時都
涉及荀子此言,但卻未明確表示對荀子此語是否持批評態度,他們更爲主要
的是批評引用荀子此言的朝臣和文士,認爲是朝臣對荀子之言的「妄引」和
文士對荀子之言的「謬承」導致了言路閉塞的境況,而對於荀子的言論本身,
他們的態度則不甚明朗。

如果說李光、黃徹只是筆涉荀子的話,那麼胡寅則對荀子此語提出明確
批評,他說:

自非大聖人,不能無過,故人君必置輔拂諫爭之臣,惟恐其不
諫,以有敗德闕政,啓危亡之漸也大,豈自以爲是,而惡人之議其
非也?荀卿乃言「事聖君,有聽從,無諫爭」,晁錯亦曰「五帝神聖,
其臣莫能及,故親事法宮之中」。嗟乎!二子之言,不見於《五經》,
不出於孔孟,何所受耶?錯明。申韓無足道者。荀卿氏,宗王術者
也,而亦爲此言,其誤天下與來世,豈有既哉!〔註115〕

胡寅批評荀子的「有聽從,無諫爭」之論,認爲荀子此語在儒家各部經典中
皆尋覓不得,因而沒有任何理論依據,乃是荀子自我杜撰出的荒誕之言,其
錯誤是很明顯的。其實,不管李光、黃徹還是胡寅,對荀子的理解與批評都
不免有以偏概全之嫌。荀子說得很清楚,所謂「有聽從,無諫爭」只是在侍
奉聖君時所抱持的爲臣之道這一種情況而已,也就是說,「有聽從,無諫爭」
並不是唯一的爲臣之道,胡、李等人的評論無疑遺漏了荀子所論的其他若干
境況。而且,荀子所說的臣子的「有聽從,無諫爭」是有條件的,那就是要
在遇到聖君的時候才能採用此種爲臣之道,否則不能採用。那些自以爲自己
是聖明之君,因此要求臣子「有聽從,無諫爭」的中君、暴君;以及那些爲
了因循苟且以偷安,而將自己所侍奉的中君、暴君美化成聖君的庸臣、讒佞
之臣;都是不適用於荀子「事聖君者,有聽從無諫爭」之言的。而那些爲批

〔註114〕《鞏溪詩話》卷一。見(宋)黃徹著;湯新祥校注:《鞏溪詩話》,北京:人
民文學出版社,1986年,第7頁。
〔註115〕《致堂讀史管見》卷二十三。

評中君、暴君和庸臣、讒佞之臣而亦直接或間接對荀子此言提出批評的，也同樣是未明荀子此言的眞意所在。實際上，《荀子》書中不缺乏對直言進諫的爲臣之道的讚賞，但荀子作爲先秦儒學的總結者，其思想受到各家學說的影響，上引荀子「事聖君者，有聽從無諫爭」一段話明顯在儒家思想的基礎上吸收了道家貴身、全生保眞的思想，而這種綜合性的思想只是體現了荀子思想對先秦各家思想的合理吸收，究其實，它並不與儒家思想的原旨相悖。其實，孔子思想中也是有這種保身思想的，孔子云：「用之則行，舍之則藏」〔註116〕，「危邦不入，亂邦不居，天下有道則見，無道則隱」〔註117〕，這些都說明孔子在行道過程中也十分重視自我生命的保全。可見，荀子論述臣道的語言中所存在的保身思想與孔子是有著深刻淵源的，如果宋儒以孔子之言爲是非之標準，那麼又怎能說荀子此語全無根據呢？因此，胡寅的說法要不就是對荀子言語本意的誤解，要不就是對孔子思想眞旨的不理解。由此可見，荀子此言本無不妥，但後世之人或借歪曲荀子來作自我苟且的擋箭牌，或因批評苟且之人的歪曲行徑而怪罪荀子，這些都是對荀子思想的誤解乃至曲解。這種誤解和曲解並不能損害荀子思想的本來面目，恰恰相反，正是他們對荀子思想的不理解或有意歪曲而使他們自身的理論行爲缺乏有效的支撐，這種由於得不到有效支撐而不免陷於偏頗錯漏的理論行爲，其最終原因只能由其自己負責，正所謂酒不醉人人自醉、言不誤人人自誤是也。

〔註116〕《論語・述而》。
〔註117〕《論語・泰伯》。

第五章　宋代荀學的解釋路徑

概括起來，宋儒對荀學的解釋有三種基本的路徑，其一，樹立道統觀念，對荀子總體地位給予貶斥或肯定；其二，深度挖掘、闡發人性論，並站在各自的人性立場上對荀子人性論給予批評或讚揚；其三，以新的視角打量荀子外王學，對荀子的外王理論給予重新詮釋。這三種基本路徑，第一種側重於對荀學的總體評價，其餘兩種則分別從內外兩方面對荀學進行分析解釋。這三種解釋路徑之間相互重疊、互相交錯，有著密切的關聯。宋儒對荀學進行內外兩方面分析所得之結果，促成了他們對荀學的總體看法，這是後兩種解釋路徑對前一種的影響。而道統觀念一旦樹立，又反過來加深了宋儒對後兩種解釋路徑的選擇與固守，這是前一種解釋路徑對後兩種的影響。並且，後兩種解釋路徑之間也有著千絲萬縷的關係，宋儒從內在心性論出發對荀子人性論所作出的解釋，直接影響到他們對包括禮論在內的荀子外王學的解釋。面對荀學，宋儒對這三種解釋路徑的選擇及其相互之間的密切關聯，反映出宋儒的思想旨趣及宋代荀學的新發展。

第一節　宣揚道統

自唐代韓愈提出「軻死不傳」的道統論之後，宋儒對荀子在儒家道統中的地位並不都如韓愈一樣將荀子排除於道統之外，而是存在著各種不同的爭議。宋代初期，儒者多將荀子視爲傳道人物中的一份子，他們皆稱許荀子的傳道貢獻，承認荀子在儒家道統中的地位，這包括三種說法：孫復、石介、孔道輔、韓琦等提出「五賢人」說，將荀子與孟子、揚雄、王通、韓愈並列爲傳道人物；曾鞏、蘇洵、陳襄等提出「四君子」說，將荀子與孟子、揚雄、

韓愈並列爲傳道人物；歐陽修、鄭獬等將荀子與孟子並稱合論，亦肯定荀子在儒家道統中的地位。之後理學遂興，理學家們一般皆試圖將荀子清除於道統之外，無論是北宋時期的張載、二程、陳淵、胡寅，還是南宋的朱熹、陸九淵等皆如此。理學中只有極少數人，比如南宋的黃震，承認荀子的學術地位和傳道貢獻，對荀子抱以讚揚與肯定態度，這一部分極少數的理學人物，在荀學觀上，相對於一般的理學家而言，可謂是一個「別出」的特殊。與理學相應的非理學人物對荀子道統地位的態度亦存在著認可與否定兩種傾向，認可的有晁補之、陳傅良等，否定的則有黃庭堅、晁說之、葉適等。

總括而言，宋初諸儒表達了與韓愈「軻死不傳」不一樣的傳道系統，主張將荀子亦列入儒家道統之內；隨後的理學人物和非理學人物內部皆各自存在著不同的聲音：理學家大多不承認荀子的道統地位，但也有極少數人對荀子表示認可，只是這種認可所造成的影響較之理學整體的排荀風潮顯得十分微弱；非理學人物中亦有肯定荀子的傳道地位和否定其傳道地位這兩種觀點，且這兩種觀點的內部影響較爲均衡。

就孟荀關係而言，自韓愈提出「孟氏，醇乎醇者也；荀與揚，大醇而小疵」，以醇疵來分別孟子與荀子、揚雄以來，迄至宋代，理學家多取尊孟貶荀態度。有些理學家貶荀態度激進，如二程、朱熹等；有些理學家則態度稍爲和緩，如陸九淵；但相對於他們對待孟子的極力讚揚態度而言，荀子在他們眼中的重要性實在微乎其微。當然，理學家中也有如黃震這樣的孟荀同尊者，黃震越過韓愈對孟荀進行醇疵之別的評斷，遠接司馬遷「孟荀齊號」的思想傳統，試圖在程朱理學的尊孟貶荀風潮下重新塑造孟荀同尊的思想風氣，這在理學內部是十分難能可貴的。除理學之外，非理學的思想家們在孟荀關係上亦持有幾種不同的看法：其一，孟荀齊同，這種觀點以歐陽修、鄭獬、陳傅良爲代表，他們主張孟、荀並稱並重，尤其是陳傅良，更敢於在南宋尊孟貶荀的猛烈風潮下批評「獨以孟氏爲是」的思想風氣，重新將孟、荀、揚、王、韓合稱並論，這也是希望越過理學家對荀子評價的藩籬，企圖接續宋初石介諸儒提出的「五賢人」之說，爲荀子爭取地位；其二，荀不及孟，有些儒者雖然承認荀子的道統地位，但卻仍對荀子持有一定的非議，認爲荀子不及孟子，這些儒者以北宋名相韓琦、晁補之及南宋的唐仲友、陳預等爲代表；其三，孟荀皆貶，晁說之、葉適等儒者既貶孟、又批荀，造成這種思想觀念的原因可能是綜合的，如果說晁說之的孟荀皆貶是綜合繼承了司馬光的貶孟

思想與蘇軾的批荀思想，葉適的貶孟又來源於其對理學家尊孟的不滿，那麼葉適的貶荀態度則殊為讓人驚訝，葉適重事功、倡實學的思想旨趣與荀學多有契合，但他卻對荀子頗深詬病，其批評更不免有深文周納之嫌，因此他的這種批荀給人更多的是滯於表面、大而無當之感。

　　宋代官方對荀子的態度，雖沒有對待孟子般熱烈與高揚，但亦對荀子有所肯定與褒獎。以兩宋科舉考試為視域，《荀子》一書雖然沒有如《論語》、《孟子》那樣取得「經」的地位，但也是制舉、進士等考試中論體文部分的考試熱點，在兩宋科舉考試中亦有著較為重要的地位。更為重要的是，宋神宗元豐七年（1084）荀子得以從祀孔廟，被封為「蘭陵伯」，其地位雖稍遜於配享孔廟的「鄒國公」孟子，但這一事件標誌著以皇權為代表的宋代官方對荀子道統地位的正式確立，終至宋代結束，在經歷了張載、二程、朱熹等理學家們掀起的猛烈的貶荀風潮之後，荀子的地位仍然受到官方的認可與肯定，在孔廟和儒家道統中佔有自己的一席之地。荀子得以從祀孔廟並始終堅持其地位，主要受到以下三種勢力的影響：一是官方皇權；二是宋代尊荀派儒者，這裡的尊荀派儒者主要指肯定荀子道統地位的儒者，如孫復、石介、孔道輔、歐陽修、陳傅良、黃震等人；除了這些尊荀派儒者，還有一些儒者，他們雖然對荀子有所批評和非議，但卻並不似程朱理學那樣對荀子進行道統排斥或政治打擊，這些儒者包括司馬光、王安石等人。荀子在宋代的學術地位和道統地位之所以得以確立與延續，正在於以上三種人物對其的肯定與護祐所致。

第二節　闡發人性

　　對宋儒而言，無論是綜匯儒，還是理學家，對荀子人性論皆以批評為主。綜匯儒中，歐陽修、司馬光、王安石等人在人性論方面表現出與理學家一以孟子性善論為是的理論觀點不同的多樣態度。歐陽修由認可性惡而轉為提倡性善，最後歸結為「性之善惡不必究」；司馬光贊同揚雄，主性善惡混論；王安石則提倡性無善惡論。三者論性，各有特色，互不相同，但卻都對荀子人性論有所非議。歐陽修的非荀，集中體現在其論性過程的第二階段，即提倡性善以求排佛的時期，其非荀實際上只是為了排佛而採取的權宜之計。在人性論的歸結點上，歐陽修則是以「性非學者之所急」、「性之善惡不必究」化解了性之善惡的問題，因而也從非荀走向了對荀子人性論的包容。司馬光為了解決現實世界中的善惡現象與人性內涵的對應問題，他採用的是性善惡混

論這一綜合式的論性話語，由於他的這一論性立場，導致其對荀子與孟子的共非。王安石從區分性情的角度出發，主張情有善惡而性無善惡，並以此批評孟子、荀子、揚雄、韓愈四家之性論。王安石人性論留下的問題是，性情除了有相分別的一面，還必須有相聯繫的一面，如果只認情有善惡而性無善惡，那麼無善惡的性又如何產生有善惡的情？這恰是王氏人性論的內部矛盾所在。從歐陽修、司馬光、王安石三人的人性論及其對荀子的態度來看，歐陽修最終傾向於以現實事功對人性探討的優先性來包容荀子，司馬光則是以現實與人性的相互對應來批評荀子，王安石則通過明辨性情的方式來批評荀子。王安石的人性論，依照上述分析，其理論內部存在著一定的矛盾。歐陽修的人性論，是以現實優先性原則來達到對人性問題的懸置，這其實乃是一種消弭人性善惡之爭端的方法。如果單就對人性善惡這一問題本身的討論而言，值得注意的是司馬光的人性論。司馬光採用揚雄的性善惡混論，並進一步將「混」解釋爲「善惡雜處於身中」，認爲人性本是一個善惡交滲統一的混沌，其後天之爲善爲惡全憑個體的選擇與修養。這種解釋理路的好處在於：它使得現實世界中後天形成的善或惡皆有其形上根源與之相應，這既不同於理學家設立的先驗善一元論，也不同於荀子的性惡論。從道德形上學的角度來看，理學家設立善一元論的理論困難在於，難以說明現實世界中惡的形上根源；荀子性惡論的理論困難在於，難以說明現實世界中善的形上根源。爲了解決這些困難，理學家提出了氣質、氣質之性，以便溝通形上與形下、善與惡，但終究不承認惡有形上根源。荀子則在性惡論之外，提出了善心概念，以便爲化性提供保障，但荀子的善心只是說明心內涵向善能力，並非具有孟子式的形上意蘊。荀子和理學家面對的這些難題，如果用司馬光的論性思路，則可以很好的獲得解決，因爲在司馬光的人性論中，現實世界的善惡都具有與之相應的對應根源，且此根源在現實世界的展開亦能獲得很好的說明。所以，從道德形上學的角度出發，單以理論的圓融性來說，司馬光的人性論無疑具有更大的優勢。

相對於綜匯儒對人性善惡問題的多樣態度，理學家大多皆以孟子性善論爲是，他們批評荀子人性論的原因主要集中在：其一，荀子設性爲惡；其二，荀子將心性視爲一相互對立之逆向結構。在心性的價值設定上，理學家認爲人性爲善而人心有善惡，主張以人性之善化除人心之惡；荀子則認爲人性爲惡而人心可爲善，主張通過人之心識得禮義來對治人性之惡。理學家是從形

上層面設定人性爲善，同時又從現實層面看到人心可流於惡；荀子是從現實層面看到人性之惡，同時又設定人心含蘊向善的質素。理學家的性，從形上層面而言，只能是善的；荀子的性，從現實層面而言，亦終被設定爲惡。但理學家的心與荀子的心，從現實性上來說，都可以兼具善惡。理學家的側重點在於：通過現實的修養工夫來達到對形上善性的體貼領悟，以此來收攝規整現實的人心，使心與情皆合於性。荀子的側重點在於：通過向善之心在現實中的千般磨礪（「僞」），以此導出王者制禮，並以禮來規範現實的人之情性，使情性合於禮義。

就性與禮的關係而言，理學家認爲禮源於天，又天與性通，故而禮乃由性順推而出；荀子則強調禮非天出，亦非自性順推而出，而是來源於後天之僞。理學家的禮是順性而生，荀子的禮則是逆性而生。荀子之禮也強調將天地作爲其中一本，但此本並非形上之義，而只是現實之義；理學家強調天爲禮之本，此本乃形上之義。理學家以天道之善與人性之善作爲產生善之禮的形上依據，相比而言，荀子則不甚強調善之禮產生的形上因素。理學家希望將形上之性的至善灌注進現實的禮義人心，使禮義人心相合於至善；荀子則主要從現實出發，強調主體在現實的磨礪中生出禮義，並以現實的禮義對治現實的人性。

理學家對荀子最爲指責的一點，就是荀子將人性的價值指向設定爲惡，他們認爲這是根本的錯誤，這一錯誤會導致善在現實世界中無法生根。因此理學家著力闡揚性善論，主張人性至善，並將人性之善提煉爲理世界的至善無惡，再將此至善的性理灌注進現實人生，希圖通過各種修養工夫獲得對性理的體認，並以此規整人生，對治現實人生所存在的惡。他們批評荀子的性惡論，其目的是要樹立善一元論的價值取向，確立善在理世界與現實世界中絕對優先的地位。相對於理學家的這種思路，荀子更著重於從現實人性的分析入手，他通過對人性價值指向的懸置而最終得出人性的價值指向是惡，這之間反映了荀子在直面現實、尊重現實的心態下來找尋人性之價值指向的心路歷程。相對於理學家那種由上而下、由理世界而現實世界的敘事方式，荀子更喜於由下開始，也即從最基本的現實世界開始來討論人性。他直面人性中包含的各種欲望及其所可能導致的毀滅性行爲，因而將人性設定爲惡。但是他將人性設定爲惡就可能遇到理學提出的善無法生根的問題，荀子很清楚這一困境，因而他在論述性惡的同時，又以後天之僞作爲善之產生的現實依

據。但荀子從後天之僞論述善之起源的思想並不爲理學家所接受，理學家從道德形上學的維度出發，認爲失去先天善性作爲現實之善之起源的保障的後天之僞，不能必然產生現實之善，也就是說，他們認爲性惡論與後天之僞的理論配合，不足以確立善在現實世界的本根性。

綜合而言，荀子將性設定爲惡以及其對心性結構、心性與善惡之關係的論述，都是理學所不能接受的。理學認爲荀子之學爲「外」，一是說在荀子哲學中，心性、性禮的結構都不是順的，而是逆向的；二是說在荀子哲學中，無法確立形上世界與現實世界的善根，他們認爲荀子只是在枝節上求善，沒有做到從根本上求善。這些都促使理學將荀子從道統中清除出去，而成爲「外在於」正宗儒學的「旁門左道」。相對於揚雄對荀子「同門而異戶」和韓愈對荀子「大醇而小疵」的評價，理學家更爲激烈地將荀子貶爲「小醇而大疵」、「不醇」。

第三節　重塑外王

荀子的外王學以禮論爲中心，涉及周公論、《春秋》論、刑論、兵論、術論等多個方面。宋儒面對荀子的外王學，以新的理論思維對其做出了新的詮釋和重塑。這種新的詮釋與重塑趨向，可以概括爲宋儒打量荀子外王學時所具有的四種新的「眼光」。

其一，形上的眼光。無論是理學家如張載、二程、朱熹等，還是非理學家如王安石等，皆以此形上的眼光審視荀子。具體到荀子的禮論，宋儒批評荀子割斷天人之間、天禮之間的聯結，不接受荀子作出的禮與天性相互外在的判斷。在宋儒看來，存在於現實人間的禮，一定要有一個形上的超越的存在作爲禮的本源本體，而這一形上存在就是天（理），落實到人身上就是性，因而天、性是禮之存在的形上依據。由此形上眼光出發，宋儒認爲禮乃順性而產生，這使得他們無法認可荀子逆性而生的禮，他們亦由此無法認可荀子所謂的禮起於後天之「僞」的判斷，因爲在宋儒的形上視界中，禮先驗地與天性關聯在一起，撇去先驗的天性而從後天之僞出發去尋求禮的起源，在宋儒看來是不可理解的。

其二，尊君的眼光。宋代的中央集權促成了君權高漲之現象，這一現實政治環境反映在宋儒的思想中，典型的表現即爲尊君思想的強化。宋儒以此尊君的眼光打量荀子外王學，極力批評其中所可能包含的與尊君思想相違背

之處。在禮論方面，方逢辰批評荀子不明王不當與霸雜言的原則，認為荀子這種混言王霸的做法實際上貶低了君王的絕對一統地位。在周公論方面，程頤從傳統的權力繼承思維出發，嚴守君臣之分，不承認周公曾踐履天子之位，並以此指責荀子不明君臣大義。在《春秋》論方面，蘇軾指責荀子讚揚「齊侯、衛侯胥命」的行為乃是不尊周天子之舉，蘇軾的指責背後包含的乃是君權至上的思維方式，他因而不接受荀子從諸侯與天下秩序的關係出發探討問題的思維方式；胡銓批評荀子「道不過三代」的說法違背了《春秋》「一王大法」的精神，其主旨亦在於批評荀子不知唯周是尊，胡銓的批評背後亦隱含著大一統、時君獨尊的思維方式。在宋儒這種熾烈的尊君眼光的打量下，荀子成了不知尊天子、不明君臣大義之人，這除了反映出先秦與宋代政治環境之差別外，亦反映出原始儒家與宋代新儒家之間政治思想的差異。

其三，醇粹理想的眼光。宋儒除了心性上追求精一不二的醇粹境界外，在現實的外王事業上亦復如是。帶著這種醇粹理想化的目光，他們對荀子的外王學亦多有貶斥。刑論方面，張方平雖承認刑罰在社會中的存在意義，但他又認為治世唯有禮而已，否定荀子的治世有重刑之說。這其實是將治世過於理想化，相比而言，荀子則更為現實，他認為治世也要有刑罰作為社會的保障。兵論方面，劉子翬批評荀子大談權術，不符合儒家精神；又批評荀子作為一介書生，不當輕易討論用兵。這也是將用兵問題看得過於理想化。且不說荀子所論兵術與世人所謂權謀之術並非一回事，亦不論以書生形象定位荀子是否得當，單說劉子翬認為書生不能討論用兵的觀點，這實在是過於醇粹化、理想化的想法，亦是過於偏狹的想法。相術論方面，呂祖謙別出心裁地批評荀子不該寫《非相篇》，其理由是：儒者不該自降身價與那些不入流的相術之士們計較辯論。這更是過於理想化的思想，試問，荀子面對相術已經深入人民生活乃至上層管理者的政治生活的嚴酷現實，怎能不起而與之辯駁？儒家一貫強調濟世救民，可呂氏為何就不能理解荀子寫《非相篇》時所懷抱的那顆濟世救民的熱心呢？較之宋儒這種過度理想化的思維方式，荀子的思想無疑更加貼近現實，亦顯得更有活力。

其四，政治的眼光。宋儒品評荀子，亦多從其自身的政治立場或現實的政治環境入手對荀子進行重新審視。王安石從立法重於求人的政治理念出發，批評荀子筆下急於求人的周公形象，認為荀子的周公與三代治道精華相背離，而三代治道的根本精神就是通過立法、施法來保證社會秩序的良性運

行。相對於王安石對荀子周公論的批評，司馬光借用荀子的「有治人，無治法」之說，並將其中的「無治法」重新解釋爲「爲治不在變法」，這實際上是他借荀子而對王安石變法發出的抗議。此外，宋代有朝臣斷章取義地借用荀子「有聽從，無諫爭」之言以粉飾自身的諂媚自保，亦引來李光、黃徹、胡寅等時人的批評，只可惜他們未看清荀子此語的本義，遂將荀子一併批評，這實乃是對荀子的誤解。

上述所謂宋儒看待荀子外王學的四種眼光，多是批評指責的眼光。在這些指責的眼光之外，也有一些同情、理解的眼光。比如，劉安節提出「從君師之道而不從君師」的思想，這乃是荀子「從道不從君」的光輝思想在千載而下所發出的耀眼光芒。又如，吳如愚對「術」所包含的「法術」（即儒術）和「技術」（即不合儒術的旁門方術）兩義的釐清，及對荀子所論之術的分析，皆有利於揭明荀子之術與儒術之間的等同關係，這與那些將荀子之術一味理解爲權詐之術的儒者是不同的。再如，相比於劉子翬對荀子兵論的批評，陳造則抱以理解的態度，給予荀子的用兵論以極大的肯定。只是這些同情和理解的眼光，與上述四種批評指責的眼光相比，不禁顯得甚爲微弱，若不加以凝視，很容易將之忽略在思想史的深處罷了。

餘論　宋代荀學的現代審視

　　毋庸置疑，宋代是中國思想史上的一座高峰。由前論可知，宋儒對待荀子的態度存在著一定偏頗，因此，在整理、分析宋代荀學的基礎上，用現代視角對宋代荀學進行審視，釐清其中的理論脈絡，揭示其中的理論偏頗，找出其中能與現代社會接榫的理論資源，乃是我們今天研究宋代荀學的動力和目的。如上所述，宋儒通過強化道統、開發心性、重塑外王這三種解釋向度對荀子及荀學展開評介與定位，其中的是是非非，頗為曲折，但以今天的思想視野來看，宋儒對荀子這三種理論向度的解釋方式都存在著一定問題。如何認識宋代荀學中存在的問題？這些問題的癥結何在？我們今天又該對它們持何種態度？這就是下文所要探討的內容。

第一節　突破道統窠臼

　　道統論自韓愈提出，被繼之而起的宋儒發揚而大顯其光，乃至將其作為品評儒家人物之價值的唯一標準。一入道統，無限榮光，萬世而得美名；不入道統，無限遺憾，終究不得完滿。儒生們對於道統的這般重視與青睞，使得道統成為了儒者首要的精神歸依。對於荀子，宋儒特別是理學家堅決將其清除於道統之外，他們認為荀學不符合孔孟之道，因而荀子理應被逐出儒門。後起的儒生們接受前輩所制定的道統排序規則，往往在未作深究的情況下，亦認可道統對荀子的排斥。誠然，道統的確立有著它的歷史功能，它能夠樹立起與佛教相抗衡的傳道譜系，以增強應對佛教挑戰的能力；它亦能通過在一系列歷史人物的演進建構中樹立一種價值理念，增強自身的精神信仰與理論信念。但是，道統的強化也存在著十分嚴重的負面後果，這主要體現在以下幾個方面：

首先，道統的建構標準和建構結果難以得到普遍認可。「道統」是一種虛擬的歷史譜系〔註 1〕，它的建構標準在不同的思想家那裡有著不同的表達。程、朱一系的理學家以是否合「理」爲道統建構的標準，陸九淵則以是否符合本心作爲建構標準，各家各派，莫衷一是。這樣，導致道統的建構結果亦難以獲得大家的普遍認可。韓愈的道統是軻死不傳，然後由自己來繼承；程、朱的道統是軻死不傳，然後亦由自己繼承，其間韓愈卻已無關；陸九淵的道統是軻死不傳，然後亦由自己繼承，其間韓愈和程、朱均無關。道統建構標準和建構結果的眾說紛紜，導致標準和結果的多元化，並不存在一個完全爲所有人認可的道統譜系。在宋代荀學研究的道統論向度中，我們可以看到，理學內部對荀子的道統地位存在爭議，非理學內部亦存在不同看法，大家都從自己的見解出發來評判荀子是否入道統，其間並不存在一種普遍認可的標準與結果。

其次，道統的建構原則容易偏狹化。既然道統是虛擬的、被人爲建構的，那麼，用何種原則進行建構則取決於思想家自身。以理學爲例，理學家對道統的建構，多採取內在心性原則。朱熹云：「『孔子傳之孟軻，軻之死不得其傳』，此非深知所傳者何事，則未易言也。夫孟子之所傳者何哉？曰：仁義而已矣。……堯、舜之所以爲堯、舜，以其盡此心之體而已！禹、湯、文、武、周公、孔子傳之，以至於孟子，其間相望有或數百年者，非得口傳耳授、密相付屬也，特此心之體隱乎百姓日用之間。」〔註 2〕由此可見，朱熹的道統建構原則是以「仁義」爲表徵的內在心性之學。陸九淵亦云：「精神全要在內，不要在外，若在外，一生無是處。」〔註 3〕可見陸九淵亦只重視內在心性之學。朱熹和陸九淵這種惟內在獨尊的道統建構原則，在將儒學精細化的同時，亦不免將其狹隘化。孔子仁、禮並重，仁學和禮學共同構成了孔學的兩翼。孔

〔註 1〕 葛兆光先生在分析「道統」一詞時認爲：「所謂『統』，其實只是一種虛構的歷史系譜，懷有某種可能很崇高的意圖的思想家們，把在『過去』曾經出現過的，又經過他們精心挑選的一些經典、人物或思想凸顯出來，按時間線索連綴起來，寫成一種有某種暗示性意味的『歷史』，並給這種『歷史』以神聖的意義，來表達某種思想的合理性與永久性，於是，就構成所謂的『統』。」見葛兆光：《道統、系譜與歷史──關於中國思想史脈絡的來源與確立》，載《文史哲》2006 年第 3 期。

〔註 2〕 《聖賢諸儒總論》，《朱子全書》卷五十二《道統一》。見（宋）朱熹撰，（清）李光地輯：《朱子全書》，清康熙五十三年武英殿刻本。

〔註 3〕 《語錄下》，《陸九淵集》卷三十五，第 468 頁。

子之後，孟子側重發揚仁學，而荀子則側重建構禮學，兩者其實都是擷取了孔學的一個方面而有所強化。理學重孟子而輕荀子，這與他們重內輕外、重仁學而輕禮學的思想旨趣若合符節。理學這種以內在之學為建構道統之唯一原則的做法，其實是對孔子之學的偏離，因而是不周全、不健康的。

再次，道統容易工具化，淪為學派之間相互攻訐的武器。既然沒有普遍認可的道統建構標準，建構的結果亦不一致，那麼，孰是孰非？儒生們皆以己為是而以人為非，互不相讓，遂至於爭端四起。這一點，在宋代就已初現端倪，朱熹與陸九淵在鵝湖之會上的互不相讓、不歡而散，已經說明了理學家們各自為政的思想狀況。宋儒強化道統帶來的這種相互攻訐的不良後果，清人看得十分清楚。萬斯同云：「自《伊洛淵源錄》出，《宋史》遂以道學、儒林分為二傳，非惟文章之士、記誦之才不得列之於儒，即自漢以來傳先聖之遺經者亦幾幾乎不得列於儒。講學者遞相標榜，務自尊大。明以來，談道統者，揚己凌人，互相排軋，卒釀門戶之禍，流毒無窮。」〔註4〕萬斯同指出，本來儒者皆同道，但由於道統論的宣揚，使得理學家以己為是、唯我獨尊，致使後人寫《宋史》時將原本整全的儒生群體分裂為「道學」與「儒林」兩部分來列傳，儒生內部互相割裂，明代之後更是爭鬥不止。這種種現象都說明，後世的學派攻伐都起源於宋儒對道統論的宣揚。不僅不同學派之間互不相讓，同一學派內部的不同支派、乃至同一支派的不同人物之間亦互不相讓，導致爭端愈演愈繁、愈演愈烈。這就使得道統從原初的精神信仰演變為後來的鬥爭工具，成為了「判教」、「護教」的武器。

正是道統論的這三點嚴重缺陷，導致我們需要對宋代荀學詮釋中的道統論面向進行重新審視。前論可見，道統的提倡無法解決多元化和一元化之間存在的矛盾。一方面，道統的提出具有理想性、權威性的特點，它要求一元化的信仰和服從；另一方面，對道統的認識和建構又隨人而不同，又顯現出多元化的特點。道統論所包含的這種內在矛盾，使得其發展變得舉步維艱、難以長久持續。今天，我們必須對宋儒的道統論提出批評，不能再延續曾經的曲折跌宕、撲朔迷離的道統紛爭。宋儒對荀子做出的各種不同的「道統」宣判，固然可以「同情地理解」，但卻已沒有必要再「固執地認同」。無論是尊荀還是貶荀，無論是將荀子納入道統還是驅除於道統，就如同曾經的入祀

〔註4〕　《儒林宗派》，《四庫全書總目》卷五十八。見（清）永瑢撰：《四庫全書總目》，
　　　　清乾隆武英殿刻本。

孔廟與否一樣，這場爭論的延續已無甚價值。我們今天需要的是突破宋儒道統論的窠臼，回歸眞實的荀子、眞實的儒學。至於荀子是否應該列入道統，已沒有討論的意義。因爲，荀子的地位和荀學的價值，並不由於他列入道統與否而受到任何影響，他始終「在」那裡，他的「在」，根本處不是「在」道統裏，而是在思想史中，在思想的內部發展脈絡中。或許有學者認爲，我們今天應該開列新的道統名單，將荀子列入其中。問題是，開列新的道統名單，就一定能保證不再延續曾經有過的道統紛爭嗎？誰也不能保證這是否又是一場新的爭端的序幕。另外，即使新的道統名單中包含荀子，可是，思想史中還有許多我們沒有意識到的、和曾經被驅逐出道統的荀子命運相似的千千萬萬的「荀子」，我們又如何保證新道統不對他們進行異端打壓？很可能隨著新道統的建立，他們的命運反而滑向深淵，他們的價值反而會被遮蔽。所以，筆者不主張再使用道統論。而這，其實並不妨礙我們認識儒學、認識思想史。相反，對道統論窠臼的突破反而會讓我們更加貼近眞實的儒學和思想史。我們不必再通過建構道統論來認識儒學和思想史，同樣，我們也不必再通過重新認識儒學和思想史來建構新的道統論。今天，我們需要的，是回歸眞實的思想，而不再是虛擬的道統。

第二節　超越善惡之辯

宋儒批評荀子最烈的一點，即爲荀子言性惡。無論是司馬光、王安石等綜匯儒，還是程、朱等理學家，都立足於各自的人性價值取向對荀子人性論展開批評。實際上，自從孟、荀開始，人性之善惡便是中國思想史上爭執不休的一大問題。宋儒特別是理學家發揚孟子的性善論，並以此貶斥荀子之性惡論。其實，理學與荀子的人性理論各有價值，亦各有優勢。理學強調由上而下，主張先立性理至善這一大本大根，再將此善之本根向現實人間滲透；這種思維方式對確立形上之善的主體性和本根性，確實比荀子要更加鮮明。但問題在於，理論上的圓融性並不能表示現實亦隨之完滿，理學的這種由上而下的理論敘事，其困境在於過分抽離了現實世界的鮮活豐富性而立說，理學用過於理想化的至善來觀照現實、規約人生，這顯然有消弭鮮活的人之現實性的危險，人生很容易流於禁欲與僵化，因而理學家提出的「餓死事小，失節事大」和「存天理，滅人欲」等命題，雖然可以從堅守價值理想之確當性的一面對其進行辯說，但這些命題亦的確包含著過度理想主義的價值觀對

豐富多變之現實人生境遇的強制與摧壓。

　　相對而言，荀子採取的直面現實人生、由下說起的敘事方式，對人生之現實處境更加體貼與理解。荀子以情慾說性的論性方式更加貼近現實，他從性惡中反推出禮的思想亦顯得更具針對性和可操作性。在承認以禮化性、以禮節欲的同時，荀子最大限度地給予人之欲望以合理性。他批評思孟學派可能潛含的禁欲傾向，主張治亂不在欲之多少，而在於是否能依禮而為。這種對欲望的接納與提倡，大大超越了理學對欲望嚴於防守的思想界限，其理論自然也更加具有與現實相融合的生命力。後來明清時期出現的提倡「私」、「欲」之正當性的思想風潮，一反理學由上至下的敘事方式，更加貼近荀子這種由下說起的理論思維，這正是荀學在明清時期受到許多事功派思想家讚賞的一個重要原因。順便論及，現代新儒家無論接續程朱或陸王，都主張以孟子性善之說作為挺立道德主體之精神價值的理論資源，這種論性方式，其實仍然是宋明理學那種由上而下的敘述方式。荀子與理學家、現代新儒家的論性方式，究竟哪一個更適應、更貼近於現代社會，這值得進一步思考。雖然荀子的論性方式為理學家所指責，亦為現代新儒家如牟宗三先生所詬病，被認為是無助於挺立道德主體、無助於樹立價值本體，[註5]但荀子以情慾言性、給予情慾以最大限度的寬容，這些都是現代人基本認可的價值觀念，[註6]相對於理學式的論性方式來說，荀子的論性方式顯得與現代社會更加貼近。既然這樣，我們為何不能接過荀子的敘說方式繼續言說？為何不能借用荀子的理論資源繼續闡發？為何在千載之後仍要一如理學那樣繼續將其摒棄於儒學正宗之外呢？

　　進一步，撇開荀子與宋儒之間的是非曲折不論，從現代理論視野來看，

〔註5〕牟宗三先生主張從荀子哲學中吸取其「客觀精神」的一面，以期開出「獨立之科學」；但在其所建構的「道德的形上學」面前，則批評荀子是「大本不立」、「本源不透」，認為荀子之學無助於對道德本心的把握。參見牟宗三：《名家與荀子》，臺北：臺灣學生書局，1982年，第198、210頁。

〔註6〕正如馮達文先生所言的：「在現代社會裏，我們必須承認：『情慾』為人人所本具；『情慾』是非理性的；而且，正因為它是非理性的，還沒有經過理性的篩選、框架、壓縮與整形，故它是最自然─本然的，為『原來的我』；又因其為最自然─本然，為『我』所本有，不存在選擇與否的問題，故具天然合理性；等等。我們顯然再也不可以不承認這些觀念的確當性。承認這些觀念的確當性意味著什麼呢？意味著近現代社會不可以接受以程、朱、陸、王為主體的新儒家的性『善』論和『存天理去人欲』觀」（馮達文：《宋明新儒學略論》，廣州：廣東人民出版社，1997年，第348頁）。

荀子的人性論與馬克思的人性論亦有著某種程度的契合之處。馬克思、恩格斯明確將人的「需要」視爲人的「本性」〔註7〕，並且他們指出：「任何人類歷史的第一個前提無疑是有生命的個人的存在。因此第一個需要確定的具體事實就是這些個人的肉體組織，以及受肉體組織制約的他們與自然界的關係」〔註8〕，這就更加具體地確定了人的第一需要就是人在生理、生存的意義上與自然結成相互關係。這種觀點與荀子將人生來具有的欲望作爲人性的觀點，具有一致性。荀子指出：「今人之性，饑而欲飽，寒而欲暖，勞而欲休，此人之情性也。」〔註9〕可見，荀子正是以人的生存需要、生理需要爲起始點來論述人性的，這與馬克思將人的需要（確切而言即爲人的生理、生存需要）作爲論性起點具有內在的相通性。不同之處在於，荀子由人的欲望進一步論及人性之無節制可能引發的惡劣社會後果，並由此惡之後果而反推出人性之惡；馬克思則由人對自然的需要進一步論及人的社會需要，也即社會性。這樣，馬克思就由人性所包含的自然屬性而躍入其社會屬性。在這一過程中，馬克思並未在籠統意義上對人性做出善惡判斷，這一點是其區別於荀子的極爲重要的方面。按照馬克思、恩格斯的觀點，人性善惡的問題並不能經由籠統的道德判斷獲得解決，而必須將其植根於社會實踐中才能得到合理的解釋。所以，在馬克思和恩格斯那裡，基於道德形上學意義上的對人性善惡問題的籠統討論就被轉換爲了基於實踐論基礎上的對善惡之形成的社會歷史原因的討論。這一點，正是孟、荀等思想家所缺乏的理論向度，也是包括荀子在內的以往人性論與馬克思主義人性論的根本差異所在。

今天，我們說超越善惡之辯，正是要借由馬克思的視角，超越對人性所作的籠統意義上的價值判斷，使人性善惡問題的討論回歸社會、回歸實踐，將其轉化爲對善惡之社會根源以及如何現實地去惡揚善的探討。在這一點上，宋代歐陽修所提出的「性之善惡不必究」的觀點倒與馬克思主義人性論的理論氣質較爲相契，兩者都試圖對傳統人性善惡問題的討論做出批判和超越，也都關注現實環境對善惡形成的影響。

從超越善惡之辯的視角重新審視荀子的人性論，我們可以發現，荀子雖

〔註7〕關於「人的需要」與馬克思人性論之間的關係，參見戴景平：《人的需要：馬克思人性論的邏輯起點》，載《長白學刊》2007 年第 2 期。

〔註8〕馬克思、恩格斯：《馬克思恩格斯選集》第 1 卷，北京：人民出版社，1972 年，第 24 頁。

〔註9〕《荀子·性惡》。

然提出性惡之說，但也並不糾纏滯留於此。荀子之所以提出性惡說，乃是為其禮義之治的理論主張服務的。誠如黎紅雷先生在分析孟、荀人性論時所言：「從管理哲學的角度看，二者的不同，在於各自管理理論所需要的人性假設不同。孟子理想的國家管理模式是『仁政』，所謂仁政，實際上是把屬於道德領域的概念『仁』引申到國家管理領域。那麼，仁政到底是否可行，就必須有它的道德倫理上的依據。所以孟子精心構築了他的『性善論』，把仁義禮智這些道德屬性訴之於人心，說成是人的本性。這就為他的仁政學說提供了必要的前提。與此相反，荀子理想的國家管理模式是『禮義之治』。所謂『禮義之治』，就是主張國家的管理者制禮作樂，提供必要的規章制度，以維護社會的運行。而只有確定人性是惡的，禮義規範才有施行的對象。」〔註10〕可見，荀子的「性惡」其實只是達到「禮義之治」的一把梯子。為了實現天下安定的政治秩序，荀子打造了「性惡」的階梯，作為通向「禮義之治」的保障。同樣也是為了實現天下安定的政治秩序，孟子打造了「性善」的階梯，作為通向「仁政」的保障。兩者的最終目的都是為了實現天下大治的安定局面，在這點上可謂「同歸」，只是從不同的理論向度出發，兩者走上了各自的「殊途」。用超越善惡之辯的眼光來看，為了實現天下安定的政治秩序，不一定非要打造人性善惡的階梯；相應地，人性善惡的階梯打造得再精美，也未必對實現天下安定的政治秩序起作用。正是基於這樣的認識，我們才主張將人性善惡的問題放回社會實踐中去探討，並主張通過現實的力量向著去惡揚善的理想不斷前進。

第三節　走向現代治道

　　荀子之「道」涉及治道，而在荀子那裡，治道即用來指稱「治國之道」。荀子之道的核心是禮，荀子的治國之道、治道的核心內容是禮治。在孔子那裡，本來是禮仁並重的。其後，孟子闡發其仁學，並將仁學應用於治國之道，創立了以仁政為核心的治道理論；而荀子則著力闡發孔子的禮學，並將禮學應用於治國之道，創立了以禮治為核心的治道理論。面對前賢在治道論方面的思想智慧，宋儒主要吸取的是孟子仁政說，而對於荀子的禮治思想則不屑一顧。宋儒特別是理學家對於治道的闡揚主要還是孟子式的期待由君王之仁

〔註10〕黎紅雷：《儒家管理哲學》，廣州：廣東高等教育出版社，1997年，第198頁。

心推出仁政，以此達到天下大治。這一點從朱熹呈於孝宗的《戊申封事》可以清晰見出，朱熹云：「蓋天下之大本者，陛下之心也。……蓋雖以一人之尊，深居九重之邃，而懍然常若立乎宗廟之中，朝廷之上，此先王之治所以由內及外，自微至著，精粹純白，無少瑕翳，而其遺風餘烈猶可以為後世法程也。……願陛下自今以往，一念之萌，則必謹而察之，此為天理耶，為人欲耶？果天理也，則敬以擴之，而不使其少有壅闕；果人欲也，則敬以克之，而不使其少有凝滯。推而至於言語動作之間，用人處事之際，無不以是裁之，知其為是而行之，則行之惟恐其不力，而不當憂其力之過也；知其為非而去之，則去之惟恐其不果，而不當憂其果之甚也。知其為賢而用之，則任之惟恐其不專，聚之惟恐其不眾，而不當憂其為黨也；知其為不肖而退之，則退之惟恐其不速，去之惟恐其不盡，而不當憂其有偏也。如此則聖心洞然，中外融徹，無一毫之私欲得以介乎其間，而天下之事將惟陛下之所為，無不如志矣。……凡此六事，皆不可緩。而其本在於陛下之一心。一心正則六事無不正，一有人心私欲以介乎其間，則雖欲憊精勞力以求正夫六事者，亦將徒為文具，而天下之事愈至於不可為矣。」〔註11〕這一大段的論述，其核心的主旨在於將治理天下之道歸於「陛下之心」，主張君王通過內在的心性修養而使心念合乎天理、歸於醇正，然後再將此醇正之心念推至現實政治，即可使政治清明、天下歸於大治。可見，這一整套的治道設計，採用的即是孟子的通過發揚不忍人之心來實行仁政的治道理念。

宋儒之所以不採用荀子的禮治路線，起源於他們對荀子禮論的不認同。荀子之禮無關乎道德形上學之天、性，這被宋儒視為致命的缺陷。宋儒一定要為禮找到一種道德形上學意義上的依靠，這種依靠被不同的思想家表達為天、理、性、本心等範疇，禮一定要由這些範疇中順推出來，才具有現實合理性。而荀子的禮起源於對治性惡，荀子乃是從如何防止人之欲望可能帶來的惡劣社會後果來闡述禮之起源的。在荀子那裡，禮之產生的基礎是現實的、社會學意義上的，而非道德形上學意義上的；這正是宋儒攻擊荀子治道理論最力的一點。

在今天看來，現代社會基本上選擇的是法治為主、禮治為輔的治道路線。這裡，撇開禮與法、禮治與法治之間的複雜關係不論，僅從禮治自身的角度來看，現代社會應該提倡什麼樣的禮治？其樣式與荀子和宋儒對禮、禮治的

〔註11〕《戊申封事》，《朱子全書》第 20 冊，第 590〜609 頁。

理解又有何異同呢？宋儒提倡由內在心性推出禮，而這種單一的思想路徑已經較難適用於現代治道的需要。正如馮達文先生所指出的：「公共禮法再也不會與『天理』、『良知』存在著內在的與必然的關聯性」。〔註12〕相反，荀子將禮設定爲與性相對之物，拋開對禮的道德形上學根基的探討，直接從現實出發，挖掘禮的社會根源、社會功能的做法，與現代治道有著更多的契合之處。

　　正是基於以上所論，我們才有理由重新審視宋儒對荀子的批評，以現代社會爲時代背景，進一步發揚荀子禮治思想中與現代社會相契的理論內容，使其能夠爲現代治道理論的建構貢獻應有的力量。

〔註12〕馮達文：《宋明新儒學略論》，第 349 頁。

參考文獻

一、著作類

（一）古籍類

1. ﹝清﹞王先謙撰；沈嘯寰，王星賢點校，荀子集解，北京：中華書局，1988。

2. 北京大學《荀子》注釋組，荀子新注，北京：中華書局，1979。

3. 梁啓雄，荀子簡釋，北京：中華書局，1983。

4. 楊柳橋，荀子詁譯，濟南：齊魯書社，1985。

5. 駱瑞鶴，荀子補正，武漢：武漢大學出版社，1994。

6. 王天海，荀子校釋，上海：上海古籍出版社，2005。

7. 李夢生，左傳譯注，上海：上海古籍出版社，2004。

8. 王維堤，唐書文，春秋公羊傳譯注，上海：上海古籍出版社，2004。

9. ﹝清﹞程樹德撰；程俊英，蔣見元點校，論語集釋，北京：中華書局，1990。

10. ﹝清﹞焦循撰；沈文倬點校，孟子正義，北京：中華書局，1987。

11. ﹝漢﹞司馬遷撰；﹝唐﹞司馬貞索引，張守節正義；﹝宋﹞裴駰集解，史記，北京：中華書局，1982。

12. ﹝唐﹞韓愈，韓昌黎全集（據 1935 年世界書局本影印），北京：中國書店，1991。

13. ﹝元﹞脫脫等，宋史，北京：中華書局，1977。

14. 〔清〕黃宗羲原著，全祖望補修；陳金生，梁運華點校，宋元學案，北京：中華書局，1986。

15. 〔宋〕孫復，孫明復小集，清文淵閣四庫全書本。

16. 〔宋〕石介著；陳植鍔點校，徂徠石先生文集，中華書局，1984。

17. 〔宋〕歐陽修著；李逸安點校，歐陽修全集，北京：中華書局，2001。

18. 〔宋〕司馬光撰，司馬文正公傳家集，上海：商務印書館，1937。

19. 〔宋〕蘇軾著；孔凡禮點校，蘇軾文集，北京：中華書局，1986。

20. 曾棗莊，舒大剛主編，三蘇全書，北京：語文出版社，2001。

21. 〔宋〕王安石著；唐武標校，王文公文集，上海：上海人民出版社，1974。

22. 〔宋〕周敦頤，周子通書，上海：上海古籍出版社，2000。

23. 〔宋〕張載，張載集，北京：中華書局，1978。

24. 〔宋〕程顥，程頤撰；潘富恩導讀，二程遺書，上海：上海古籍出版社，2000。

25. 〔宋〕程顥，程頤著；王孝魚點校，二程集，北京：中華書局，2004。

26. 〔宋〕黎靖德編；王星賢點校，朱子語類，北京：中華書局，1986。

27. 〔宋〕朱熹撰；朱傑人，嚴佐之，劉永翔主編，朱子全書，上海：上海古籍出版社，合肥：安徽教育出版社，2002。

28. 〔宋〕陸九淵著；鍾哲點校，陸九淵集，北京：中華書局，1980。

29. 〔宋〕呂祖謙，左氏博議，清文淵閣四庫全書本。

30. 〔宋〕陳傅良，止齋文集，四部叢刊景明弘治本。

31. 〔宋〕陳亮，陳亮集，北京：中華書局，1974。

32. 〔宋〕葉適，習學記言序目，北京：中華書局，1977。

33. 〔宋〕葉適著；劉公純、王孝魚、李哲夫點校，葉適集，北京：中華書局，1961。

34. 〔宋〕韓琦著；李之亮、徐正英箋注，安陽集編年箋注，四川：巴蜀書社，2000。

35. 〔宋〕徐積，節孝集，清文淵閣四庫全書本。

36. 〔宋〕范浚，范香溪先生文集，四部叢刊續編景明本。

37. 〔宋〕胡寅，致堂讀史管見，宋嘉定十一年刻本。

38. 〔宋〕黃庭堅著；劉琳，李勇先，王蓉貴校點，黃庭堅全集，成都：四川大學出版社，2001。

39. 〔宋〕黃震，黃氏日鈔，清文淵閣四庫全書本。

40. 〔宋〕唐仲友，悅齋文鈔，清文淵閣四庫全書本。

41. 〔宋〕楊時，龜山先生語錄，四部叢刊續編景宋本。

42. 〔宋〕楊簡，慈湖遺書，民國四明叢書本。

43. 〔宋〕晁補之，濟北晁先生雞肋集，上海商務印書館縮印明刊本。

44. 〔宋〕晁說之，嵩山文集，四部叢刊續編景舊鈔本。

45. 〔宋〕陳襄，古靈集，清文淵閣四庫全書本。

46. 〔宋〕陳淵，默堂集，四部叢刊三編景宋鈔本。

47. 〔宋〕陳長方，唯室集，清文淵閣四庫全書本。

48. 〔宋〕陳造，江湖長翁集，明萬曆刻本。

49. 〔宋〕陳起，江湖後集，清文淵閣四庫全書本。

50. 〔宋〕陳仁子，牧萊脞語，清初景元鈔本。

51. 〔宋〕戴埴，鼠璞，宋咸淳百川學海本。

52. 〔宋〕方逢辰，蛟峰集，清順治刻本。

53. 〔宋〕韓元吉，南澗甲乙稿，清刻武英殿聚珍版叢書本。

54. 〔宋〕黃徹著；湯新祥校注，䂬溪詩話，北京：人民文學出版社，1986。

55. 〔宋〕胡宏著；吳仁華點校，胡宏集，北京：中華書局，1987。

56. 〔明〕蔣臣，無他技堂遺稿，清文淵閣四庫全書本。

57. 〔宋〕王應麟，困學紀聞，四部叢刊三編景元本。

58. 〔宋〕孔文仲，孔武仲，孔平仲著；孫永選校點，清江三孔集，濟南：齊魯書社，2002。

59. 〔宋〕劉子翬，屏山集，明刻本。

60. 〔宋〕劉安節，劉左史文集，清乾隆四十四年鈔本。

61. 〔宋〕李光，莊簡集，清文淵閣四庫全書本。

62. 〔宋〕呂陶撰，淨德集，上海：商務印書館，1935。

63. 〔宋〕李燾撰，續資治通鑑長編，北京：中華書局，1986。

64. 〔宋〕史繩祖，學齋占畢（外六種），上海：上海古籍出版社，1992。

65. 〔宋〕吳如愚，準齋雜說，清墨海金壺本。

66. 〔宋〕魏天應編，林子長注，論學繩尺，清文淵閣四庫全書本。

67. 〔宋〕項安世，項氏家說，清刻武英殿聚珍版叢書本。

68. 〔宋〕楊傑，無爲集，南宋刻本。

69. 〔宋〕張方平，樂全集，清文淵閣四庫全書本。

70. 〔宋〕張九成，張狀元孟子傳，四部叢刊三編景宋本。

71. 〔宋〕鄭獬，郾溪集，清文淵閣四庫全書本。

72. 〔宋〕章甫，自鳴集，民國豫章叢書本。

（二）現代著作類

C

1. 陳大齊，孟子性善說與荀子性惡說的比較研究，臺北：中央文物供應社，1953。

2. 陳大齊，荀子學說，臺北：中國文化大學出版社，1989。

3. 陳正雄，荀子政治思想研究，臺北：文津出版社，1983。

4. 蔡仁厚，孔孟荀哲學，臺北：臺灣學生書局，1984。

5. 蔡仁厚，荀子與朱子心性論之比較，新加坡：東亞哲學研究所，1987。

6. 陳鍾凡，兩宋思想述評，北京：東方出版社，1996。

7. 陳榮捷，朱學論集，上海：華東師範大學出版社，2007。

8. 陳衛平，郁振華，孔子與中國文化，貴陽：貴州人民出版社，2000。

9. 陳來，朱子哲學研究，上海：華東師範大學出版社，2000。

10. 陳來，中國近世思想史研究，北京：商務印書館，2003。

11. 陳來，宋明理學，上海：華東師範大學出版社，2004。

12. 陳來主編，早期道學話語的形成與演變，合肥：安徽教育出版社，2007。

13. 陳少明，漢宋學術與現代思想，廣州：廣東人民出版社，1995。

14. 陳少明，等待刺蝟，上海：上海三聯書店，2004。

15. 陳少明，經典世界中的人、事、物，上海：上海三聯書店，2008。

16. 陳少明主編，思史之間：《論語》的觀念史釋讀，上海：上海三聯書店，2009。

17. 陳立勝，王陽明「萬物一體」論：從「身—體」的立場看，上海：華東師範大學出版社，2008。

18. 陳文潔，荀子的辯說，北京：華夏出版社，2008。

19. 蔡方鹿，宋明理學心性論，成都：巴蜀書社，1997。

20. 蔡方鹿，中華道統思想發展史，成都：四川人民出版社，2003。

21. 蔡方鹿，朱熹經學與中國經學，北京：人民出版社，2004。

22. 儲昭華，明分之道：從荀子看儒家文化與民主政道融通的可能性，北京：商務印書館，2005。

D

1. 鄧廣銘，北宋政治改革家王安石，石家莊：河北教育出版社，2000。

2. 丁為祥，虛氣相即：張載哲學體系及其定位，北京：人民出版社，2000。

3. 戴君仁，梅園論學續集，臺北：藝文印書館，1974。

F

1. 馮友蘭，中國哲學史新編，北京：人民出版社，2004。
2. 馮達文，宋明新儒學略論，廣州：廣東人民出版社，1997。
3. 馮達文，中國哲學的本源本體論，廣州：廣東人民出版社，2001。

G

1. 郭志坤，荀學論稿，上海：三聯書店，1991。
2. 高正，《荀子》版本源流考，北京：中國社會科學出版社，1992。
3. 郭沫若，十批判書，北京：東方出版社，1996。
4. 郭齊勇，郭齊勇自選集，桂林：廣西師範大學出版社，1999。
5. 龔傑，張載評傳，南京：南京大學出版社，1996。
6. 郭曉東，識仁與定性：工夫論視域下的程明道哲學研究，上海：復旦大學出版社，2006。
7. 高春花，荀子禮學思想及其現代價值，北京：人民出版社，2004。
8. 郭偉川編，周公攝政稱王與周初史事論集，北京：北京圖書館出版社，1998。

H

1. 胡適，中國哲學史大綱，上海：上海古籍出版社，1997。
2. 侯外廬，邱漢生，張豈之主編，宋明理學史（上），北京：人民出版社，1997。
3. 胡玉衡，李育安，荀況思想研究，鄭州：中州書畫社，1983。
4. 惠吉星，荀子與中國文化，貴陽：貴州人民出版社，1996。
5. 黃進興，優入聖域：權力、信仰與正當性，西安：陝西師範大學出版社，1998。
6. 韓德民，荀子與儒家的社會理想，濟南：齊魯書社，2001。
7. 黃俊傑，中國孟學詮釋史論，北京：社會科學文獻出版社，2004。

J

1. 金春峰，朱熹哲學思想，臺北：東大圖書股份有限公司，1998。

K

1. 孔繁，荀子評傳，南京：南京大學出版社，1997。

L

1. 梁啟超，先秦政治思想史，天津：天津古籍出版社，2003。

2. 呂思勉，先秦學術概論，昆明：雲南人民出版社，2005。

3. 劉子靜，荀子哲學綱要，臺北：臺灣商務印書館，1969。

4. 廖名春，荀子新探，臺北：文津出版社，1994。

5. 廖名春選編，荀子二十講，北京：華夏出版社，2009。

6. 梁濤，郭店竹簡與思孟學派，北京：中國人民大學出版社，2008。

7. 黎紅雷，儒家管理哲學，廣州：廣東高等教育出版社，1997。

8. 李宗桂，中國文化導論，廣州：廣東人民出版社，2002。

9. 陸建華，荀子禮學研究，合肥：安徽大學出版社，2004。

10. 陸建華，先秦諸子禮學研究，北京：人民出版社，2008。

11. 李祥俊，王安石學術思想研究，北京：北京師範大學出版社，2000。

12. 李曉春，宋代性二元論研究，北京：中國社會科學出版社，2006。

13. 李亞彬，道德哲學之維：孟子荀子人性論比較研究，北京：人民出版社，2007。

M

1. 牟宗三，名家與荀子，臺北：臺灣學生書局，1982。

2. 牟宗三，心體與性體，上海：上海古籍出版社，1999。

3. 牟宗三，宋明儒學的問題與發展，上海：華東師範大學出版社，2004。

4. 牟宗三，政道與治道，桂林：廣西師範大學出版社，2006。

5. 馬積高，荀學源流，上海：上海古籍出版社，2000。

6. 蒙培元，理學範疇系統，北京：人民出版社，1989。

P

1. 潘富恩，程顥程頤評傳，南寧：廣西教育出版社，1996。

2. 龐樸主編，儒林（第四輯），濟南：山東大學出版社，2008。

3. 彭邦本，理性之光：荀子的智慧，成都：四川教育出版社，1996。

4. 彭永捷，朱陸之辯：朱熹陸九淵哲學比較研究，北京：人民出版社，2002。

Q

1. 錢穆，宋明理學概述，臺北：臺灣學生書局，1977。

2. 錢穆，朱子新學案，成都：巴蜀書社，1986。

3. 錢穆，新亞遺鐸，北京：生活‧讀書‧新知三聯書店，2004。

R

1. 任繼愈主編，中國哲學發展史・先秦卷，北京：人民出版社，1983。

S

1. 孫以楷，浣雲集，合肥：安徽大學出版社，2005。

T

1. 譚宇權，荀子學說評論，臺北：文津出版社，1994。
2. 唐君毅，中國哲學原論・原性篇，北京：中國社會科學出版社，2005。
3. 田浩，宋代思想史論，北京：中國社會科學出版社，2003。

W

1. 韋政通，荀子與古代哲學，臺北：臺灣商務印書館，1992。
2. 王廷洽，荀子答客問，上海：上海人民出版社，1997。
3. 吳復生，荀子思想新探，臺北：文史哲出版社，1998。
4. 吳根友，中國社會思想史，武漢：武漢大學出版社，1997。
5. 王恩洋，王恩洋先生論著集（第八卷），成都：四川人民出版社，2001。
6. 王穎，荀子倫理思想研究，哈爾濱：黑龍江人民出版社，2006。

X

1. 肖萐父、李錦全主編，中國哲學史（上卷），北京：人民出版社，1982。
2. 肖萐父、李錦全主編，中國哲學史（下卷），北京：人民出版社，1983。
3. 蕭萐父、許蘇民，明清啟蒙學術流變，瀋陽：遼寧教育出版社，1995。
4. 徐復觀，中國人性論史・先秦篇，武漢：湖北人民出版社，2002。
5. 徐復觀，中國思想史論集續篇，上海：上海書店出版社，2004。
6. 向仍旦，荀子通論，福州：福建教育出版社，1987。
7. 徐平章，荀子與兩漢儒學，臺北：文津出版社，1988。
8. 蕭公權，中國政治思想史，瀋陽：遼寧教育出版社，1998。
9. 向世陵，理氣性心之間：宋明理學的分系與四系，長沙：湖南大學出版社，2006。

Y

1. 楊筠如，荀子研究，上海：商務印書館，1933。
2. 楊榮國，中國古代思想史，北京：生活・讀書・新知三聯書店，1954。
3. 余英時，朱熹的歷史世界：宋代士大夫政治文化的研究，北京：生活・讀書・新知三聯書店，2004。

4. 楊國榮，善的歷程：儒家價值體系的歷史衍化及其現代轉化，上海：上海人民出版社，1994。

Z

1. 張岱年，中國古代哲學概念範疇要論，北京：中國社會科學出版社，1989。

2. 張德麟，程明道思想研究，臺北：臺灣學生書局，1986。

3. 張立文，朱熹思想研究，北京：中國社會科學出版社，1981。

4. 張立文，走向心學之路：陸象山思想的足跡，北京：中華書局，1992。

5. 張立文，宋明理學研究，北京：人民出版社，2002。

6. 周紹賢，荀子要義，臺北：臺灣中華書局，1977。

7. 周群振，荀子思想研究，臺北：文津出版社，1987。

8. 周熾成，荀子韓非子的社會歷史哲學，廣州：中山大學出版社，2002。

9. 周桂鈿主編，中國傳統政治哲學，石家莊：河北人民出版社，2007。

10. 張曙光，外王之學：《荀子》與中國文化，開封：河南大學出版社，1995。

11. 張祥浩、魏福明，王安石評傳，南京：南京大學出版社，2006。

12. 張義德，葉適評傳，南京：南京大學出版社，1994。

13. 周淑萍，兩宋孟學研究，北京：人民出版社，2007。

二、學術論文類

1. 戴君仁，荀學與宋儒，〔臺灣〕大陸雜誌，1969（4）。

2. 戴君仁，荀學與宋代道學之儒，〔臺灣〕孔孟學報，1972（23）。

3. 董承文，荀子學說遭受誤解之原因，〔臺灣〕中國國學，1973（2）。

4. 夏長樸，李覯的重禮思想及其與荀子的關係，〔臺灣〕臺大中文學報，1988（2）。

5. 宋立卿，試論荀學的歷史命運：中國文化史上一樁千古未決的懸案，河北大學學報，1990（4）。

6. 白奚，荀子對稷下學術的吸取和改造，蘭州大學學報，1990（4）。

7. 徐洪興，唐宋間的孟子升格運動，中國社會科學，1993（5）。

8. 陳少明，論思想史的重建，學術月刊，1993（7）。

9. 陳少明，在歷史與理念之間——漢宋學術與現代文化保守主義，社會科學戰線，1995（5）。

10. 陳少明，經典解釋與哲學研究，中山大學學報(社會科學版)，2003(2)。

11. 楊海文，解讀荀子的學術命運，讀書，1997（2）。

12. 楊海文，司馬遷對「孟荀齊號」語法的確立，中國哲學史學會、中山大學哲學系、中山大學中國哲學研究所主辦，「漢唐盛世與漢唐哲學精神」國際學術研討會論文集，廣州，中國，2008。

13. 丁四新，天人・性偽・心知：荀子哲學思想的核心線索，中國哲學史，1997（3）。

14. 路德斌，試論荀子哲學在儒學發展中的地位和意義，中國哲學史，1997（3）。

15. 黎紅雷，荀子的組織哲學與現代管理，中山大學學報（社會科學版），1998（1）。

16. 黎紅雷，人性假設與人類社會的管理之道，中國社會科學，2001（2）。

17. 黎紅雷，禮道・禮教・禮治：荀子哲學建構新探，現代哲學，2004（4）。

18. 任劍濤，倫理的政治化定位——荀子思想主旨闡釋，中山大學學報（社會科學版），1998（1）。

19. 陸建華，先秦道家和儒家的道德發生學說初探，中國哲學史，1998（3）。

20. 陸建華，荀子禮學之價值論，學術月刊，2002（7）。

21. 陸建華，告子辨析，孔子研究，2008（2）。

22. 宋志明，荀子的政治哲學，中國人民大學學報，1999（3）。

23. 趙軍政、張斌、賴井洋，李覯與荀子禮論的異同，漢中師範學院學報，2000（1）。

24. 陳來，儒家「禮」的觀念與現代世界，孔子研究，2001（1）。

25. 陳來，中國早期政治哲學的三個主題，天津社會科學，2007（2）。

26. 陳來，「儒」的自我理解：荀子說儒的意義，北京大學學報（哲學社會科學版），2007（5）。

27. 張涅，葉適與荀子的思想關係，浙江海洋學院學報（人文科學版），2001（1）。

28. 張涅，荀學與思孟後學的關係及其對理學的影響，東嶽論壇，2003（1）。

29. 劉仲華，清代荀學的復活，蘭州大學學報（社會科學版），2001（1）。

30. 梁濤，荀子與《中庸》，中國社會科學院研究生院學報，2002（5）。

31. 梁濤，荀子「天人之分」辨正，邯鄲師專學報，2003（4）。

32. 梁濤，「以生言性」的傳統與孟子性善論，哲學研究，2007（7）。

33. 路德斌，荀子人性論之形上學義蘊：荀、孟人性論關係之我見，中國哲學史，2003（4）。

34. 潘小慧，《荀子》中的「智德」思想，〔臺灣〕哲學與文化，2003（8）。

35. 潘小慧，從「解蔽心」到「是是非非」：荀子道德知識論的建構及其當代意義，〔臺灣〕哲學與文化，2007（12）。

36. 何顯明，儒家政治哲學的內在理路及其限制，哲學研究，2004（5）。

37. 李宗桂，荀子對中國文化的貢獻，中華文化論壇，2005（1）。

38. 陳立勝，王陽明思想中「惡」之問題研究，中山大學學報（社會科學版），2005（1）。

39. （美）成中英，論重新詮釋、理解與評價朱子：朱熹與中西哲學比較，中華文化論壇，2006（1）。

40. 孫召華，自孟廟修建看孟子地位的變遷：兼論孟子形象的多面性，管子學刊，2006（3）。

41. 劉又銘，荀子的哲學典範及其在後代的變遷轉移，〔臺灣〕漢學研究集刊，2006（3）。

42. 劉又銘，合中有分：荀子、董仲舒天人關係新詮，〔臺灣〕臺北大學中文學報，2007（2）。

43. 廖名春，20世紀後期大陸荀子文獻整理研究，〔臺灣〕漢學研究集刊，2006（3）。

44. 廖名春，荀子「虛壹而靜」說新釋，孔子研究，2009（1）。

45. 林啟屏，《荀子·正論》相關問題，〔臺灣〕漢學研究集刊，2006（3）。

46. （日）佐藤將之，漢學與哲學之邂逅：明治時期日本學者之《荀子》研究，〔臺灣〕漢學研究集刊，2006（3）。

47. （韓）鄭宰相著，石立善、閻淑珍譯，韓國荀子研究評述，〔臺灣〕漢學研究集刊，2006（3）。

48. 潘志鋒，試析儒家「道統」的文化論證功能，江西社會科學，2006（10）。

49. 潘志鋒，近年來關於「道統」問題的研究綜述，廣西社會科學，2008（11）。

50. 儲昭華，朝向未來與立足當前：孟子與荀子人性論及其效應的比較考察，哲學研究，2006（10）。

51. 貝淡寧，爲弱勢者而設計的禮：從荀子到現代社會，求是學刊，2007（2）。

52. 周熾成，荀子：性樸論者，非性惡論者，光明日報，2007.3.20（第11版）。

53. 周熾成，漢唐孟荀影響之比較新論，中國哲學史學會、中山大學哲學系、中山大學中國哲學研究所主辦，「漢唐盛世與漢唐哲學精神」國際學術研討會論文集，廣州，中國，2008。

54. 周熾成，荀子非性惡論者辯，廣東社會科學，2009（2）。

55. 李致忠，唐仲友刻《荀子》遭劾真相，文獻，2007（3）。

56. 李晨陽，荀子哲學中「善」之起源一解，中國哲學史，2007（4）。

57. 李哲賢，荀子人性論研究在美國，〔臺灣〕政大中文學報，2007（8）。

58. 杜保瑞，荀子的性論與天論，〔臺灣〕哲學與文化，2007（10）。

59. 方旭東，可以而不能：荀子論為善過程中的意志自由問題，〔臺灣〕哲學與文化，2007（12）。

60. 王楷，性惡與德性：荀子道德基礎之建立，〔臺灣〕哲學與文化，2007（12）。

61. 溫海明，荀子心「合」物論發微，中國哲學史，2008（2）。

62. 郭靜雲，先秦易學的「神明」概念與荀子的「神明」觀，周易研究，2008（3）。

63. 唐少蓮、黎紅雷，考問價值：禮治何以可能？——儒家禮治思想之價值合理性的三重視角，齊魯學刊，2008（3）。

64. 陳迎年，荀子命運的歷史沉浮與中國哲學的現代意識：兼評牟宗三的荀子研究，華東理工大學學報（社會科學版），2008（3）。

65. 周德良，荀子心偽論之詮釋與重建，〔臺灣〕臺北大學中文學報，2008（4）。

66. 王博，論《勸學篇》在《荀子》及儒家中的意義，哲學研究，2008（5）。

67. 牟鍾鑒，荀子宗教觀的當代價值，社會科學戰線，2008（6）。

68. 王永平，荀子學術地位的變化與唐宋文化新走向，學術月刊，2008（6）。

69. 強中華，徐積《荀子辯》之辯——兼就人生之不同階段論性善說、性惡說之得失，廣西大學學報（哲學社會科學版），2009（2）。

後　記

　　本書是在我的博士論文基礎上修改完成的，它的面世，首先要感謝我的博士導師黎紅雷先生。多年來，黎師在學習上一直給予我悉心的指導和教誨，本書作為我學術生涯的一個階段性成果，其中凝結著他的許多心血。除了學習，黎師還常教導我做人做事的道理，在他的薰陶下，我對人生常會有新的領悟。

　　感謝中山大學哲學系的馮達文先生、陳少明先生、李宗桂先生、陳立勝先生、張永義先生，各位老師在我讀博期間，給予我諸多教誨，讓我受益終生。

　　感謝我的碩士導師陸建華先生，正是在他的帶領和鼓勵下，當初稚嫩的我才一步步走上了學術之路，並得以繼續堅持前行。

　　感謝吳勇師兄和張利明、劉潤生等老同學的大力支持，他們或在我寫作期間從國家圖書館為我寄來有關古籍的複印件，或為相關論文的發表不遺餘力提供幫助，這些珍貴的友情，讓人銘記在心。

　　感謝廣州醫科大學馬克思主義學院劉俊榮院長和凌坤、尚鶴睿、李國建、朱雲、周梅芳、韓丹、張燕、孫海婧等領導和同事對我工作等各方面的幫助與支持。

　　花木蘭文化事業有限公司的楊嘉樂先生為本書的出版積極籌措，不辭辛勞，同樣的感謝也獻給他。

　　最後，我還想特別感謝周熾成先生。周先生是荀學研究專家，當初參加我的博士論文答辯會時，他對論文提出了一些寶貴的修改意見，為論文此後的修改指明了方向。然而，令人深感悲痛的是，先生此刻卻永遠地離開了我們！先生爽朗的笑聲，凝思時微微皺起的眉頭，仍時常浮現在我的腦海。我也想把本書的出版，作為對先生的一種懷念。

劉濤
2019 年 3 月於羊城